I Coloquio Musicat
Música, catedral y sociedad

MEMORIAS I

El seminario recibe apoyo,
además del Instituto de Investigaciones Estéticas,
de las siguientes instituciones:

I Coloquio Musicat

Música, catedral y sociedad

Edición a cargo de
Lucero Enríquez y Margarita Covarrubias

UNIVERSIDAD NACIONAL AUTÓNOMA DE MÉXICO
México 2006

Seminario Nacional de Música en la Nueva España y el México Independiente

Ciudad de México
Universidad Nacional Autónoma de México:
Instituto de Investigaciones Estéticas
Facultad de Filosofía y Letras
Facultad de Contaduría y Administración
Escuela Nacional de Música
Cenidim Carlos Chávez (INBA-Conaculta)
Centro de Arte Mexicano, A.C.

Puebla
Benemérita Universidad Autónoma de Puebla:
Instituto de Ciencias Sociales y Humanidades
Facultad de Filosofía y Letras
Fundación Manuel Toussaint, A.C.

Oaxaca
Ciesas -Unidad Istmo
Universidad Autónoma Benito Juárez de Oaxaca:
Biblioteca Francisco Burgoa

Guadalajara
El Colegio de Jalisco

Comité del coloquio:
Patricia Díaz Cayeros, Lucero Enríquez Rubio, Juan Manuel Lara Cárdenas,
Aurelio Tello Malpartida y Lourdes Turrent Díaz

Diseño: Gabriel Yáñez

Primera edición: 2006
Primera reimpresión: 2007
DR © 2006 Universidad Nacional Autónoma de México
Instituto de Investigaciones Estéticas
Circuito Mario de la Cueva
Ciudad Universitaria, 04510 México, D.F.

Proyecto Musicat
www.musicat.unam.mx
musicat_web@yahoo.com.mx
Tel: (55) 5622·7545 ext. 265
Fax: (55) 5665·4740

ISBN : 970-32-3130-6

Impreso y hecho en México

A Beatriz de la Fuente
In memoriam

Contenido

Presentación … 11
   Lucero Enríquez

Historia: la música de las catedrales y su relación con la cultura, vida urbana, arte, ritos, poder, economía

Hacia una historia social de las catedrales … 25
   Ana Carolina Ibarra

La posmodernidad en la música de las catedrales: una introducción al estudio de la chantría … 41
   Lourdes Turrent Díaz

Del *Te Deum* a los sonecitos: la música en Guadalajara (1788-1850) … 55
   Arturo Camacho Becerra

Con toda la música y solemnidad. Esbozo de una historia de la cultura musical y la capilla catedralicia novohispana del siglo XVI … 67
   Israel Álvarez Moctezuma

Francisco Xavier de Lizana: ceremonia de posesión del arzobispado … 81
   Citlali Campos Olivares
   Laura Denis Galván Ayala
   Ingrid Sánchez Rodríguez

El testamento de Francisco López Capillas: un testimonio histórico … 93
   Ruth Yareth Reyes Acevedo

EL ESCENARIO Y LOS ACTORES DE LA VIDA MUSICAL: ENCUENTROS Y HALLAZGOS
PRIMERA PARTE. TEORÍA, ESTILO, REPERTORIO, ESTÉTICA

Antonio de Salazar (1650-1715) y los villancicos policorales:
¡Suenen, suenen, clarines alegres! (1703)   105
Eva María Tudela Calvo

Polifonías novohispanas en lengua náhuatl. Las plegarias a la
Virgen del *Códice Valdés* de 1599   137
Juan Manuel Lara Cárdenas

El repertorio italianizado de la catedral de Durango en el siglo XVIII   165
Drew Edward Davies

¿Y el estilo galante en la Nueva España?   175
Lucero Enríquez

Compendium Musicae de Descartes   193
María Teresa Ravelo

EL ESCENARIO Y LOS ACTORES DE LA VIDA MUSICAL: ENCUENTROS Y HALLAZGOS
SEGUNDA PARTE. PERSONAJES, CAPILLAS DE MÚSICA, ENSEÑANZA

La música en las catedrales de la Nueva España.
La capilla de Valladolid de Michoacán (siglos XVI - XVIII)   205
Óscar Mazín

Florecimiento de la música del culto divino en la catedral
    de Puebla de los Ángeles durante el gobierno
    diocesano del doctor don Diego Romano   219
    Omar Morales Abril

El órgano de Félix de Izaguirre y los organistas de la catedral de Puebla   235
    Patricia Díaz Cayeros

La fundación del Colegio de Infantes de Puebla
    en su contexto histórico y artístico   247
    Montserrat Galí Boadella

Arte, liturgia y catequesis en los libros de coro
    de la catedral de Guadalajara   257
    Dom Antonio Ramírez

FUENTES Y ARCHIVOS: METODOLOGÍA, ORGANIZACIÓN,
    CATALOGACIÓN, USUARIOS

Los *Maitines de la Navidad de Nuestro Señor Jesucristo* (1792-1798)
    de Antonio Juanas: un estudio catalográfico   265
    Margarita Covarrubias

DIRECTORIO   285

Presentación

Lucero Enríquez
    Instituto de Investigaciones Estéticas
    Universidad Nacional Autónoma de México

En 1934 se publicó la *Historia de la música en México. Épocas precortesiana y colonial*, de Gabriel Saldívar. En 2001 tuve en mis manos uno de los primeros ejemplares del *Inventario de los libros de coro de la catedral de Valladolid-Morelia*, de Mary Ann y Harry Kelsey, editado por el Colegio de Michoacán. Estas dos obras, por sus fechas de publicación y características, constituyen un buen marco para hacer referencia a los casi 70 años de historia de la investigación sobre la música novohispana y del México independiente en este país. La obra de Saldívar, trabajo panorámico de carácter histórico, vio la luz cuando la musicología en México era terreno ignoto. En contraposición, el *Inventario* de los Kelsey, estudio específico y detallado, salió de la imprenta poco antes de que en nuestro país se fundara el primer posgrado en musicología.

    El rico y variado panorama bibliográfico existente en 2001 era fruto de esfuerzos aislados, individuales y de calidad dispar. Evidentemente, el interés de los estudiosos se había canalizado hacia dos vertientes: una representada por crónicas de un periodo, biografías, relaciones de acontecimientos musicales e historias de instituciones dedicadas a la enseñanza y a la difusión de la música, y otra constituida por transcripciones, ediciones y estudios introductorios de manuscritos de música, o bien catálogos de obras, instrumentos o repositorios.

    Si, por un lado, esa bibliografía no parecía reflejar a cabalidad las nuevas tendencias dentro del campo de la musicología, por otro, en las humanidades y en particular en los trabajos de historia y de historia del arte, la música parecía ser un terreno vedado. De ahí que en 2001 un pequeño grupo de académicos, provenientes de distintos campos del saber y del quehacer, empezáramos a reunirnos. Intercambiamos puntos de vista sobre el interés que podría tener para nosotros llevar a cabo un proyecto conjunto. Se trataría, en una primera instancia, de desarrollar una metodología para recabar información que permitiese un acercamiento a la música de Nueva España y el México independiente desde un punto de vista multidisciplinario. Tal proyecto también nos induciría a aprender unos de otros y colaborar en la formación de nuevos investigadores. Además, contribuiría a satisfacer necesidades reales de información sobre distintos aspectos de la música del periodo comprendido entre 1525 y 1858.

El pequeño grupo seminal al que me he referido estaba integrado por musicólogos, músicos, historiadores, historiadores del arte y sociólogos, todos ellos especializados en el periodo novohispano y con experiencia en la investigación en archivos en general, aunque la mayoría había trabajado específicamente en archivos catedralicios.

Así, a lo largo de 2001, empezamos a darle forma a un proyecto colectivo: Musicat, sistema relacional de información documental, gráfica y sonora sobre música y músicos del periodo novohispano y del México independiente. De acuerdo con el protocolo, se recabaría toda la información relacionada con la música que estuviese contenida en actas de cabildo, correspondencia y otros ramos de los acervos documentales de las catedrales de Puebla, México, Oaxaca, Morelia, Mérida, Guadalajara, San Cristóbal y Durango, dentro del periodo 1525-1858. Asimismo, se trabajaría en sus respectivos archivos de música. Los datos obtenidos de esas fuentes primarias, una vez procesados y validados, estarían a disposición del público vía *internet*.

Al trabajar en el proyecto Musicat, nos vimos en la necesidad de constituir un seminario nacional de investigación capaz de llevarlo a cabo. De este modo, gran parte de la información recopilada en el desarrollo del proyecto podría tener alcances académicos más amplios. Así nació el Seminario Nacional de Música en la Nueva España y el México Independiente, que celebró su primera reunión nacional el 30 de junio de 2002.

Invitamos a colegas de otras regiones del país a integrar este seminario no sólo para desarrollar el proyecto Musicat, sino también para llevar a cabo investigaciones basadas en fuentes primarias, capacitar estudiantes, promover tesis de licenciatura, maestría y doctorado sobre los temas de estudio del Seminario, y difundir los trabajos de dos maneras: a través de bases de datos divulgadas vía *internet* y por medio de publicaciones, encuentros y coloquios nacionales e internacionales preparadas y celebrados, respectivamente, en cada una de las localidades donde los miembros del Seminario trabajamos.

Antes de la primera reunión nacional del Seminario a la que me he referido, Musicat se incorporó al Programa de Apoyo a Proyectos para la Investigación e Innovación Tecnológica (PAPIIT) administrado por la Dirección General de Asuntos del Personal Académico (DGAPA) de la Universidad Nacional Autónoma de México, como un proyecto de carácter multidisciplinario, planeado para desarrollarse a lo largo de cinco años a nivel nacional, en una red de seminarios regionales. En los primeros meses de 2002 también recibió apoyo del Consejo Nacional de Ciencia y Tecnología (Conacyt), dentro de la modalidad de Proyectos para el Desarrollo de Redes de Investigación.

Hoy, el seminario nacional donde se desarrolla Musicat reúne a profesionales y estudiantes de musicología, música, historia, historia del arte, sociología, antropología social, restauración, archivología, comunicación, informática y administración procedentes de diversos centros de investigación e instituciones de enseñanza superior, así como de varias entidades federativas. A él pertenecen también estudiosos de otros países que se han integrado de distintas maneras y en diversos momentos a los trabajos del Seminario.

No nos ha resultado fácil aprender a trabajar juntos a quienes estamos acostumbrados a hacerlo solos, a veces literalmente aislados de todos y de todo. Ha sido un gran reto, en ocasiones aparentemente insuperable, el tratar de unificarnos en torno a una convicción: la de estudiar y entender la música como un hecho social en continua interacción con otros y en todos los ámbitos de la sociedad. El apego a esta convicción y el afán de alcanzar la unidad dentro de la pluralidad y diversidad de enfoques e intereses nos han obligado a trabajar en forma multidisciplinaria y practicar el respeto y la tolerancia, aspectos no menores ni fáciles del trabajo en equipo.

La índole multidisciplinaria que ha caracterizado tanto al Seminario como a ese primer proyecto y al equipo de académicos y estudiantes que lo llevamos a cabo ha resultado indispensable en vista de la singular información que examina y procesa.

Es un hecho que el trabajo de archivo al que obliga el proyecto Musicat nos ha permitido encontrar un fenómeno inédito. Se trata de una información que desborda los límites de actores, tiempo y espacio que los estudios tradicionales de música habían supuesto. No se limita a músicos y partituras solamente: nos enfrentamos a rituales musicales catedralicios.

En esos eventos sonoros, la periodicidad e intencionalidad son distintas y se desenvuelven conforme a cronologías diferentes en cada catedral. Los actores —y el cabildo lo es en primera instancia— imprimen a las celebraciones un tono personal, que se subraya con los sermones. A través de una revisión continua de los estatutos y de la tradición, establecen cambios y marcan rutas de práctica. Las épocas estilísticas —renacimiento, barroco, preclásico— se combinan con características urbanas y con estrategias políticas regionales y de grupo.

El estudio de la música en las catedrales nos plantea una realidad compleja que nos obliga a innovar. De ahí que el reto al que nos hemos enfrentado desde un principio haya sido constante. Para nuestra propia sorpresa empezamos a movernos en un campo fácil de enunciar, aunque difícil de transitar. De acuerdo con el doctor Enrique Buzo, en Musicat, a juzgar por las bases de datos de su página *web*, hemos empezado a bordear ya no el terreno de la multidisciplina o el de la interdisciplina, sino el de la transdisciplina. En ese ámbito, las consideraciones de carácter monista a que estábamos acostumbrados constantemente se ven cuestionadas y rebasadas.

En consecuencia, en el Seminario Nacional de Música en la Nueva España y el México Independiente la musicología es una, sólo una, de las disciplinas que intervienen. Las otras son la historia, la historia del arte, la sociología, la filosofía, la archivología y la restauración, cada una con sus marcos teóricos y metodologías particulares. El reto para los miembros del Seminario es que sus investigaciones tengan a la música como objeto de estudio.

Presentación

El Primer Coloquio Musicat (marzo de 2004) se planeó teniendo en mente los campos de investigación que se habían explorado ya, se estaban abordando entonces en el Seminario y se hallaban directa o indirectamente relacionados con el proyecto de Musicat. En concordancia, se hizo una convocatoria amplia con el fin de incluir trabajos de musicólogos, músicos, historiadores, historiadores del arte, sociólogos y archivólogos.

Por lo anterior, el Primer Coloquio Musicat: Música, catedral y sociedad, celebrado en la ciudad de México el 17 y 18 de marzo de 2004, fue nuestra primera gran fiesta de cumpleaños y la ventana que permitió atisbar la forma en que hemos trabajado hasta ahora.

Los datos referidos a la música y a quienes la hacían, contenidos en las actas de cabildo y otros ramos, en especial el de correspondencia, así como en los archivos de música de cuatro catedrales, nos han brindado invaluables pistas para estudiar diversos aspectos de la sociedad novohispana y del México independiente. Empezamos a tener evidencias documentales de que las actividades relacionadas con la música y los músicos de las catedrales novohispanas incidían en todas las instituciones y sectores de la sociedad. Por otro lado, el trabajo efectuado en forma simultánea en varias catedrales y, más tarde, presentado en las reuniones periódicas de los seminarios regionales, nos ha permitido analizar comparativamente e intercambiar información. De estas consideraciones se derivaron el título, la temática y la estructuración del primer coloquio.

En cuanto al carácter de las mesas y de los núcleos temáticos alrededor de los cuales se agruparon las participaciones, nos valimos de subtítulos para dar una idea lo más aproximada posible de la naturaleza de los mismos. El índice de las presentes memorias reproduce el esquema organizativo del coloquio.

Por considerar que uno de los objetivos del Seminario es formar jóvenes investigadores, en todo momento pusimos énfasis en la participación de los estudiantes de licenciatura relacionados con el Proyecto Musicat y adscritos al Seminario. Sus participaciones se incluyen en estas memorias como avances de investigación al final de las secciones correspondientes.

La Mesa 1 se dedicó a la Historia. El subtítulo "La música y su relación con la cultura, vida urbana, arte, ritos, poder y economía" definió su núcleo temático. Ahí se agruparon los trabajos elaborados desde marcos conceptuales propios de la historia que trataban algún tema o aspecto relacionado con la música novohispana en general y la catedralicia en particular: la música entendida como hecho social en continua interacción con otros y en todos los ámbitos de la sociedad. El resultado de esta amplia convocatoria, como podrá ver el lector, fue un mosaico de posibles temas y lecturas. Para publicar estas memorias hemos hecho una selección y un reordenamiento de las participaciones.

La conferencia inaugural, "Hacia una historia social de las catedrales", a cargo de Ana Carolina Ibarra, investigadora de la UNAM, ofreció el marco general para el desarrollo de la Mesa 1. Dio una visión general de los estudios que se han ocupado de las catedrales como recintos de arte, estructuras sociales y centros de poder y gobierno. Abundó sobre la estructura de los cabildos y la complejidad de su funcionamiento, refiriéndose en particular a las catedrales y cabildos en las mitras de la Nueva España.

Lourdes Turrent, del Centro de Arte Mexicano, en su intervención, "La posmodernidad en la música de las catedrales: una introducción al estudio de la chantría", buscó acercarse al ritual musical catedralicio desde el planteamiento "mítico" premoderno. Utilizó distintos paradigmas culturales que le permitieron observar a los actores musicales y la música catedralicia desde una perspectiva no unilineal, sino posmoderna.

Arturo Camacho, de El Colegio de Jalisco, presentó, en su trabajo intitulado "Del *Te Deum* a los sonecitos", una reseña histórica de la música en Guadalajara durante el periodo comprendido entre 1758 y 1849, donde se hallan entretejidas, con gracejo, referencias relacionadas con la música —tomadas de fuentes secundarias y documentales— que ayudan a pintar un atractivo cuadro de la sociedad de la Guadalajara de entonces.

Al final de esta Mesa incluimos, como avances de investigación, las tres participaciones a cargo de estudiantes de la licenciatura en historia de la Facultad de Filosofía y Letras de la UNAM, que figuran como miembros del Seminario y por primera vez participaban en un suceso académico como el coloquio aquí referido. Los jóvenes, futuros investigadores, basaron sus trabajos en datos que encontraron en las actas de cabildo y que llamaron su atención. Todos ellos leyeron y revisaron tales documentos históricos a la luz de dos disciplinas: la música y la historia. Al acercarse a la música para estudiarla como hecho social, empleando la metodología de Musicat —transcribir en forma literal modernizada la información seleccionada de acuerdo con criterios preestablecidos—, la frescura de su mirada les permitió ver hechos que los musicólogos y los historiadores han pasado por alto. Israel Álvarez Moctezuma, en su trabajo "Con toda la música y solemnidad. Esbozo de una historia de la cultura musical y la capilla catedralicia novohispana: siglo XVI", usó un incipiente estilo literario para historiar y enmarcar citas documentales. Bosquejó escenas, revivió momentos y dio cuenta de prácticas sonoras y musicales para decirnos lo que gana la solemnidad en el culto mediante el uso de la música. "Francisco Xavier de Lizana: ceremonia de posesión del arzobispado" fue el título que Citlali Campos, Ingrid Sánchez y Laura Galván asignaron a su participación. En ella hicieron un minucioso análisis comparativo de una de las ceremonias de mayor trascendencia en la vida novohispana: la toma de posesión de un nuevo arzobispo, documentada en una acta de cabildo. Deteniéndose en cada paso del protocolo, explicaron aspectos relacionados con la música, visión ésta que suele escapársele al historiador. Ruth Yareth Reyes Acevedo, en "El testamento de Francisco López Capillas: un testimonio histórico", hizo notar que la lectura cuidadosa de fuentes —y una obligada transcripción literal— permite al historiador cuestionar las interpretaciones que de un mismo documento formulan musicólogos e historiadores y ofrecer una reinterpretación crítica propia, donde se subsanan omisiones o errores.

La Mesa 2 tuvo como principal objetivo dar a conocer investigaciones de musicología basadas en variados enfoques y metodologías, y realizadas a partir de datos obtenidos en el proyecto Musicat. De ahí su título: "El escenario y los actores de la vida musical: encuentros y hallazgos". Tal Mesa se dividió en dos núcleos temáticos. El primero, intitulado "Teoría, estilo, repertorio y estética", agrupó los cinco trabajos que a continuación se mencionan.

En "Antonio de Salazar (1650-1715) y los villancicos policorales: *¡Suenen, suenen, clarines alegres!* (1703)", Eva María Tudela Calvo, investigadora proveniente de la Universidad de Valladolid, España, e invitada como residente del Seminario, ofreció una interpretación original de la policoralidad como recurso de la estética del barroco. Además, dio a conocer un documento de Manuel de Sumaya que encontró en enero de 2004 en el archivo de la catedral de México, de importancia para muy diversos fines y, en especial, para su propuesta interpretativa.

Juan Manuel Lara Cárdenas, del Cenidim, en "Polifonías novohispanas en lengua náhuatl. Las plegarias a la Virgen del *Códice Valdés* de 1599", realizó un estudio crítico y detallado de dos obras muy conocidas del repertorio novohispano. Analizó los géneros musicales, la semántica y ciertos aspectos prosódicos de los textos en relación con la música, para fundamentar una interpretación propia y original.

En su trabajo intitulado "El repertorio italianizado de la catedral de Durango en el siglo XVIII", Drew Edward Davies, miembro foráneo del Seminario, proveniente de la Universidad de Chicago, utilizó dos obras del archivo de música de aquella catedral. Efectuó un minucioso análisis del texto de un dúo —cuyo original se escribió en italiano para una ópera profana— y su adaptación —en castellano y con carácter religioso— para ejemplificar en qué medida la música catedralicia compuesta hacia la segunda mitad del siglo XVIII acogió la influencia de la música teatral italiana como un recurso para fomentar la devoción de los fieles.

"¿Y el estilo galante en la Nueva España?", de mi autoría, fue el título que di a un somero examen de las características del mencionado estilo. Empleé el análisis musical comparativo de fragmentos específicos, una obra pictórica y pasajes de crónica histórica como elementos para contestar la pregunta aparentemente retórica del título y sustentar la forma y el fondo del título del trabajo.

María Teresa Ravelo, del Instituto de Investigaciones Estéticas de la UNAM en su participación "*Compedium musicae* de Descartes", se ocupó del contexto donde surgió ese opúsculo del filósofo francés y de los avatares de su publicación. Asimismo, formuló un resumen de su estructura y contenido para hacer notar la ambigüedad de la obra y, por ello, la dificultad de clasificarla.

El núcleo temático que agrupó los trabajos presentados en la segunda parte de la Mesa, dedicada a la musicología, se intituló "La música de las catedrales: personajes, capillas de música y enseñanza". En ella se presentaron desde estudios de caso hasta revisiones historiográficas enteramente basadas en documentación inédita y hasta hoy desconocida.

En la conferencia magistral "La música en las catedrales de la Nueva España: la capilla de Valladolid de Michoacán (siglos XVI-XVIII)", Óscar Mazín, del Centro de Estudios Históricos de El Colegio de México, ofreció un marco referido a la naturaleza de los cabildos catedralicios y su papel en la vida musical de las catedrales y la definición del culto. Proporcionó un amplio y documentado panorama de temas y asuntos relacionados con la música en la catedral de Valladolid (hoy Morelia) y de los cambios que las circunstancias externas impusieron a la capilla musical de esa sede.

Omar Morales Abril, de la Universidad del Valle de Guatemala, en su trabajo, "Florecimiento de la música del culto divino en la catedral de Puebla de los Ángeles durante el gobierno diocesano del doctor don Diego Romano", abordó documentación desconocida hasta ese momento. Al hacerlo, fue mucho más allá de la mera descripción de datos. Se adentró en los procesos que se vislumbran entre las líneas de las actas de cabildo, con el fin de encontrar las causales de los sucesos que detalladamente analiza.

De igual manera, con datos inéditos provenientes de las actas de cabildo de la catedral de Puebla, Irma Patricia Díaz Cayeros, del Instituto de Investigaciones Estéticas de la UNAM, presentó el interesante estudio de caso "El órgano de Félix de Izaguirre y los organistas de la catedral de Puebla".

Montserrat Galí Boadella, del Instituto de Ciencias Sociales y Humanidades de la Benemérta Universidad Autónoma de Puebla, en "La fundación del Colegio de Infantes de Puebla en su contexto histórico y artístico", entretejió información contenida en los expedientes de la catedral poblana relativos a esa institución fundamental para la enseñanza y la práctica de la música catedralicia, con datos tomados de fuentes históricas relevantes.

En la conferencia especial ofrecida por Dom Antonio Ramírez,[1] intitulada "Arte, liturgia y catequesis en los libros de coro de la catedral de Guadalajara", el autor, hombre de iglesia, sabio y erudito, hizo ver el complejo mundo que encierran los libros de coro y el papel que música, textos e iluminaciones desempeñan en relación con la liturgia. Sus profundos conocimientos de ésta, aunados al trabajo que ha desarrollado como restaurador de los libros de coro de la catedral de Guadalajara —de los cuales mostró algunos muy notables ejemplos—, hicieron de su participación algo memorable. En la presente edición se ha conservado el tono coloquial que él empleó.

En el coloquio dimos cabida a una mesa sobre fuentes y archivos porque buscamos fomentar la discusión relativa a problemas metodológicos de organización y catalogación de documentos de música. El resultado de la Mesa 3, "Fuentes y archivos: metodología, organización, catalogación y usuarios", fue espléndido porque, a partir de los debates generados en ella, pudimos perfeccionar los instrumentos de registro de datos, inventario y catalogación que hemos diseñado en el Seminario para el proyecto Musicat, así como plantear un reto para nuestros colegas especializados en archivología, al pedirles que diseñaran un sistema de organización archivística adecuado para los documentos de música derivado de los instrumentos catalográficos de Musicat, que a su vez se diseñaron de acuerdo con las normas internaciones del RISM.[2]

De la Mesa 3 incluimos el trabajo "Los *Maitines de la Navidad de Nuestro Señor Jesucristo* de Antonio Juanas: un estudio catalográfico (1792-1798)", de Margarita Covarrubias, de la Escuela Nacional de Música de la

---

[1] Monje benedictino nacido en Arandas, Jalisco, quien después de la disolución de la abadía de Cuernavaca trabajó más de veinte años en una abadía del sur de Francia especializada en el estudio y restauración de libros de coro.

[2] Siglas en francés del Registro Internacional de Fuentes Musicales Históricas.

UNAM. Este trabajo expuso diversos problemas surgidos al organizar y catalogar los llamados 'papeles de música' de los archivos catedralicios.

A lo largo de estos dos años, durante el coloquio, hombro con hombro, doctores, maestros, licenciados, pasantes y estudiantes de licenciatura, becarios y prestadores de servicio social hemos debatido con pasión, compartido puntos de vista y externado diferencias, recibido críticas y aceptado sugerencias. Estas memorias del Primer Coloquio Musicat: música, catedral y sociedad son el resultado de una aventura académica, enriquecedora y aleccionadora como pocas.

La comisión organizadora del coloquio se transformó en comité editorial encargado de publicar las presentes memorias y, después de una meticulosa valoración, decidió incluir sólo aquellas ponencias que, por sus características, se enmarcaban estrictamente dentro de los lineamientos del coloquio. De las valiosas participaciones no incluidas en este volumen cabe mencionar las presentaciones de archivos históricos y las propuestas sobre metodología para catalogar y organizar fuentes documentales. Tanto unas como otras propiciaron una nutrida y vehemente participación no sólo de los miembros del Seminario, sino también del numeroso público que asistió al coloquio. De lo fructífero de esa discusión he dado cuenta párrafos arriba.

Nada de lo que hasta aquí he expuesto hubiese sido posible sin el apoyo entusiasta de personas e instituciones. Quede aquí constancia de nuestra gratitud al padre Luis Ávila Blancas, canónigo bibliotecario de la catedral metropolitana de la ciudad de México, sin cuya comprensión y ayuda el proyecto Musicat difícilmente hubiera podido iniciarse.

En todo momento, y en especial para la realización del Primer Coloquio Musicat, el Seminario Nacional ha contado con el apoyo irrestricto del Instituto de Investigaciones Estéticas de la UNAM, de su directora, la doctora María Teresa Uriarte, de su Secretario Académico, el licenciado Jorge Jiménez Rentería, y de su personal administrativo. Por otra parte, la Dirección General de Asuntos del Personal Académico de la UNAM ha mostrado su interés en el proyecto al otorgarle apoyos de distinta índole.

Musicat tiene su sede en el Instituto de Investigaciones Estéticas de la UNAM. Ahí reside también el proyecto de Pintura mural prehispánica, que desde hace quince años se realiza dentro de un seminario multidisciplinario. Este seminario fue para mí, en lo personal, modelo paradigmático a seguir. Por ello me atreví a dedicar estas líneas a su fundadora, la doctora Beatriz de la Fuente, maestra mía, formadora de decenas de generaciones de historiadores del arte a lo largo de toda una vida y, en todo momento, universitaria ejemplar.

Ciudad Universitaria, a 2 de octubre de 2005

Historia: la música de las catedrales y su relación con la cultura, vida urbana, arte, ritos, poder, economía

Hacia una historia social de las catedrales

Ana Carolina Ibarra
> Instituto de Investigaciones Históricas
> Universidad Nacional Autónoma de México

Agradezco al Seminario Nacional de Música en la Nueva España y el México Independiente el haberme invitado a participar en este coloquio donde se difunden los primeros resultados de un proyecto fascinante, que ha decidido estudiar la intensa vida musical de las catedrales a través de la recuperación de sus acervos, el análisis de su actividad, de su tradición y sus obras musicales. Casi siempre reconocidos por sus valores estéticos, los espacios catedralicios ahora están abiertos a estudiosos que buscan en ellos una historia de poder, un conjunto de significados, de símbolos y de códigos, o sencillamente un lugar en que se reproduce determinado ritual o tipo de sociabilidad. Así, estos recintos portentosos que tradicionalmente han guardado lo más valioso de una expresión plástica o arquitectónica revelan que hay más misterios por descubrir: nuevos filones de riqueza insospechada alimentan los sueños de historiadores, sociólogos, musicólogos y antropólogos, entre otros especialistas, que se acercan para descubrir el "mundo" de las catedrales.

En la medida en que la mayor parte de los participantes son estudiosos del fenómeno musical, la presente ponencia intenta ubicarse en un plano general más que dar cuenta de una investigación específica. Busca ofrecer una mirada que permita, por un lado, apreciar los avances recientes de los estudios históricos sobre catedrales y, por el otro, caracterizar la historia y la geografía de las catedrales novohispanas en su momento de mayor esplendor, procurando poner de relieve su importancia y formas de organización. Se trata de presentar un marco de referencia útil para todos aquellos que desean colocar su investigación en un contexto más amplio. Con tal objeto, me refiero al tiempo de las catedrales, a su organización espacial y administrativa, a los avances de la investigación y a la promesa de los acervos. Me remito particularmente a la historia social de las catedrales, que es el ámbito donde se inscriben mis propias investigaciones.

Ana Carolina Ibarra

Los tiempos de las catedrales

El gran historiador francés Georges Duby ubicó el tiempo de las catedrales europeas, en el libro del mismo nombre, hacia los siglos xi, xii y xiii.[1] Las catedrales se erigieron cuando los monasterios dejaban de ser el centro de un espacio al que imprimieron cohesión durante una época en que se había impuesto un orden rural y las ciudades eran muy escasas. En las páginas de la obra magistral de Duby, éste deja constancia de toda una época, la época de las catedrales, cuando fue posible, gracias al crecimiento de las ciudades, el enriquecimiento de las mitras, el poderío de la Iglesia y la devoción y entrega de los fieles, levantar aquellos recintos magníficos que quedarían allí para todos los tiempos. Al preguntarse acerca de quiénes fueron los constructores de las catedrales y cuáles sus esfuerzos cotidianos y sus aspiraciones, Duby logra la primera historia social de las catedrales, en el contexto de una historiografía que se había dedicado casi exclusivamente a describir de los aspectos puntuales del arte catedralicio.

Sin embargo, en América, siempre remedo y eco de los procesos europeos, la naturaleza tardía y periférica de la erección de las catedrales las relaciona con una expresión de identidad local que se manifiesta a través del arte catedralicio, plástico y musical, y que revela su fuerza cultural singular en los muros y en los espacios de estos recintos portentosos. Hubo, sí, la clara intención de expresar, a través del arte de las catedrales, el mayor proyecto sociocultural de las elites. Y, en algunos casos, la expresión de esta voluntad ha quedado plenamente documentada. Tomemos, por ejemplo, el caso de la catedral michoacana, que sirve para constatar la voluntad de preeminencia pública de su cabildo, apreciable en las fiestas con que se estrenó la catedral en mayo de 1745: tres días destinados a celebrar el "coronamiento" de la Iglesia, elegidos deliberadamente por el cabildo local en una fecha en que se hallaba ausente el prelado. Es el momento de "la apoteosis capitular y de definición de una modalidad artística local". Conscientes de ello, los

---

1 Georges Duby, *Le temps des cathédrales, l'art et la societé*, *980-1420*, París, Gallimard, 1976.

capitulares y los vecinos, junto con el pueblo, deciden no compartir con extraños la celebración.[2]

Si bien esto ocurría en la Nueva España al mediar el siglo XVIII, el ciclo de las catedrales se agotaría demasiado pronto. Hacia fines de esa centuria las catedrales atravesaron una fase crítica. La Ordenanza de Intendentes determinó que se instalaran juntas locales de diezmos presididas por los intendentes, donde se incluyera a los jueces hacedores, aunque investidos de la jurisdicción real, con lo cual se desconocía la jurisdicción eclesiástica. En 1795, la abrogación de la inmunidad eclesiástica, si bien fue impugnada por la alta jerarquía, puso en la mira uno de los principales privilegios del clero. Por otra parte, la Corona echó mano de sus recursos económicos al establecer la obligación de los prebendados de pagar la "media anata" (la mitad del salario de su primer año en el cargo) e imponer una anualidad a los cargos que vacasen por muerte, permuta, renuncia, traslación o privación. Esta tendencia se agravó cuando se decretó la Consolidación de Vales Reales unos años más tarde.

La guerra y el triunfo de la independencia asestaron un duro golpe a la Iglesia. A ojos de muchos era el final de una época. En realidad la oposición entre los que fueron partidarios del regalismo y los que trataron de contenerlo, entre el clero barroco y los partidarios de la Ilustración, entre clero peninsular y clero criollo había enfrentado a los miembros de la Iglesia hispanoamericana. La nueva coyuntura la dividió aún más. El clero del nuevo siglo tendría que batallar para encontrar su lugar en una época de turbulencias.

Aun así, las catedrales no perdieron en seguida su fuerza. Puede decirse, como lo ha demostrado bien a través de su obra sobre los párrocos William Taylor,[3] que en la sociedad tardocolonial los eclesiásticos continuaban siendo mediadores por excelencia, y que las iglesias, y por supuesto la catedral, eran el punto de encuentro entre comunidad y divinidad. Al mismo tiempo que la catedral constituía el lugar ideal para vivir la experiencia íntima de lo sagrado,

---

2 Al respecto, véase Óscar Mazín, *El Cabildo Catedral de Valladolid de Michoacán*, Zamora, El Colegio de Michoacán, 1996.
3 William Taylor, *Magistrates of the Sacred*, Stanford, California, Stanford University Press, 1996.

era también sitio de reunión en que de manera natural se realizaban actividades cívicas, públicas, además de fiestas y celebraciones. Durante la guerra de Independencia y a su término, a lo largo de Hispanoamérica, los espacios catedralicios mantuvieron ese carácter, pues en ellos se celebraban reuniones de vecinos notables, debates políticos y grandes ceremonias. De hecho, la mayor parte de esos espacios abrieron sus puertas para recibir a los ejércitos victoriosos de uno u otro bando, y desde luego los gobiernos independientes celebraron, mediante los ritos acostumbrados, el triunfo de sus ejércitos sobre la desgastada metrópoli española.

Por su preponderancia, los actores catedralicios no estuvieron al margen de los acontecimientos, por lo menos no durante las primeras décadas del siglo XIX. Los obispos fueron los aliados más leales de la Corona durante gran parte de la guerra de Independencia. Sin embargo, al definirse la separación de España, varios cooperaron con la Regencia, el Imperio y la República. Hubo canónigos de las catedrales que se integraron al congreso como diputados, algunos abrazaron el federalismo, otros fueron centralistas y los hubo aún liberales. Más adelante sobrevinieron tiempos difíciles que fueron mermando el poder y prestigio de las catedrales. Los procesos de secularización y la imposición de un orden laico, en el conflictivo contexto del siglo XIX mexicano, determinaron una nueva ubicación, distinta, para el secular orden de las catedrales.

La situación de los estudios sobre cabildos y catedrales

Aunque las obras sobre la arquitectura y la plástica de las catedrales son muy abundantes,[4] es reciente el estudio de su historia política, social, eco-

---

[4] Entre otras destacadas obras concebidas en esta línea, pueden mencionarse las siguientes: Manuel González Galván, *La catedral de Morelia: tres ensayos*, Morelia, Universidad Michoacana de San Nicolás de Hidalgo, 1980 (Biblioteca de Educadores Michoacanos, 3); Jorge Alberto Manrique, *Manierismo en México*, México, Textos Dispersos, 1993; Nelly Sigaut, *La catedral de Morelia: arte y sociedad en la Nueva España*, México, Gobierno del Estado de Michoacán, 1984; Manuel Toussaint, *La catedral y las iglesias de Puebla*, México, Porrúa, 1954; Manuel Toussaint, *La catedral de México y el Sagrario Metropolitano: su historia, su tesoro, su arte*, México, Porrúa, 1973; Clara Bargellini, *La catedral de Chihuahua*, México, Instituto de Investigaciones Estéticas-UNAM, 1984; Montserrat Galí Boadella (coord.), *El mundo de las catedrales novohispanas*, Puebla, Instituto de Ciencias Sociales y Humanidades-BUAP, 2000; Montserrat Galí Boadella (coord.), *La catedral de Puebla en el*

nómica y cultural. Óscar Mazín, con los diversos trabajos sobre la mitra vallisoletana y la organización de los archivos y fuentes capitulares, tanto de Morelia como de la catedral metropolitana, ha dado un gran impulso a este tipo de investigaciones.[5] Otras diócesis han sido sensibles a estos problemas de tal manera que Oaxaca, Guadalajara, Puebla y Mérida han iniciado a diversos ritmos el ordenamiento y la apertura de sus archivos. Gracias a ello, algunas obras pioneras han ido apareciendo: la del propio Mazín, la de David A. Brading,[6] la de Luisa Zahíno Peñafort,[7] la de Ana Carolina Ibarra[8] y los trabajos de jóvenes académicos como Daniela Ibarra[9] y Jesús Rosales,[10] el de este último sobre Yucatán. Es crucial el trabajo pionero sobre el episcopado mexicano en tiempos de la Independencia de Fernando Pérez Memen,[11] quien además es autor de un vasto trabajo sobre la Iglesia en su país, la República Dominicana.[12] Cabe anotar que varias investigaciones que se han ocupado de otros asuntos han consultado fuentes eclesiásticas y realizado aportes al tema de las catedrales, como sucede con los trabajos de Michel Polushin[13], Carlos Juárez Nieto[14] y Juvenal

---

    arte y la historia, México, Gobierno del Estado de Puebla / Instituto de Ciencias Sociales y Humanidades-BUAP/Arzobispado de Puebla, 1999.

5   Al respecto, pueden consultarse, entre otros: *El Cabildo Catedral de Valladolid... op. cit.*; *Archivo Capitular de Administración Diocesana*, Zamora, El Colegio de Michoacán, 1991; *Entre dos majestades*, Zamora, El Colegio de Michoacán, 1987; *Archivo del Cabildo Catedral Metropolitano de México*, inventario y guía general de acceso, bajo la dirección de Óscar Mazín y Claudia Ferreira, inventario fotográfico de Nelly Sigaut, 2 vols., Zamora, El Colegio de Michoacán / Centro de Estudios de Historia de México Condumex, 1999.

6   David A. Brading, *Una Iglesia asediada. El obispado de Michoacán, 1749-1810*, México, FCE, 1994.

7   Luisa Zahíno Peñafort, *Iglesia y sociedad en México, 1765-1800*, México, Instituto de Investigaciones Jurídicas-UNAM, 1996.

8   Ana Carolina Ibarra, *El Cabildo Catedral de Antequera, Oaxaca y el movimiento insurgente*, Zamora, 2000.

9   Daniela Ibarra, "El gobierno eclesiástico de Michoacán y la independencia, 1810-1815" [tesis de licenciatura en historia], Universidad Michoacana de San Nicolás de Hidalgo, 2003.

10 Tesis de doctorado, El Colegio de Michoacán, actualmente en proceso.

11 Fernando Pérez Memen, *El episcopado y la independencia de México*, México, Trillas, 1977.

12 Fernando Pérez Memen, *La Iglesia y el Estado en Santo Domingo*, Santo Domingo, UASD, 1984.

13 Michel Polushin, "Por la patria, el Estado y la religión", en Ana Carolina Ibarra (coord.), *La independencia en el sur de México*, México, Facultad de Filosofía y Letras / Instituto de Investigaciones Históricas-UNAM, en prensa.

14 Carlos Juárez Nieto, *La oligarquía en Valladolid de Michoacán, 1749-1810*, Morelia, Gobierno del Estado de Michoacán, 1993.

Jaramillo,[15] entre otros. Casi todos estos autores han recogido la parte política y social de la vida catedralicia; algunos, como Mazín,[16] Borah[17] y Trabulse,[18] reconstruyen además la historia económica de las diócesis. Muy poco se ha escrito sobre el proyecto cultural de las catedrales y sobre los ritos y ceremonias que allí se llevaban a cabo.

Ha sido difícil formarnos un panorama de los avances en el estudio de las catedrales del mundo hispánico, a causa de la insuficiencia de nuestras bibliotecas. No obstante, es posible apreciar que la historia de las instituciones constituye un campo particularmente cultivado por los historiadores españoles. Algunos estudios merecen ser mencionados: un trabajo sobre el cabildo leonés de Isabel Nicolás Crispín.[19] Otro sobre el de Córdoba entre 1788-1882 de José García Cuevas Ventura,[20] quien aborda años conflictivos desde la Ilustración hasta fines del siglo XIX sobre la base de una información muy amplia, rasgo que caracteriza por igual la obra de Ramón Sánchez González sobre la arquidiócesis toledana.[21] Aunque son muy recientes, estas últimas investigaciones no reniegan, de todos modos, de su filiación católica.

En lo que se refiere a América del Sur, no deja de llamar la atención la reciente eclosión de libros y artículos sobre la Iglesia del Río de la Plata. Los trabajos de Roberto Di Stefano[22] y Miranda Lida,[23] entre otros, han abierto

---

15 Juvenal Jaramillo, *Una Iglesia beligerante*, Zamora, El Colegio de Michoacán, 1998.
16 Mazín, *op. cit.*
17 Woodrow Borah, "Los diezmos en la catedral de Oaxaca", mimeo. [s.f.]
18 Elías Trabulse *et al.*, *Fluctuaciones económicas en Oaxaca en el siglo XVIII*, México, Centro de Estudios Históricos-El Colegio de México, 1979.
19 Isabel Nicolás Crispín *et al.*, *La organización del cabildo catedralicio leonés a comienzos del siglo XV, 1419-1426*, León, Universidad de León, 1990.
20 José García Cuevas Ventura, *El cabildo catedralicio cordobés desde la revolución a la restauración, 1788-1882*, Córdoba, Universidad de Córdoba, 1996.
21 Ramón Sánchez González, *Iglesia y sociedad en la Castilla moderna, el Cabildo Catedralicio de la Sede Primada, siglo XVII*, La Mancha, Ayuntamiento de Toledo / Concejalía de Cultura / Universidad de Castilla, 2000.
22 Roberto Di Stefano, "Poder episcopal y poder capitular: los conflictos entre el obispo Malvar y Pinto y el cabildo eclesiástico de Buenos Aires por la cuestión de la liturgia", en *Memoria Americana*, núm. 8, 1999; "Entre Dios y el César. El clero secular rioplatense de las reformas borbónicas a la revolución de independencia", en *Latin American Research Review*, núm. 35, 2, 2000; "Dinero, poder y religión: el problema de la distribución de los diezmos en la diócesis de Buenos Aires (1776-1820)", en *Quinto Sol*, núm. 4, 2000.
23 Miranda Lida, "Gregorio Funes y las iglesias rioplatenses del Antiguo Régimen a la

líneas de investigación muy atractivas sobre los curas y la Iglesia en el Río de la Plata. Sobre la región peruana, la tesis doctoral del estadounidense Paul Ganster[24] hace una aportación significativa.

Lo que parece ser cierto es que en los últimos años en casi todos lados la historiografía tradicional se ha enriquecido con el estudio de la historia social de los cabildos y las catedrales desde una perspectiva académica. Ello ha puesto fin a los conflictos surgidos respecto al tratamiento de los problemas de la Iglesia, casi siempre aprovechados con fines de apología o denuesto. Por otra parte, un mejor conocimiento de estos temas contribuye a esclarecer procesos y periodos que no pueden comprenderse sin incluir a este actor fundamental que es la Iglesia y el clero. Se supera así la historia oficial cuyo relato omite la presencia eclesiástica.

Gracias al avance de las investigaciones en este terreno, los trabajos realizados por los historiadores del arte, particularmente ricos en nuestro país, se complementan ahora con una historia social de las catedrales. Poco a poco, el mundo de las catedrales se convierte en un punto de encuentro para especialistas provenientes de las más diversas disciplinas.

La geografía episcopal

Hacia fines del siglo XVIII, la administración eclesiástica de la Nueva España estaba organizada en ocho obispados: Durango, Guadalajara, Michoacán, Linares, Puebla-Tlaxcala, Antequera de Oaxaca y Yucatán, y una arquidiócesis, México, de la cual eran sufragáneas las mitras mencionadas y otras de Centroamérica.

La variedad de circunstancias en que se hallaba cada una de estas diócesis explica el alcance de la obra catedralicia. Como se sabe, las catedrales vivían del diezmo y la magnitud de la colecta dependía del tipo de productos y de producción que hubiese en cierta zona. Originalmente, las poblaciones indígenas no diezmaban y, en general, el diezmo se cobró

Revolución" [tesis de doctorado en historia], Universidad Torcuato di Tella, 2003.
24 Paul Ganster, "Cabildos eclesiásticos en México y Lima", en Pilar Gonzalbo Aizpuru (prol. y comp.), *Familias novohispanas*, México, El Colegio de México, 1990.

de manera exclusiva a los productos de Castilla. En consecuencia, aquellas mitras con poblaciones indias y con producciones como la del maíz, la grana o el añil tenían ingresos más exiguos. Evidentemente, ello se reflejaba tanto en la modestia de sus construcciones y la austeridad de las ceremonias, como en la escasez de prebendados y en el monto de sus ingresos. Las grandes catedrales podían contar con cabildos de 27 miembros, que formaban un cabildo completo (es el caso de México, Puebla, Guadalajara y, eventualmente, Michoacán), en tanto que otras podían pagar apenas a 13 integrantes, como la de Oaxaca, y aun cinco, como la de Mérida. En casos tan extremos como el del obispado emeritense, habría que poner en duda la propia consolidación de la mitra.

Parece que en otros virreinatos del mundo hispánico prevalecían las mismas desigualdades. Así pues, no era lo mismo una iglesia catedral en Buenos Aires que en Montevideo o Salta. Estos últimos ejemplos hacen pensar, nuevamente, en la falta de viabilidad de algunas diócesis allí donde no puede hacerse sentir la presencia del poder episcopal.

Organización y funciones dentro de las catedrales

Cada obispado estaba formado por un número determinado de parroquias y de doctrinas, es decir, divisiones eclesiásticas menores. La parroquia era atendida por un cura secular (cura beneficiado o clérigo), subordinado al obispo, y la doctrina, casi siempre ubicada junto a un monasterio (que podía ser vicaría, priorato o presidencia), estuvo a cargo de religiosos. Las parroquias y doctrinas casi siempre fueron menores en tamaño que los corregimientos. Las demarcaciones eclesiásticas no correspondían necesariamente a las civiles; sin embargo, representaban un esfuerzo por organizar la administración de los vastos territorios americanos.[25] La administración de los obispados exigió la colaboración no sólo de los curas, sino de un

---

[25] Una relación detallada de la formación de los obispados en Hispanoamérica puede consultarse en Paulino Castañeda y Juan Marchena, *La jerarquía de la Iglesia en Indias. El episcopado americano (1500-1850)*, Madrid, MAPFRE, 1992. Respecto a la Nueva España: Peter Gerhard, *Geografía histórica de la Nueva España (1519-1821)*, México, UNAM, 1986.

grupo especial de funcionarios que rodeaban al obispo para colaborar en tareas de tipo pastoral, administrativos, de recaudación y de gobierno: este grupo de individuos conformó el cabildo catedral. Adscritos a una determinada catedral, unidos por tareas espirituales comunes, los cabildos eclesiásticos tuvieron en la época colonial y el siglo XIX cada vez mayor importancia para el funcionamiento de la Iglesia. Las constituciones de los obispados establecían el número de miembros con los que debía contar el cabildo y las tareas que debía desempeñar cada uno. Aunque los aspectos litúrgicos eran su responsabilidad original, sus integrantes actuaban más allá de este ámbito exclusivo. Los cabildos tuvieron a su cargo la jurisdicción eclesiástica. Remplazaban al obispo en el gobierno cuando había sede vacante, eran un cuerpo de consulta permanente para el prelado y manejaban todo lo relacionado con la colecta y administración de los diezmos.

Como en la actualidad los cabildos de las catedrales han perdido su vigencia social y en algunos casos han sido, inclusive, suprimidos, no es raro que alguien evoque la figura de los canónigos como la de individuos que tienen una vida cómoda y se contentan con ver transcurrir el tiempo e ir ascendiendo de manera burocrática. Sin embargo, esto no fue así en otras épocas. Aparte de la obligación de organizar y realizar todo lo referente al culto y la liturgia,[26] los integrantes de un cabildo ejercían gran influencia social y política.

Cada uno de los funcionarios de un cabildo eclesiástico tenía funciones específicas. Así, el deán presidía el coro en ausencia del obispo y debía cuidar además que, en el altar, en las procesiones y en las sesiones capitulares, las cosas se arreglaran con la debida reverencia y conforme al orden establecido.

---

[26] El deán y el chantre, dignidades del cabildo, tuvieron la responsabilidad de supervisar que el resto de los prebendados cumplieran con la obligación de las horas canónicas (prima, sexta, nona, vísperas, completas y maitines). El calendario de las misas al que debía sujetarse cada uno de los prebendados se dividió entre éstos según su importancia litúrgica, de manera que las misas mayores y dobles correspondían a las dignidades; las semidobles, feriadas y simples debían celebrarlas los canónigos. Adicionalmente, debían oficiarse misas por razones especiales para el rey o algún otro miembro de la casa real, en favor de la Virgen o de los santos, y para cumplir con encargos de las capellanías o las obras pías de los particulares. Véase Zahíno Peñafort, *op. cit.*, pp. 25 y 26.

Dentro del culto divino y atendiendo a las exigencias de la catedral, el cabildo debía hacerse cargo de integrar el coro. El chantre dirigía y organizaba el coro y las demás actividades musicales para el culto.[27] El coro ocupaba un lugar central en la catedral y todos los prebendados tenían la obligación de asistir regularmente. Sólo el deán podía autorizar licencia para que los prebendados se ausentasen. El lugar que la catedral le confiere al coro de canónigos corresponde a la importancia que tuvo este cuerpo de eclesiásticos para la Iglesia. Su emplazamiento en el núcleo de la catedral está en relación directa con el papel central que desempeñó el cabildo.

La actividad que mayormente permitió reflejar la fuerza y preponderancia del cuerpo de capitulares fue la facultad de recaudar, administrar y manejar la gestión de las rentas decimales. El cabildo intervenía y decidía en las diversas fases de este largo proceso.[28] Su papel lo colocó en la posición de mantener control sobre propietarios y propiedades, comercializar productos y determinar asuntos de crédito. Del buen manejo y organización de los procesos relacionados con la administración decimal dependía el acrecentamiento de las rentas del obispado y el lustre del propio cabildo.

Anualmente se nombraba, entre los capitulares, a dos jueces hacedores que recibían cuentas de los colectores hasta completar la masa decimal que luego habrían de repartir para cubrir distintos gastos. La labor de los colectores se iniciaba todos los años el 2 de enero, con la convocatoria dirigida a los vecinos de cada cabecera, hacienda o pueblo para que manifestase a cuánto ascendía el volumen de su cosecha. Reportado el monto, se fijaba la cantidad que cada uno debía abonar como impuesto en especie. El pago podía hacerse al contado o a plazos. En el primer caso, los productos se abonaban en distintos momentos, según el mes establecido. En el segundo, era posible emitir vales respaldados por alguna hipoteca del rancho o la hacienda de que se tratase, o avalados por un fiador comprometido a redimir el pago si fuese necesario.

---

[27] El chantre era un conocedor de música y cantor él mismo. Durante las ceremonias cantaba acompañado por los sochantres. Además estaba a cargo del colegio de infantes, de la capilla musical y de la enseñanza de los monaguillos.

[28] Para conocer una descripción sintética del proceso en el caso del cabildo metropolitano a fines del siglo XVIII, puede consultarse a Zahíno Peñafort, *op. cit.*, pp. 28 y ss.

La catedral mantuvo un registro minucioso de la recolección y reparto del diezmo en sus libros de cuentas.[29] La contaduría y la haceduría de la iglesia catedral, dirigidas por capitulares, llevaron el control y seguimiento puntual de la actividad de los colectores. Cualquier situación irregular debía ser comunicada al cabildo, que tenía la facultad de decidir sobre asuntos que hicieran pensar en un mal manejo o indisciplina en lo relativo a la colecta y administración decimal.

Terminada la fase de recaudación, los caudales ingresaban en la clavería. Desde esta oficina, que estaba regida por dos prebendados, debían salir las libranzas expedidas por la contaduría para ser repartidas de acuerdo con la distribución establecida. Una cuarta parte de la masa decimal correspondía al obispo (cuarta episcopal), otro tanto se repartía entre los miembros del cabildo y servía para cubrir sus salarios (mesa capitular), y las dos cuartas partes restantes se dividían en nueve partes, de las cuales dos eran para el rey (reales novenos), tres para el mantenimiento de la catedral (fábrica catedralicia y hospital) y cuatro para los sueldos de los curas y vicarios del obispado.[30]

El aumento de las rentas de una catedral se reflejó en el mayor brillo y suntuosidad del culto divino. Por ser la principal obligación del cabildo la alabanza a Dios mediante el rezo del oficio en las sedes episcopales, éstas expresaron su esplendor a través del ceremonial y el culto. Varias diócesis se beneficiaron en el siglo XVIII de un incremento en sus rentas, y por eso decidieron consagrar una parte significativa de éstas a la construcción de la catedral definitiva. Fue así como las grandes obras arquitectónicas y artísticas resultaron patrocinadas por el cabildo en las principales capitales. La nueva

---

[29] Aprovechan estas fuentes varios trabajos que merecen mencionarse: Arístides Medina Rubio, "El archivo del cabildo metropolitano de Puebla y sus papeles de diezmos", en *Historia mexicana*, México, El Colegio de México, vol. 31; Enrique Florescano, *Fuentes para el estudio de la agricultura colonial en la diócesis de Michoacán: series de diezmos 1636-1810*, México, INAH, 1985; Elías Trabulse *et al. op. cit.*; Cecilia Rabel, *Los diezmos en San Luis de la Paz: economía de una región del Bajío en el siglo XVIII*, México, Instituto de Investigaciones Sociales-UNAM, 1986; María Isabel Sánchez Maldonado, *Diezmos y crédito eclesiástico: el diezmatorio de Acámbaro*, Zamora, El Colegio de Michoacán, 1996.

[30] Véase Manuel Teruel y Gregorio de Tejada, *Vocabulario básico de la historia de la Iglesia*, Barcelona, Crítica, 1993.

catedral de Antequera de Oaxaca se inauguró en la Nochebuena de 1730. En mayo de 1745, como mencionamos al principio de este trabajo, el cabildo de Valladolid de Michoacán estrenó su catedral. Contemporáneamente, se estrenaron catedrales en México, Puebla, Mérida, Chiapas y Nueva Galicia.[31]

    Los puestos que los prebendados podían ocupar en un capítulo diocesano eran dignidades o canonjías. Entre las dignidades se contaban las siguientes: deán (*decanus*), que ocupaba la primera silla coral y solía presidir el cabildo. El arcipreste era el primer presbítero. El arcediano, primer diácono y "mano derecha del obispo", durante siglos fue la primera dignidad de los cabildos y llegó a gozar de una amplísima jurisdicción en toda la diócesis. El chantre era el cantor y dirigía el coro. El maestre-escuela era el maestro de la escuela de la catedral. El tesorero era el encargado de decidir sobre los recursos de la catedral, revisar el abasto y la compra del aceite para las lámparas, las velas, el pan y el vino, además de la vestimenta y el ajuar para los celebrantes. Los canónigos de oficio eran éstos: magistral (magistral de púlpito), experto en teología y predicador en la catedral de los sermones programados o de los extraordinarios, que acostumbraba además enseñar teología dogmática; doctoral, jurista perito en derecho canónico y encargado de defender los bienes, derechos y prerrogativas del cabildo, dirigir negocios judiciales y emitir su parecer en todo asunto jurídico; lectoral (*theologus*) —a veces se le denominó "de Escritura"—, biblista o encargado de explicar públicamente las lecturas de la Biblia o la doctrina católica y profesor de la Sagrada Escritura; penitenciario, confesor oficial de la catedral y docente de teología moral. Por último, había también canónigos de merced y de gracia, cuyo número varió en las distintas catedrales. Las de racioneros y medio racioneros fueron las dos categorías inferiores del cabildo y en total sumaban doce miembros (seis racioneros y seis medios racioneros). No celebraban misa, que era uno de los principales deberes del

---

[31] Es necesario recordar que la construcción de las catedrales novohispanas llevó varios siglos, desde la erección de la catedral primitiva hasta la culminación de la definitiva. De los autores que estudian catedrales sólo Mazín vincula el tratamiento de los aspectos artísticos con las cuestiones organizativas, económicas y sociales.

cabildo, pero tenían a su cargo en el altar el canto de los evangelios, de las epístolas, las profecías y las lamentaciones.[32]

El cabildo completo contó con cinco dignidades (el deán, el arcediano, el chantre, el tesorero y el maestre-escuela), cuatro canónigos de oficio (el doctoral, el magistral, el lectoral y el penitenciario), los canónigos de merced y de gracia, seis racioneros y seis medio racioneros.

Los capitulares se reunían en sesiones por lo menos dos veces por semana, y con mayor frecuencia si así lo exigía algún asunto de gobierno, moral o ritual. Generalmente, lo hacían sin necesidad de contar con el obispo, pero cuando las circunstancias lo requerían se invitó también al prelado.

Aunque el obispo tomaba las grandes decisiones del gobierno mitrado, en ellas influía el cabildo diocesano. La iglesia catedral formaba un organismo corporativo y el cabildo era un cuerpo colegiado de consulta que por el talento, sabiduría y prestigio de sus miembros, constituía una especie de "senado" del prelado, según lo señaló el Concilio de Trento.

La "colegialidad" ha sido uno de los aspectos que el trabajo de Óscar Mazín ha subrayado. El sentido de cohesión dentro del cabildo permite, por un lado, guardar la tradición del propio cabildo y arraigarlo a su obispado, y, por el otro, mantener vigente la costumbre de reunir a los más ancianos o los más experimentados (como en el caso del primitivo consejo tribal, el de los *senes* en la *res publica* o el colegio apostólico) para consultarlos a la hora de las decisiones fundamentales. Es una solución al reto del tiempo, pues "preserva a las comunidades en su identidad mediante la renovación continua de dichos consejos. Sólo que, a diferencia de muchos otros cuerpos colegiados en que la renovación de los miembros se da de una sola vez, en los cabildos catedrales hay siempre enlaces entre los individuos más antiguos y los recién llegados [...] Se trata de instituciones macizas en las que la continuidad de la gestión está asegurada".[33]

---

32 Se ha dicho que no formaban parte del cabildo estrictamente (tal vez por el hecho de que no podían celebrar la misa). Véase Óscar Mazín, *Archivo Capitular de Administración Diocesana, Valladolid-Morelia, catálogo I*, Morelia, El Colegio de Michoacán / Gobierno del Estado de Michoacán, 1991, p. 32. Para ampliar esta información resulta útil consultar las constituciones de la catedral correspondiente.

33 Óscar Mazín, *El cabildo catedral...*, *op. cit.*, pp. 35 y 36.

La "colegialidad", como elemento que legitima la representatividad del clero de la diócesis en el cabildo, se expresa hacia afuera de la corporación como una "corresponsabilidad". Es decir, la colegialidad no tendría sentido sino en función de la correspondencia con el obispo. El cabildo es "copartícipe" de la gestión episcopal en las tres tareas encomendadas a la Iglesia: el ministerio de la palabra, el culto y el gobierno.

No siempre se expresó la corresponsabilidad del prelado y su cabildo en términos de equilibrio. La historia de la Iglesia novohispana registra ocasionalmente las tensiones existentes entre el obispo y la corporación.

Por otra parte, la tradicional actividad colegial se vio trastocada, en mayor o menor medida, cada vez que se produjo una sede vacante. El cabildo sede vacante "sucede en la jurisdicción ordinaria del obispo no por privilegio ni por delegación sino por derecho común".[34] Con demasiada frecuencia en la historia, los cabildos tuvieron que ocuparse de suplir temporalmente al pastor. Motivos de salud, decesos y traslaciones de obispos determinaron que los cabildos asumieran el gobierno. Casi siempre era el obispo el que designaba al gobernador de la mitra que había de asumir el cargo en tanto se designaba a otro prelado. La responsabilidad recayó la mayor parte de las veces en el deán o en el arcipreste, pero hubo casos en los que se tomaba una determinación distinta y se nombraba a alguno de los capitulares que el prelado consideraba mejor candidato.

Por último, es necesario señalar que el cabildo ejerció también funciones judiciales eclesiales. El Provisorato dependió de un miembro veterano del cabildo (casi siempre el vicario, designado por el propio obispo) y se desempeñó como tribunal diocesano, encargado de los matrimonios, las acusaciones contra sacerdotes y el embargo de las propiedades de la Iglesia. El juzgado de testamentos, capellanías y obras pías que tenía jurisdicción sobre herencias probadas o disputadas dependía de un juez de testamentos nombrado por el obispo, aunque no necesariamente lo elegía entre los miembros del cabildo. Miembros del cabildo designados ex profeso eran jueces sinodales que examinaban a los candidatos aspirantes a ocupar las parroquias del obispado.

---

[34] David A. Brading, *Una Iglesia asediada...*, *op. cit.*, p. 197.

Una riqueza extraordinaria de fuentes

La catedral, espacio privilegiado del movimiento general de las civilizaciones que ofrece claves para penetrar en un universo de formas complejas y fascinantes, ofrece a los estudiosos de muy diversos campos disciplinarios innumerables posibilidades de acceso. La plástica y la iconografía han estado siempre al alcance de los especialistas y aun de los aficionados. A últimas fechas, la apertura de las fuentes y repositorios eclesiásticos ha contribuido a ampliar las posibilidades de estudio de los cabildos y de las catedrales.

Hay un material muy rico que ha sido rescatado para la memoria. Son papeles que han vivido y sufrido los avatares del tiempo en momentos críticos para la institución. Se trata de un legado que, como lo señaló el padre Vázquez Núñez, quien por tanto tiempo lo resguardó en la catedral de Oaxaca, se había olvidado: "una memoria que estaba dormida, un testimonio del devenir de la Iglesia y también del paso del Señor por nuestras vidas. Sea éste el primer intento de hacer que la memoria despierte, que los papeles hablen y que con ellos se reconstruya para el bien de las generaciones que nos sucedan no sólo la historia de una diócesis, sino de una historia social en su más amplio sentido".[35]

---

[35] Jesús Lizama y Daniela Traffano (coords.), *Cuadernos de Historia Eclesiástica*, núm.1, AHAO-FOESCA, 1998.

La posmodernidad en la música de las catedrales: una introducción al estudio de la chantría

Lourdes Turrent Díaz
       Centro de Arte Mexicano

El modernismo fue, y para muchos sigue siendo, la construcción cultural en la cual nos amparamos los occidentales durante los últimos 170 años. Lo moderno nos inspiró a hacer de la crisis un valor, a progresar más allá del progreso y a transgredir la propia ideología de lo transgresivo.[1] Sin embargo, esta dinámica que aparentaba permanencia empezó a detenerse alrededor de 1960. Su impulso, que parecía no tener límites y se fundaba en la unión de la idea del progreso, al lado del positivismo, la racionalidad y la ciencia, tendió a convertirse en una estructura rígida y dogmática que poco a poco perdió el rumbo. Se volvió inflexible, se amparó en definiciones cerradas y verdades absolutas, y comenzó a señalar temas tabúes como la religiosidad, la magia, la metafísica, la intuición, la subjetividad, la semántica y los estudios multidisciplinarios,[2] temas imperativos para entender la cultura de finales de siglo que marcaba nuevos rumbos y abría distintos caminos. Además, como el modelo moderno parceló la realidad para obtener un conocimiento autónomo y profundo de los temas que consideró prioritarios o científicos, desdeñó la interdependencia, olvidando que en la realidad todo está conectado y que no puede haber contaminación sin, por ejemplo, deterioro ambiental o que los elementos de una cultura están relacionados y pierden significado si se les observa de manera individual. Por otro lado, la modernidad propuso definiciones inamovibles de las cosas. Llegó a afirmar que la Cultura es una, cuando lo que hay son culturas. Poco a poco hemos dejado de hablar de Arte y ahora usamos la palabra artes o lenguajes

---

[1] Lily Kassner y Jorge Reynoso, "El objeto museable. Lenguajes artísticos posmodernos", en *Gaceta de Museos*: Memoria del Coloquio *"Museo, sociedad y posmodernidad"*, México, INAH-Conaculta, octubre de 2002-marzo de 2003, p. 7.

[2] Alan Wallace, *The Taboo of Subjectivity,* Nueva York, Oxford University Press, 2000, p. 3; Matthieu Ricard y Trinh Xuan Thuan, *El infinito en la palma de la mano,* México, Urano, 2001 (véase cap. 5).

para entender la creatividad y las obras de nuestra época.[3] Este replanteamiento ha llegado a la ciencia, en donde se afirma que el microcosmos se refleja en el macrocosmos, que operan de manera similar. Por eso es importante tener presente que aun los científicos han replanteado sus conceptos y explicaciones de la realidad. Los descubrimientos más recientes de la astrofísica demuestran que los átomos y los elementos que los constituyen no son cosas fijas, inmutables y cerradas en sí mismas, sino fenómenos observables que se entienden en función de los elementos que los rodean. Inclusive se ha encontrado que las partes que constituyen un átomo pueden ser tanto partículas como ondas.[4]

Profundicemos. La postura de la modernidad influyó negativamente en el ámbito de la cultura, el humanismo y el pensamiento de los últimos años del siglo pasado. Fue imponiendo una explicación materialista animista de todas las cosas, recurriendo a definiciones absolutas, verdades eternas y leyes de la naturaleza que poco a poco encubrieron e hicieron rígida la lectura global de la realidad. En el ámbito del arte, por ejemplo, la modernidad llegó a oscurecer la comprensión de los temas relativos a la creatividad hasta el punto de que, en los lenguajes plásticos y en ciertos ámbitos de la música culta, generó vanguardias anárquicas que destruyeron las viejas valoraciones relativas a la imaginería y al sonido, mostrando gran incapacidad para proponer una resignificación de su objeto artístico. Además, esta postura alejó tanto a los especialistas y creadores que la distancia entre un poeta, un economista y un compositor parecía insalvable.[5]

Mientras la modernidad se anclaba en la Historia del Arte o la Musicología tradicionales que continuaban dividiendo los lenguajes creativos en artes mayores o menores, o en Arte, artesanías, folclor o Música Culta, masiva o popular —postura eurocentrista y elitista—, los propios creadores del mundo occidental crearon paulatinamente nuevas formas de expresión. Tomaron la fotografía, el cine, los medios de comunicación, las artes aplicadas,

---

[3] Jean Pierre Rioux y Jean Francois Sirinelli, *Para una historia cultural,* México, FCE, 1998, capítulo "Por una historia de las artes"; Lourdes Turrent, *La conquista musical de México*, México, FCE, 1993 (véase intr.).
[4] Ricard y Thuan, *op. cit.*, p. 98.
[5] Hal Foster (comp.), *La posmodernidad*, Barcelona, Kairos, 1985.

el diseño, las artes escénicas, la mercadotecnia, la danza y los lenguajes sonoros regionales y empezaron a proponer obras mixtas, que al mismo tiempo podían ser fotografía, diseño, mercadotecnia o teatro. Muchas de ellas empezaron a desenvolverse como la música lo había hecho siempre, es decir de manera efímera, destruyendo el ideal de Obra de Arte Maestra y Eterna.[6]

Fue entonces cuando se acuñó el término de posmodernidad. Se empezó a divulgar en la década de los ochenta y adquirió gran aceptación entre la mayoría de los estudiosos de la filosofía, la historia, las letras y las artes. Su uso no definía un momento histórico concreto sino un estado anímico y una postura cultural que trataba de encontrar denominadores comunes en la gran diversidad de manifestaciones creativas surgidas en el mundo desde la guerra fría.[7] La posmodernidad fue y se considera, más que movimiento cultural, un conjunto de operaciones lógicas inspiradas en diversos saberes que se proponen estudiar algo de la realidad, ya sea un tema social concreto, una obra de arte, la música de las catedrales o un fenómeno mundial, a partir de una visión multilineal integradora que rompe las definiciones cerradas construidas por la modernidad. La posmodernidad estudia los fenómenos o temas de estudio, tal como lo propuso Marcel Mauss, como *hechos sociales totales* cuyas características se entrelazan para ofrecer una circunstancia única e irrepetible, explicable en el ámbito de su tiempo, su lugar, sus actores, su cultura y su historia.[8]

Resulta de gran utilidad, para entender el planteamiento de la posmodernidad, recordar la obra de Douglas R. Hofstadter, quien obtuvo el premio Pulitzer en 1980 con el notable libro *Gödel, Escher, Bach: un eterno y grácil bucle*.[9] En este texto, el autor desea explicar el funcionamiento de la mente humana, en especial el que se expresa a través de los lenguajes creativos. Hofstadter afirma que todo lenguaje se desenvuelve a partir de una serie de

---

6 Rioux y Sirinelli, *op. cit.*
7 Kassner y Reynoso, *op. cit.*, pp. 8 y 9.
8 Lourdes Turrent, "El lenguaje de los museos: lazos, cadenas y sistemas", en *Gaceta de Museos*, num. 13, México, Instituto Nacional de Antropología e Historia-Conaculta, noviembre de 1998, pp. 6-12.
9 Douglas R. Hofstadter, *Gödel, Escher, Bach: un eterno y grácil bucle*, Barcelona, Tusquets, 1987.

elementos fácilmente identificables. Por ejemplo: los sonidos base que conforman alfabetos dan origen al lenguaje hablado y a la literatura; las notas musicales, cualesquiera que sean, a la música; los colores primarios, a la pintura; los números, a las matemáticas, y las células cerebrales, a la inteligencia humana. Ahora bien, la complejidad de los lenguajes humanos radica en que, para actuar como medios de comunicación o de comprensión, es decir como canales de signos para todos los miembros de ese grupo humano, se desenvuelven enlazando diversos aspectos de la cultura que les corresponde. Y es este conjunto de elementos el que conforma cadenas, trenzas o lazos de datos y hechos, donde se van ligando distintos niveles de información. Así es como el patrimonio cultural adquiere significado para los hombres y mujeres de cada época. Gracias a este tejido de elementos, los medios de expresión, las artes, tienen sentido para una sociedad. Por la liga que hay entre ellos, no sólo entre los elementos que conforman un lenguaje, sino por la interdependencia entre los lenguajes que establecen una cultura. Sólo así es posible que los miembros de una sociedad los entiendan y reproduzcan. Es decir, los artistas crean con cierto significado. Producen obras plásticas, literarias o musicales, y éstas documentan la cultura, el tiempo y la sociedad del creador.[10]

Lo interesante, continúa explicando Hofstadter, es que la coherencia y el significado de los lenguajes tienen un tiempo y una época de vigencia histórica, ya que —y con esto recuerda aquí uno de los grandes teoremas del pensamiento científico del siglo XX, el *de la incompletitud* de Gödel, relativo a lo que nunca se completa o está completo— los lenguajes creativos nunca son concluyentes. Es decir que tienen una vigencia, un momento y un lugar, y son significativos para ciertas personas, pero cambian y se transforman. De ahí la necesidad de conocer el momento cultural en que la obra estudiada se creó, y su significado.[11]

Dentro de este panorama de la posmodernidad, ¿será posible analizar la música de las catedrales? ¿Podremos pretender insertar a los maestros de

---

[10] Hofstadter, *op. cit.*, pp. 17-27; Turrent, *op. cit.*; Erwin Panofsky, *Estudios sobre iconología*, Madrid, Alianza, 2001 (véase cap. I).

[11] Turrent, "El lenguaje de...", *op. cit.*

capilla, seises, ministriles y su repertorio en su contexto cultural? ¿Será este contexto distinto al nuestro? Para responder tales preguntas tendríamos que conocer el criterio del que partimos para estudiar la música: ¿somos modernos o posmodernos? La primera postura nos llevará a coincidir con los positivistas y científicos que consideraron a las artes, ligadas al gran Arte, como un universo no científico, romántico, en donde opera la creatividad que es una, la del genio, a través de sus cualidades individuales. El tema de los estudios musicales modernos era y sigue siendo, desde este punto de vista, la obra y la biografía de los creadores y sus intérpretes. Parece que no importa si un estudioso se aproxima al lenguaje sonoro de otra época, de distintos contextos culturales, de diversas sociedades y ámbitos creativos.[12] Los estudios de tradición musicológica siguen viendo al Arte desde la lectura moderna que se construyó en la Ilustración, inspirada en el pensamiento aristotélico. Porque la modernidad afirma que la música es una disciplina liberal y noble cuya meta es el placer. Para esta postura, la música representa el ocio, es decir cualquier cosa que se oponga al trabajo, y las nociones y prácticas de la música tienen como fin la propia música.[13]

Aristóteles y los pensadores de la Ilustración se oponían a diversas lecturas del arte de los sonidos porque estaban refutando el pensamiento medieval platónico fundado en temas aparentemente incompatibles con el Arte Liberal. Por eso, desde la modernidad se empezó a afirmar que la música era una, ociosa, producida para mostrar la capacidad del creador o la habilidad de los intérpretes, compuesta de una sola manera, *el arte por el arte*, e interpretada siempre por ejecutantes liberales que no expresaban ninguna creencia o punto de vista social o político en su trabajo. También se estableció que había un tipo de compositor o ejecutante y un lenguaje sonoro: el moderno. Pero la vida musical misma, aun la de los siglos XIX y XX, demostró que, si bien la técnica musical puede ser una —algo que tendría que comprobarse—, el significado de la música y el uso a que los grupos humanos la destinan son muy diversos

---

[12] Michel Foucault, *Nietzche, la genealogía, la historia*, Valencia, Pre-textos, 2000.
[13] Enrico Fubini, *La estética musical desde la Antigüedad hasta el siglo XX*, Madrid, Alianza, 1988.

y están sumergidos en las condiciones históricas. Por ejemplo, una cosa es estudiar la obra de Richard Wagner desde la historia de la técnica y la genialidad personal de este gran artista; otra, insertarla en sus escritos y relacionarla con sus intereses políticos y el contexto cultural de mediados del siglo XIX; otra más, explicar esta misma música como lenguaje de identidad racial, elitista, europeo, de los grupos wagnerianos arropados por Cosima Liszt y el *Bayreuth Blatt* a principios del siglo XX, y todavía otra más explicarla dentro del Tercer Reich y los horrores del gobierno nazi. Ahora bien, faltaría considerar en este panorama la lectura que los músicos del Estado de Israel hicieron del repertorio wagneriano. Éste tuvo que esperar a un personaje con tanto prestigio como Leonard Bernstein para que Wagner fuera programado dentro del nuevo país.

Porque, en definitiva, esta postura de Aristóteles y los modernos sólo trataba de rechazar otras lecturas de la música consideradas irracionales, aunque relevantes para entender el arte sonoro de esas u otras épocas, donde el planteamiento medieval u otras posturas tienen sentido. Por ejemplo, consideremos el papel importantísimo que la música tiene y ha tenido en la danza, la magia, la poesía, los ritos, la religión, la educación ética del hombre, la política y el poder. Y éstos son los temas que la posmodernidad ha adoptado como propios, por lo que enriqueceremos el estudio de la música desde la posmodernidad si contemplamos el lenguaje musical en su contexto, como un hecho social total explicable de acuerdo con los parámetros vigentes en la sociedad de su tiempo. Así, aunque es verdad que la música catedralicia —tema que nos ocupa en este escrito— puede considerarse arte liberal, y a sus actores —léase maestro de capilla, ministriles, etc.—, participantes de un evento artístico similar a los que se celebran en la sala Nezahualcóyotl o en Bellas Artes, los habitantes de Nueva España que participaron en las ceremonias religiosas de las catedrales no se leyeron con esos ojos, ni a la música interpretada en ese espacio se le juzgó arte liberal. Esto no niega que en las capillas catedralicias se enfrentaran problemas técnicos, logísticos, o que no hubiera cambios y avances en la música o que los cabildos no debieran resolver problemas similares a los que hoy enfrentan los compositores y las orquestas. Estamos simplemente hablando de otro mundo donde estas actividades respondían a metas e ideologías que no tenían un fin artístico en sí mismo.

La música, la filosofía y las autoridades del cabildo

Si la modernidad nos abrió las puertas de los catálogos musicales, el desarrollo técnico del repertorio, las escuelas, los niños cantores, los ministriles y las biografías de los maestros de capilla, la posmodernidad nos ayuda a comprender a otros personajes del cabildo catedralicio que generalmente quedan fuera de los estudios y que desempeñaban un papel determinante en el desarrollo de la música y la organización de las ceremonias: me refiero a los chantres y sochantres. ¿Por qué no se les ha estudiado como a los maestros de capilla? Porque su papel en el ámbito del cabildo era básicamente filosófico y organizativo y no hay obviedad de sus conocimientos en las actas capitulares. La chantría era uno de los cargos establecidos en el ámbito de los cabildos catedralicios. Se dice que de quien desempeñaba esta responsabilidad y del deán dependía la actividad central de ese espacio religioso: el culto y la liturgia, donde la música cumplía una función primordial.[14] El puesto no era vitalicio y lo ocupaban los eclesiásticos más preparados en ese campo. Conocemos el caso de chantres que, por estar vacante la plaza, se desempeñaban un tiempo como maestros de capilla y después se dedicaban a otros quehaceres catedralicios.[15] La chantría era el espacio donde las autoridades del cabildo organizaban las expresiones del culto externo, cuyo vehículo lo constituían la palabra, los textos sagrados, las formas, el ritual y el sonido, y exigía a los cabildos demostrar, además de una esmerada preparación en filosofía y teología, profundos estudios musicales, tanto teóricos como prácticos. Gracias a estos conocimientos y habilidades se desarrollaba el complejo ritual sonoro catedralicio.

---

14 Ana Carolina Ibarra, *El Cabildo Catedral de Antequera, Oaxaca y el movimiento insurgente*, Zamora, El Colegio de Michoacán, 2000, p. 37.
15 *Ibid.*, pp. 66-93.

Los chantres, sochantres, maestros de capilla, ministriles, etc., trabajaban en conjunto y daban al ritual su gran calidad. A diferencia de lo que hoy pensamos, a los chantres se les consideraba verdaderos músicos, convivían con los maestros de capilla que muchas veces mostraban también una alta preparación teórico-práctica. El caso de Francisco López Capillas, maestro de capilla de la catedral metropolitana en 1654, lo demuestra: sacerdote, músico especulativo de gran sabiduría teórica y compositor admirable. No fue chantre, pero en su examen de oposición debió mostrar profundos conocimientos filosóficos.[16]

El desempeño y quehacer de los chantres y sochantres se refleja en las actas de cabildo, pero pocas veces se habla de ellos porque en los estudios de la música catedralicia hay una tendencia a exaltar el aspecto práctico y a soslayar el ámbito especulativo, religioso y normativo de la misma. Los chantres reunían, como veremos, un gran número de factores en las ceremonias: un sentido del tiempo, del espacio arquitectónico sagrado, de la historia del hombre y del papel del arte en lo sagrado, conjunto que construía el sentido teológico del ritual y de la vida novohispana, gran parte del cual se estudiaba en la universidad y los seminarios.

Como comentamos antes, Aristóteles afirmó que la música era un arte liberal y noble porque deseaba subrayar un aspecto del arte de los sonidos que no era el dominante en su época. El sentido teológico de la música catedralicia se inspiraba en la otra corriente del pensamiento griego, la de Platón y Pitágoras, ligada a la obra teórica medieval de Boecio y a san Agustín, padre de la Iglesia, autores ambos que influyeron en todos los teóricos medievales y cuya propuesta permaneció en la Iglesia hasta el siglo XIX. A pesar de que la escolástica y los escritos de santo Tomás nos hacen pensar que las autoridades eclesiásticas replantearon para la Iglesia la propuesta platónica antes del descubrimiento de América o en el Concilio de Trento, en realidad esto no se llevó a cabo en

---

[16] Juan Manuel Lara, "Francisco López Capillas, primer gran compositor del Nuevo Mundo, alumno ilustre de la Real y Pontificia Universidad de México", en *Maestros, caballeros y señores. Humanistas en la Universidad, siglos XVI-XX*, México, Facultad de Filosofía y Letras-UNAM, 2003 (Colección Cátedra).

Roma sino hasta finales del siglo XIX con León XIII. Los acontecimientos se desarrollaron de la siguiente manera: en el siglo XIII había en la Universidad de París diferencias entre los regulares y los seculares. Los primeros acostumbraban dar clases sin esperar paga alguna y lo hacían con libertad de asistencia, es decir que a sus lecciones podía acudir cualquier persona. Los maestros del clero secular acostumbraban esperar algún pago, porque necesitaban ingresos y deseaban organizar con cuidado al público, el contenido y la orientación de los cursos que impartían. Esta diferencia desembocó en una encendida polémica cuando se conocieron los escritos y las teorías de un dominico influido por Aristóteles: santo Tomás. Al morir éste, Roberto Grossatesta y muchos de sus seguidores decidieron acusarlo de herejía. Para salvarlo de tal afrenta y conservar para la Iglesia el trabajo y prestigio de santo Tomás, san Alberto Magno le pidió al papa que lo canonizara, a lo cual accedió inmediatamente. Pero los ataques contra santo Tomás se prolongaron y la Iglesia no cambió su orientación abiertamente platónica hasta bien avanzado el siglo XIX.[17]

Los pensadores influidos por Platón y los *ministros de lo sagrado*[18] coincidían en afirmar que la música era un elemento civilizador capaz de armonizar las facultades del hombre, aunque también era una fuerza oscura que podía precipitarlo al mal, y por ello resultaba necesario vigilar los cánones de composición e interpretación con sumo cuidado, sobre todo los de la música religiosa que se escuchaba en un recinto consagrado a lo divino.[19] En pocas palabras, durante la interpretación y el goce de la música catedralicia no sólo importaban la motivación del compositor y del intérprete, sino también la intención de la sociedad entera, reflejada en las ceremonias del espacio sagrado.

La música cultivada en los templos alcanzó entre cierto grupo de filósofos griegos y los pensadores cristianos medievales la dimensión de rito, ya que conducía a los hombres al delirio y despertaba en ellos la necesidad de lo sagrado. Tenía un origen divino, pues sólo así se entendía su capacidad de

---

[17] Lourdes Turrent, "Entrevista a Xavier Massimi", México, Centro de Arte Mexicano, 2004.
[18] William Taylor, *Ministros de lo sagrado*, Zamora, El Colegio de Michoacán, 2001.
[19] Francisco José León Tello, *Estudios de historia de la teoría musical*, Madrid, Consejo Superior de Investigaciones Científicas / Instituto de Musicología, 1962, (véase segunda parte: La teoría española de la música en los siglos XV y XVI), pp. 193-640.

magia y encantamiento. Un pensador afirmó: "Invención divina, la música posee una dignidad perfecta bajo cada proporción".[20] Esta aseveración, que refleja el pensamiento de la Iglesia respecto al tema de la música, implicaba que el lenguaje sonoro tenía un poder y una función dentro del quehacer humano: permitía instituir en él las leyes divinas de forma estable y competente.

Los pitagóricos y los pensadores del medioevo fueron más allá: establecieron filosóficamente la base del ritmo musical. Tal como se estudiaba en las universidades españolas, incluidas las novohispanas donde se educaron los chantres, hablar de música implicaba establecer un punto de partida para comprender el universo. Desde la Grecia antigua se tomó de la música el concepto de armonía entendido como unificación. Armonía proviene de *harmo* que significa ensamblar, ajustar, encajar. Esta armonía no designaba tan sólo el ámbito sonoro, pues también explicaba el movimiento del mundo que se concebía como un todo ordenado. Y era "precisamente ese canto —escribió Clemente de Alejandría— el que integra[ba] la totalidad de la creación en un orden melodioso y concilia[ba] los elementos en discordia, motivos de sobra por los que el universo entero debe hallarse en armonía con dicho canto".[21] Incluso los astros y las fuerzas que los movían se ajustaban en ese todo armónico. Los grandes textos estudiados en las universidades coincidían en afirmar que si el cosmos era armonía, el alma también lo era y el reflejo de tal equilibrio lo representaba tanto la música celestial, que no sonaba, como la que los hombres interpretaban. El universo se concebía como *un instrumento con muchas voces* y hasta llegó a identificarse con el *verbo divino*.[22] Por eso, el sonido sagrado debía construirse, teóricamente, sobre un ritmo ternario, ya que tres era el número perfecto y representaba a la divinidad que se diversificaba.[23]

---

20 Seudo Plutarco, *De Musica*, 40, traducción conforme al texto que estableciera F. Lasserre, *De la Musique*, Olten, Lausana, Graf Verlaq, 1954 (texto griego y traducción francesa), p. 15, citado por Fubini, *op.cit.*, p. 45.

21 *Ibid.*, p. 82.

22 *Idem.*

23 Es interesante destacar que —para la *teoría estándar*— la que mejor explica actualmente las propiedades de las partículas subatómicas (los quarks) tres es el número de quarks necesarios para formar un protón o un neutrón. Matthieu, *op. cit.*, p. 115.

Fue así como el concepto de armonía se completó con el de número, ya que nada era comprensible, ni las cosas en sí ni las relaciones entre ellas, si no se podían contar. La capacidad y posibilidad de numerar armonizaba en el alma todas las cosas. La naturaleza más profunda tanto de la armonía como del número se revelaba con precisión mediante la música: proporción, armonía y sonido y número en movimiento. Cantar y tocar las creaciones sonoras de las catedrales permitía alinear al ser humano con lo sagrado. Los chantres eran doctores en teología, entre otras aptitudes. Profundizaban sus estudios y su percepción del arte y de la realidad alentados por una mística que se inspiraba en Platón y envolvía todas las cosas. Por eso consideraban la música como el lenguaje religioso por excelencia: oración y plegaria. Dedicaron su vida a desarrollarla y recurrir a ella en la liturgia.

Esta explicación filosófica de la música, que implicaba la reflexión sobre las escalas, estaba ligada a una concepción del tiempo manifiesta en el ciclo de festividades que marcaban en la vida de la sociedad novohispana el tiempo sagrado y el tiempo cotidiano. La fecha propicia para cada ceremonia y el significado de los ritos que se realizaban en ella no sólo seguían una tradición inspirada en las grandes catedrales europeas —para la Nueva España el modelo era la de Sevilla—, pues se determinaban de acuerdo con una jerarquía de temas, lenguajes y significados. La mayor parte de las semanas del año litúrgico se ligaba a un evento religioso que lo marcaba y le daba sentido. Este tiempo, sacro, se enlazó con las grandes personalidades de la historia de la Iglesia que se reflejaban en las imágenes y los temas pintados o esculpidos en los retablos o las portadas de la catedral. No era fortuito el tema de estas obras, ni las advocaciones. La imaginería y su significado se vinculaban con el ritual que respondía a la armonía sagrada del universo. También los chantres eran especialistas en este tema.

La música de los rituales, por otra parte, estaba constituida en gran medida por obras cantadas apoyadas en textos. Tampoco éstos provenían de la casualidad, aunque se innovara, pues todos abordaban temas religiosos y casi siempre se consideraban de inspiración sagrada. Si se incluían nuevos textos, se estudiaban previamente. Pero por lo general resultaba que textos antiguos inspiraban obras originales. Así, la interpretación de música en las catedrales tenía una finalidad deprecativa y por ello las actas señalan con incomodidad a los músicos que llegan tarde a los oficios, hablan durante ellos o interpretan sin el debido respeto. Por otra parte, también era esta concepción de lo sagrado en la tierra la que justificaba la innovación y la perfección de las obras de arte interpretadas o representadas en las catedrales. La tradición era ésta: decir siempre lo mismo, aunque con nuevos ropajes. Aún hoy, se afirma: *los sacramentos de las oraciones que hacen los obispos, transmitidos por los apóstoles, se recitan de igual modo en todo el mundo y en toda la Iglesia católica a fin de que el modo obligatorio de orar determine el modo obligatorio de creer.*[24] Mientras los temas centrales de la fe no se alteraran, las autoridades del cabildo y los *ministros de lo sagrado* en general podían proponer cambios en los lenguajes artísticos. De hecho, el espacio catedralicio fue durante mucho tiempo el lugar adecuado para innovar y proponer nuevos caminos en el arte. Debido a ello, la creciente complejidad de la polifonía creada en el ámbito de la música secular se manifestaba también en la catedral. Los chantres conocían igualmente esto.

La música se ligaba asimismo a la arquitectura catedralicia. El espacio de la catedral se construía teniendo presentes las proporciones numéricas de los intervalos musicales. La chantría tenía, por lo tanto, conocimiento de las materias que se estudiaban en las universidades relativas a los números, la música y la construcción. Aritmética, geometría, astronomía y música eran los nombres de saberes complejos que no sólo explicaban todas las cosas, como ya dijimos, sino que implicaban reproducir el universo en la fábrica de edificios sagrados. Las catedrales, como todos los templos de la antigüedad, se construían de conformidad con ciertas proporciones geométricas. Un templo no se levantaba como cualquier cobertizo. Aunque no siempre se hizo así por diversas circunstancias, la tradición establecía que, además del lugar designado teóricamente por sus cualidades, se debía consagrar el solar en lengua sacra, mediante una cantidad de letras que se traducían en números. Generalmente,

---

24 Dom Cipriano Vagaggini, *El sentido teológico de la liturgia*, Madrid. BAC, 1965, p. 493.

se intentaba que esos números y su relación determinaran la longitud y anchura del futuro templo. Otro módulo o medida única de ese templo se derivaba de la observación del ciclo astronómico a partir de una vara que se colocaba en cierto lugar del solar el día de la consagración, para estudiar sobre ese terreno, mediante la sombra de la estaca, los movimientos de los astros en ciertas fechas del año. A partir del triángulo que formaban el terreno, la sombra y la vara, se deducía un módulo o medida sagrada para esa fábrica. Esta medida, la orientación y los números se entregaban entonces al maestro de obras, quien realizaba la construcción base y, a partir de ella, se calculaban las medidas de la cúpula, el techo y los muros. La referencia para cerrar el espacio catedralicio la brindaba la proporción que hay entre los intervalos musicales. Así, cierto modo musical era el fundamento armónico del espacio catedralicio, cuya finalidad era vibrar.[25]

En el mundo de la Nueva España, las ceremonias catedralicias, además de ser ritos sagrados, tenían diversas funciones en la sociedad, muchas de ellas ligadas al poder. La catedral se situaba en el centro administrativo, económico y religioso de un virreinato. La guerra, las luchas políticas, el prestigio de las elites, el nacimiento de un heredero, la bancarrota y el hambre de recursos de la monarquía española, todo ello se tejía con el calendario sagrado para dar a la música un significado que rebasaba la meta religiosa y artística. Los chantres y las autoridades catedralicias participaban en ese ciclo porque la Iglesia formaba parte del espacio de poder del gobierno monárquico español. El desempeño de los rituales no estaba desligado de la vida mundana, y los intereses particulares de grupos y clientelas empujaban al rito religioso a adecuarse a ciertas necesidades y circunstancias. Esta compleja red de lenguajes culturales de lecturas de la realidad —visión de lo sagrado más intereses económicos y relaciones políticas presentes en el espacio catedralicio— se pueden conocer gracias a las estrategias intelectuales de la posmodernidad.

---

[25] Louis Charpentier, *El enigma de la catedral de Chartres,* Barcelona, Martínez Roca, 2002.

Del *Te Deum* a los sonecitos: la música en Guadalajara (1788-1850)

Arturo Camacho Becerra
    El Colegio de Jalisco

La investigación de la historia cultural de Jalisco aparece en segundo plano dentro de la historiografía regional. La excepción notable la constituyen las páginas dedicadas a ella por uno de los científicos humanistas más respetados durante el Porfiriato, don Luis Pérez Verdia, quien incluyó, al final de algunos capítulos de su *Historia particular del estado de Jalisco*, una crónica breve de la vida cultural en Guadalajara. Sus datos sobre la Sociedad Jalisciense de Bellas Artes son el indicio de una actividad artística más constante durante el primer siglo de la Independencia.

    Las monografías sobre artistas o edificios, como *Las Bellas Artes en Jalisco*, escrita por don Buenaventura Reyes Zavala en 1882 y publicada ese mismo año en la Tipografía de Valeriano Olague, se basan en información oral. El investigador Gabriel Pareyón encontró que don Buenaventura juzgaba Atotonilco como el lugar de origen del afamado músico Clemente Aguirre, suposición basada en el éxito obtenido por el maestro al frente de la Banda Sinfónica de ese pueblo. Al buscar documentos probatorios, Pareyón comprobó que el artífice de la transformación de los conjuntos musicales en México había nacido en una población hoy casi desaparecida, conocida como La Lagartija —un dato sumamente escueto para un profesor de historia del Liceo Católico como don Buenaventura—.

    Durante el periodo conocido como mediodía del Porfiriato (entre 1890 y 1900), el polígrafo Alberto Santoscoy se interesó por escribir artículos relativos al movimiento cultural de Guadalajara. Se ocupó por igual de biografías, de tradiciones populares como la danza de *Los tastoanes*, de la música de la capilla coral de la catedral y de los cambios que Clemente Aguirre realizaba con la Banda del Estado.[1] Después de esta historiografía iniciada

---

[1] Alberto Santoscoy, "Pequeños apuntes acerca de un gran artista", en *Juan Panadero*, núm.

en el periodismo, vendrá una época de creación de los primeros conjuntos de música culta muy bien testimoniada por los diarios de Alfredo Carrasco, que la maestra Lucero Enríquez ha rescatado, para establecer así un importante punto de referencia en la historiografía cultural de la región como fuente para la historia musical de las primeras décadas del siglo xx. La pianista Amelia García de León, como epílogo de su carrera, nos proveyó un anecdotario muy completo: su relato *La vida musical en Guadalajara*. El compositor Antonio Navarro se ocupó en un par de ensayos de la biografía y la obra de Carlos Blas Galindo. Actualmente, el maestro Aurelio Martínez trabaja en la historia del Coro de Infantes de la Catedral, y José Rolón es tema de los escasos estudios de algunos músicos que hacen investigación.

En 1998, un trabajo de Gabriel Pareyón —que incluye la semblanza, la tabla de obras musicales y la colección de partituras editadas del músico Clemente Aguirre (1828-1900)— marcó el inicio de la historiografía moderna de la música en Jalisco. Sustentado en documentos, Pareyón registró e interpretó la carrera de ese músico que transformó las bandas militares en orquestas de salón y bandas sinfónicas de acuerdo con su época. La lectura objetiva del investigador nos permite descubrir tras el personaje sistemas de enseñanza y difusión musical propios de los años de la "invención de la tradición nacional".[2]

En este contexto, dentro del Seminario Nacional de Música en la Nueva España y el México Independiente me propongo investigar acerca de la producción y difusión musical en Guadalajara durante los primeros 25 años de su vida independiente, como capital del estado libre de Jalisco y como ciudad importante de la naciente República mexicana. Pretendo dar a conocer un proceso de transformación y de intercambio entre la música académica creada en la capilla coral de la catedral y las danzas y canciones populares destinada al llamado espectáculo artístico.

    1378, Guadalajara, 5 de noviembre de 1885, primera plana.
[2] Para examinar el concepto de "invención de la tradición" se puede consultar Erick Hobsbawm, *Invención de la tradición*, Buenos Aires, Crítica, 1994 (Biblioteca E. J. Hobsbawm).

Mi trabajo se inicia con la participación de los músicos de la catedral en las presentaciones del Coliseo de Comedias y concluye con la presentación de la soprano inglesa Ana Bishop en traje de "muchacha" interpretando la tonada popular *La pasadita*. He efectuado un primer reconocimiento de fuentes primarias en las actas de cabildo del archivo de la misma institución, documentos de la Real Audiencia de Guadalajara, crónicas de viajeros y notas periodísticas, para configurar un panorama de la práctica musical privada y de la música como espectáculo público durante el periodo señalado.

Huasacos y "havilidades". Músicos aficionados y profesionales

A partir de la instalación del Coliseo de Comedias de Guadalajara en 1758, fue necesario contratar a músicos que amenizaran los sainetes o el conocido fin de fiesta: fragmentos escénicos donde se mostraban las primeras mezclas dancísticas y musicales que darían origen a los jarabes y sones propios de esta tierra, como lo fueron el *Jarabe gatuno* y *el Pan de manteca*, prohibidos por las autoridades eclesiásticas debido a sus movimientos obscenos, que imitan los de animales como la iguana y el gato, o a las ondulaciones pélvicas ejecutadas por el cortejo.

En un escrito en papel oficial con los sellos "tercero", "un real", "años de 1788 y 1789", encontramos evidencias de esta relación: "Carlos Gamboa, rematador del Coliseo que está por establecerse en esta ciudad, con el más profundo rendimiento parezco ante V.S. y digo que para conseguir con más perfección la diversión a que estoi obligado en virtud de mi oferta, es preciso la asistencia de los músicos de esta Santa Iglesia Catedral por que amás de que los que llaman Huasacos, o ratoneros, no son haviles su número es corto".[3]

El Coliseo de Comedias se remataba por contratos cada cinco años; en 1788, el ayuntamiento patrocinó la creación de un nuevo edificio hecho de

---

[3] Archivo de la Real Audiencia de Guadalajara (en adelante ARAG), Ramo Civil, caja 190, exp. 12, núm. 2266. Transcripción literal. En todas las citas he conservado la ortografía y puntuación originales.

adobe, madera y paja de acuerdo con un plano de Nicolás Antonio Medina.[4] Gamboa deseaba abrir el nuevo local y la temporada acompañado por músicos de calidad y en el documento ya citado se quejaba de que los "huasacos" eran tan inútiles que "huvo ocación que se saineteara sin música por su impericia". Para subsanar esta deficiencia solicitaba a la Real Audiencia su intervención para que el cabildo catedralicio otorgara la licencia correspondiente por

> El veneficio que resulta a él público en la diversión y a mi en la utilidad para poder contribuir a lo que me obligué en el remate, pues he savido por notoriedad, que ni las catedrales de los reynos de Castilla, las de estos, ni la capilla Real de su majestad impiden a las habilidades para orquestar de diversiones profanas de coliseos públicos, mayormente cuando esta se verifica en horas distintas de las que en la iglesia ocupa sus ministros.[5]

El documento parcialmente transcrito nos sugiere, entre otras cosas, que la única fuente académica capaz de proveer de músicos en la capital de la Nueva Galicia era la capilla coral de la catedral y que el músico "huasaco" aprendía de manera autodidacta repitiendo las tonadillas populares. Conviene señalar la preocupación del solicitante porque la autoridad eclesiástica vea las comedias en el marco de la exigencia de diversiones modernas; por eso les refiere que en otras catedrales esa función se autoriza, en tanto se presenta diferente a una práctica de música religiosa. La petición se hizo el 5 de abril y el regente presidente de la Real Audiencia del Reino de la Nueva Galicia autorizó el 15 de octubre siguiente: "que esta parte haga su diligencia donde le corresponda", lo que se hizo saber a Gamboa. Aunque la audiencia autorizó las gestiones, hasta ahora no encontramos la respuesta del cabildo eclesiástico. Suponemos que desde entonces la participación de los músicos de la catedral en las funciones del Coliseo fue más constante, tal como lo reflejan documentos

---

[4] Arturo Camacho, "Cómicos y maromistas por el reino", en *Revista del Seminario de Historia Mexicana*, vol. 1, núm. 1, Centro Universitario de los Altos de la Universidad de Guadalajara, otoño de 2000.

[5] ARAG, Ramo Civil, exp. cit.

donde se refieren salarios de músicos, así como "cuadernos musicales" anotados junto con las listas de obras con que cuenta el Coliseo fechadas en 1791 y 1803 —en la primera de ellas se reportan 18 libros de música que contienen 58 pliegos—. Esto también nos habla de una difusión de la música más allá del ámbito religioso, de manera que, además del *Te Deum*, los músicos pudieron participar en la interpretación de música profana.

Un indicio del movimiento de los músicos lo brinda el acta de cabildo del 4 de septiembre de 1805, en la que se ordena que se haga saber al padre apuntador "que la distribución del coro se reduce a seis horas que lo son Maitines y Laudes una: Prima dos: Tercia tres: Sexta cuatro: Nona cinco: y Vísperas y completas seis: para que arreglándose a ellas en caso de falta, ponga licencia, Barba, Patitur o Punto".[6]

La música estará presente en las veladas y recepciones. El cura Hidalgo será recibido con un "refresco" en el que se interpreta música, y un conjunto musical lo acompañará también en su recibimiento a la entrada de la ciudad. El 22 de septiembre de 1821, se instaló la Sociedad Patriótica de la Nueva Galicia. Al finalizar la sesión, "se fueron despidiendo con el mayor decoro al son agradable de una música armoniosa que hizo más brillante el acto".[7] Los años de 1823 y 1824 estuvieron llenos de festividades por las diversas proclamaciones y juras de leyes y autoridades del nuevo país, de manera que las bandas de música se mantuvieron muy activas en serenatas y paseos por la alameda. Saber lo que se interpretó en esas festividades será tema de la investigación.

Otro ejemplo de la mezcla en los usos de la música lo constituye el culto al santo bailador san Gonzalo de Amarante, en cuya capilla se ejecutaba una danza para aliviarse de "fríos y calenturas"; el explorador inglés George Francis Lyon, al visitar la pequeña iglesia, encontró que

---

6   Eucario López, "Compendio de los libros de actas del venerable Cabildo de la Santa Iglesia Catedral de Guadalajara", en sobretiro del *Boletín del Instituto de Investigaciones Bibliográficas*, vol. 5, México, UNAM, enero-junio de 1971, p. 247.

7   José Cornejo Franco, *La Estrella Polar, polémica federalista,* Guadalajara, Poderes de Jalisco, 1977, p. xv.

> Aquellas venerables personas, que estaban sudando profusamente por todos sus poros, habían elegido para su baile una danza muy conocida en el país con el nombre de *El guajolote* a causa de su semejanza, por su dignidad y gracia, con las evoluciones enamoradas de esas aves importantes; y de vez en cuando esas fieles adoradoras murmuraban la siguiente invocación, en un tono mezcla de canto y lamento:
>
> San Gonzalo de Amarante,
> Que sacas peces del mar,
> Sácame de este cuidado
> Que ya te vengo a bailar.[8]

Los fieles se referían al milagro del santo portugués que sacaba del río peces con que daba de comer a los más necesitados; el baile hace alusión a que el santo construyó un puente y los que no tenían dinero para el peaje tenían que pasar por él bailando. ¿Influencia derviche...?[9] El baile era tal vez el pretexto para bailar *El guajolote* como una manifestación popular inducida por el deseo de realizar movimientos corporales en una sociedad de moral tan rígida como la de la antigua intendencia de Guadalajara. Gracias al esfuerzo físico, luego del ejercicio los devotos se sentían revitalizados.

Señoritas al piano. La música en los salones y huertas

En los primeros años del siglo XIX, se modificó la educación de las mujeres y la enseñanza del piano entre las señoritas de familias acomodadas resultó algo común. De nuevo recurro a los viajeros para ilustrar esta idea: por ejemplo, un comerciante inglés, que publicó su crónica de viaje en Londres firmada con el nombre de Penny, visitó la ciudad en 1824 y, al describir el ambiente de las tertulias con señoritas tapatías, señaló que, para llamar la atención de una de ellas, apeló a la música: "Mi

---

[8] Juan B. Iguiniz (comp.), *Guadalajara a través de los tiempos*, t. I (*1586-1867*), 2ª ed., Guadalajara, Ayuntamiento de la ciudad de Guadalajara, 1992, p. 131.

[9] El derviche es un monje musulmán cuyo ritual de culto incluye bailes circulares y se practica en Irán y Siria.

único recurso fue abrir un piano y, a despecho de mi pésimo tocar, prometer a mi favorita, Lola, que algo le iba a enseñar. De aquí hemos pasado al ensayo de una pieza de baile campestre, o a un waltz [sic], cuando no éramos suficientemente numerosos; otras veces a algún canto, en el que es muy hábil Dolores".[10]

Otro inglés, el lugarteniente del ejército Robert William Hale Hardy, recorrió gran parte de México entre 1825 y 1828; el primer año lo pasó en Guadalajara tratando de obtener apoyo del gobierno para "pescar perlas en las costas cercanas a Colima". Durante la época navideña, asistió a la casa de un funcionario cuya esposa era "una joven muy bella, quien nos tocaba algunas lindas piezas en su piano de cola, acompañándolas con su voz."[11]

Tal vez la mejor prueba de este salto de la música culta de las iglesias, a las casas y los teatros es el *Tratado de Música, Y lecciones de clave: obra clara concisa y útil no solo a los que tratan de instruirse en esta ciencia, sino aún a los que tengan ya adelantados conocimientos. Compuesta y dedicada a la señorita Doña María de la Concepción Batres y Munilla por D. Mariano López de Elizalde. Año de 1821. Guadalajara, Impreso en la oficina de Doña Petra Manjares.*[12]

El autor nos dice en el prólogo que la dedicatoria a su mecenas y discípula es prueba de su afecto por la música y del deseo de formarla "en esta encantadora ciencia". En seguida nos comenta el contenido de la obra:

> Primeramente trataré la música teórica, después del conocimiento en el teclado, por lo que respecta a las teclas blancas, para que este conocimiento sirva como de voz viva al tratado de la música práctica, que seguirá inmediatamente. Este lo extenderé hasta donde me parezca suficiente para entrar en las lecciones de clave, las que igualmente seguiré hasta donde las crea conducentes para leer cualquier papel de solfa. Aunque hay algunas cosas dichas y vueltas a decir, así me ha parecido oportuno por razones que me reservo.[13]

---

[10] Iguiniz, *op. cit.*, p. 118.
[11] *Ibid*, p. 125.
[12] José Toribio Medina, *La imprenta en Guadalajara de México (1793-1821)*, Santiago de Chile, Imprenta Elzeviriana, 1904, p. 103. No hemos podido comprobar si aún existe un ejemplar del *Tratado de música* en la sala de la Biblioteca Nacional de Chile que lleva el nombre del autor.
[13] Medina, *op. cit.*, p. 103.

Durante los primeros años de vida del estado libre de Jalisco, la música se enseñaba en la catedral, pero también particulares instruían sobre ella. En 1843, en el Colegio de San Juan, abrió sus puertas la Academia de Música bajo la dirección de don Jesús González Rubio, director de orquesta y notable maestro de capilla de la catedral, "a quien auxiliaban en calidad de inspectores, el lic. D. Manuel Rioseco y D. Francisco Martínez Negrete".[14] Por esa época, el señor González Rubio brindaba en su casa educación musical a niños pobres.[15] La enseñanza de la música será otro de los temas para ampliar en la investigación, conocer sus ciclos de duración y las materias que se enseñaron. Sin duda, entre los alumnos que estudiaron con el bondadoso profesor González Rubio sobresalen Clemente Aguirre (1828-1900), quien recibió su formación entre 1840 y 1843, y su condiscípulo, el violinista Cruz Balcázar. Ambos fundaron el primer conjunto sinfónico del occidente de México, la Orquesta de la Sociedad Filarmónica Santa Cecilia,[16] en la que Aguirre participó como ejecutante de instrumentos de aliento.

Una diva por la ciudad. La visita de Ana Bishop

Un importante elemento para el análisis de la cultura musical de una sociedad son las representaciones de ópera. El investigador Octavio Sosa, en su libro *La ópera en Guadalajara*, afirma, sin citar fuentes, que en el Coliseo de Comedias en 1796 "se representó cantada en español, según la usanza, la primera ópera: *Il matrimonio segreto*, compuesta por Domenico Cimarosa".[17]

El arqueólogo austriaco Isidore Loewenstern visitó Guadalajara en 1838 y acudió al teatro

---

[14] Juan B. Iguiniz, *El Colegio de San Juan Bautista de Guadalajara*, México, Imprenta de García Cubas, 1912, p. 12.

[15] Gabriel Pareyón, *Clemente Aguirre (1828-1900). Semblanza, tabla de obras musicales y colección editada de partituras*, México, Centro Nacional de Investigación, Documentación e Información Musical Carlos Chávez-INBA, 1998, p. 17.

[16] *El País*, núm. 96, t, II, Guadalajara, 23 de diciembre de 1857, p. 1.

[17] Octavio Sosa, *la ópera en Guadalajara*, 2a. ed., Guadalajara, Secretaría de Cultura de Jalisco, 2002, p. 13.

al beneficio de la *prima donna*, señora Albini, la cantante más aplaudida en México, y la manera con que se apreció para ella tan halagador como lucrativo, pues al final de la ópera "Norma", que ella había escogido, se le ofreció y le fue entregada una corona de Laurel, provista o más bien sobrecargada de onzas de oro (monedas con valor de 90 francos cada una). Los programas para esta función de beneficio fueron impresos en tela de seda.[18]

Una visita de la soprano inglesa Ana Bishop (1814-1876) nos revela el interés que a esas fechas se tenía por las canciones populares. La señora Bishop se anunció en Guadalajara en octubre de 1849, por vía de un impreso suelto publicado por el periódico *La Voz de Alianza*, donde se da cuenta de los éxitos obtenidos por la artista en las principales metrópolis europeas, de Estocolmo a Milán. Debido a los disturbios políticos de Italia, en 1847 inició una gira por ciudades norteamericanas y a principios de 1849 pasó a la ciudad de México, en donde tuvo que esperar a que el teatro estuviera libre para dar unas pocas funciones sin éxito. Guillermo Prieto, testigo de calidad de la visita de la diva inglesa, concluyó esto: "la voz de la señora Bishop tiene en nuestro concepto pocas esferas, especialmente bajas, ni es tan argentina, ni tan extensa, ni tan sonora como la de las actrices, nacionales y extranjeras que hemos oído".[19]

En Guadalajara, la situación fue diferente, pues había expectación entre los melómanos por conocer la anunciada "voz de *soprano sfogato* admirable por su extensión, volumen, timbre, pureza de entonación y flexibilidad".[20] El marido de Bishop, el director de orquesta y arpista Carlos Bocsha, al llegar a la ciudad conformó una orquesta débil e incompleta, seguramente porque algunos músicos como Aguirre estaban en las bandas militares; no obstante, Ana presentó con éxito varios conciertos líricos, entre los que incluyó partes de *Lucrecia Borgia*, *El obligato Genaro* y *Norma*. En todos los países que Ana

---

18 Iguíniz, *Guadalajara a través...*, op. cit. p. 166.
19 Cit. por Luis Reyes de la Maza, *El teatro en la época de Santa Anna*, México, UNAM, 1972, t. 1, p. 492.
20 "*Madame* Ana Bishop, *prima dona absoluta di cartello* del Real Teatro de San Carlos en Nápoles", en *La Voz de Alianza*, Guadalajara, octubre, 1849, p.3 (s.f.).

recorrió, se había empeñado en cantar en el idioma nacional ataviada con el traje popular de la gente en medio de las que se hallaba, de manera que en la capital tapatía decidió hacerlo en "traje de muchacha", consistente en blusa con olanes, rebozo, pañuelo de valor, "una deslumbrante falda roja corta; los hermosos zapatos de satín azul, y finas medias de seda"[21]. El siguiente problema era escoger una canción "genuinamente mexicana".

El secretario de Ana, Alfredo Bablot (¿-1892),[22] encargado de realizar la producción de escena, observó: "La única música que se oía eran aires ligeros españoles para las clases bajas, y cavatinas italianas para las señoritas; y en todo Guadalajara no había un solo vendedor de Música". Se buscó a músicos ambulantes y se consiguió a tres, dos con guitarras y uno con una pequeña arpa, que "tocaron varias piezas; pero todas eran trozos de boleros españoles que se parecían tanto a la música galesa que fueron despedidos". En su diario de viaje, el secretario de la diva narra que, al escuchar a uno de los sirvientes entonar una alegre canción, a Ana le pareció bonita. Al preguntarle al empleado de qué se trataba, él respondió que era *La pasadita*, canción desde hacía dos años muy popular, aunque su letra —relativa a la invasión de México por los estadounidenses— era una especie de sátira del valor y carácter de los mexicanos mismos. Para completar el programa, Bishop decidió interpretar, vestida de muchacho, la canción *La catacumba*, que narra las peripecias de un mexicano en la corte española. Los conciertos fueron tan concurridos que sólo la amenaza del cólera obligó a suspenderlos y a la cantante a marcharse de la ciudad.

Este acontecimiento influyó definitivamente en la difusión de la música popular y ya en 1850 el maestro Luis González Rubio recopiló en un manuscrito canciones populares. Dos años más tarde, el pedagogo francés

---

21 Iguiniz, *Guadalajara a través...*, *op. cit.*, p. 240.
22 Originario de Burdeos, Francia, ya no regresó a Europa, llegó a ser un periodista y musicólogo destacado en el ámbito mexicano, además de director del Conservatorio Nacional de Música desde 1881 hasta su muerte. Es muy probable que hubiese sido el autor del impreso suelto publicado en *La voz de Alianza*, cuyo título cito en la nota 20.

Mathieu de Fossey (1805-1870) observó: "Los habitantes de esta provincia tienen un gusto particular por la música; sus composiciones tienen un sello de originalidad que las distingue entre todas las del mismo género; sus romanzas sobre todo brillan por la imaginación musical y el buen gusto de las inspiraciones".[23] El mismo autor narra que, durante una comida a la que asistió, se presentaron tres músicos, entre ellos el virtuoso de la guitarra Manuel Souza, acompañado por una jarana y un arpa, con las que los artistas mostraron las maravillas de su talento. El relato termina aquí y con él esta primera exploración del tema guiada por fuentes de diversa índole y encaminada a esbozar un panorama del proceso de secularización de la música en los primeros años de México como nación independiente.

Conclusiones

A diferencia de una "historia de bronce", amojonada por fechas, batallas y generales, en la historia cultural los "procesos de apropiación y manifestación cultural" se entrelazan para dar lugar a manifestaciones artísticas originales. En el caso de Guadalajara, la capilla coral de la catedral, hasta mediados del siglo XIX, cumplió con su misión litúrgica y fue la única institución dedicada a la enseñanza musical.

Los músicos que se formaban en esa agrupación fueron los principales impulsores de su arte en ámbitos privados y también los difusores de la música proveniente del mercado europeo y estadounidense, que aportó nuevos ritmos como la polka y el vals. Hay que destacar también el interés por divulgar la música popular, entendida como sinónimo de música mexicana. El panorama aquí presentado deja claro el proceso de secularización de la música en Guadalajara, que forma parte de otro más amplio relativo a toda la cultura, iniciado en los países americanos hacia 1750 y, durante los primeros 50 años del siglo siguiente, compañero de la evolución nacional. ¿Una tardía llegada de las modas europeas o un proceso en la conformación de la "cultura regional"? ¿Un legado vital en la conformación del carácter musical del área? Sólo mediante la investigación podremos responder esas preguntas.

---

23   Iguiniz, *Guadalajara a través...*, *op. cit.*, p. 246.

Arturo Camacho Becerra

Acervos documentales

Archivo Histórico de la Arquidiócesis de Guadalajara
Archivo de la Real Audiencia de la Nueva Galicia, Ramo Civil, en el Fondo Reservado de la Biblioteca Pública del Estado, Universidad de Guadalajara

Con toda la música y solemnidad.
Esbozo de una historia de la cultura musical y la capilla catedralicia novohispana del siglo XVI

Israel Álvarez Moctezuma
    Facultad de Filosofía y Letras
    Universidad Nacional Autónoma de México

Dos de las catorce campanas que sonaban sobre la única torre de la catedral dieron aviso de que la ceremonia estaba por comenzar. Sobre la adusta figura del señor arzobispo se colocó el palio de terciopelo y oro, y, frente a él, se echó a andar hacia la nave catedralicia una larga procesión encabezada por dos acólitos con cruces, ciriales de plata y la imponente custodia de oro y esmeraldas enviada desde Roma por su santidad. El prelado salió por la puerta de la sacristía hacia el ábside de la iglesia mayor de la Nueva España, mientras la música del órgano, los sacabuches, las violas y las voces infantiles estallaban en una floritura de notas entrelazadas mágicamente. Sonaba el *conductus* de la celebración.

    La procesión bordeó el altar mayor, con sus bóvedas flamígeras recién cerradas; pasó frente al altar de los Reyes, que exaltaba el papel de la monarquía católica como protectora de la Iglesia Verdadera, y torció hacia la derecha, mientras el arzobispo percibía el tufo a pulque y sudor de la multitud de indios aglomerados en las sombrías capillitas laterales. Siguiendo el protocolo, el clérigo que cargaba la capa magna del arzobispo bajó la pesada tela al pasar frente al virrey, las autoridades del virreinato y los priores de todas las órdenes. El chantre comenzó a entonar el himno elegido para la ocasión, canto que pronto fue alcanzado por los tersos lamentos de los bajones y de los sacabuches.

    El arzobispo tomó entonces la cruz procesional y se encaminó al centro del recinto, en donde lo esperaba un túmulo de flores, cirios e incienso que se había levantado sobre un catafalco de plata y pedrerías. La procesión terminó frente al altar mayor.

    —*In nomine Patris, et Filii et Spiritus Sancti*— se escuchó decir al celebrante, que daba inicio a la misa solemne.

Fray Alonso de Montúfar, segundo arzobispo de México, tendría que predicar en unos momentos más sobre las omnipotencias y amores del Dios Trino, y sobre las maldades y perversidades de los diablos que los indios seguían adorando. Esta idea le perturbó la conciencia, instantáneamente se tranquilizó: el cálido rumor de unas dulzainas y del órgano, sobre la insistente campana, le trajo a la mente la prodigiosa música del maestro, su amigo, Cristóbal de Morales. Finalmente, se reconfortó y recordó que él mismo había ordenado tan solemne celebración.

> Tratando en cosas tocantes al servicio de Dios Nuestro Señor, y pro y utilidad de esta Santa Iglesia, y para mayor conversión de los infieles de esta tierra, acordaron y ordenaron y constituyeron, teniendo atención a lo que se usa en España: se ordena una fiesta solemne del Santísimo Sacramento que se haga cada domingo primero de cada mes por dentro de la iglesia, sacando el Santísimo Sacramento y volviéndolo a su lugar ordinario, *con toda la música y solemnidad* que conviene a tan alta fiesta. Y que se predique [en] todas las fiestas que se efectuaren. Y su Señoría predicó el primer domingo de la constitución de la fiesta.[1]

El texto inicial nació de los archivos, no de series documentales, ni de crónicas, ni de memorias, ni de novelas, ni siquiera de discursos, ya fuesen jurídicos, administrativos o literarios. Trata del archivo catedralicio, es decir clerical. La catedral de México es el centro cultural y político de la iglesia novohispana, síntesis del conocimiento, la autoridad, el poder y la riqueza de una ciudad, de un reino. Por ello, la catedral metropolitana se distinguirá desde sus inicios por mostrar un especial interés por el culto divino, es decir por la música "en pro y utilidad de Dios Nuestro Señor".

---

[1] Archivo del Cabildo Catedral Metropolitano de México (en adelante ACCMM), Actas de cabildo, libro 1, ff. 105v-106, 16 de octubre de 1554. (En todas las transcripciones de documentos manuscritos del siglo XVI de este artículo se han mantenido la ortografía y la sintaxis originales.) Esta sesión de cabildo es una de las primeras intervenciones del arzobispo Montúfar en el capítulo catedralicio y en la vida musical de la catedral, renglón en que hará constante hincapié, sobre todo en cuanto a liturgia y festividades se refiere.

En la Nueva España, como en la vieja, la mejor música sonaba en las iglesias. El *culto divino* conjuntó en sus recintos lo mejor del arte sonoro para cantar a *Dios su gloria eterna*. El siglo XVI será fundamental para el desarrollo de la música sacra en el ámbito católico. Música de catedral, música conventual, música misional: músicas espléndidas, ceñidas a sus ámbitos y a sus contextos sociales y culturales.[2]

El trabajo ya realizado y nuevas investigaciones[3] permiten percibir la complejidad de este proceso: el desarrollo que la música hispana tendrá en el ámbito eclesiástico como elemento de solemnización y boato, y, consiguientemente, de unificación de liturgias, de fiestas y de discursos eclesiásticos y monárquicos, en un Estado que proyecta como una de sus prioridades sociopolíticas y culturales la exaltación y la defensa del culto católico.[4] La explicación de este desarrollo extraordinario puede hallarse

---

[2] Las catedrales, conventos, colegiatas y monasterios dotarán las diversas plazas de músicos en función de sus riquezas respectivas. Se accederá a ellas mediante el sistema del concurso-oposición o del nombramiento directo en función de la fama y valía de los posibles candidatos. Esto causa la gran movilidad de los músicos españoles de ese siglo: con el afán de mejorar de puesto, no tienen inconveniente en trasladarse de una región a otra, tal vez muy diferente y distante, en la que se ofrecen condiciones económicas más ventajosas. Pero lo más importante es que este intercambio artístico no se reduce sólo a la Península, pues se extiende también a las restantes posesiones de Carlos V, y a Roma en especial, ciudad por la que pasan los más renombrados músicos españoles, con la consiguiente revitalización e internacionalismo del arte musical. Entre las diversas escuelas musicales surgidas en este periodo carolino es especialmente importante la sevillana. Cfr. Samuel Rubio, *Historia de la música española. Del Ars Nova hasta 1600*, vol. 2, Madrid, Alianza Música, 1988.

[3] Entre la enorme cantidad de obras dedicadas a *la música y los músicos* en el siglo XVI novohispano, nos remitimos a los trabajos que, pensamos, son fundamentales. Cfr. Gerard Behague, *La música en América Latina. Una introducción*, Caracas, Monte Ávila, 1983; Antonio Martín Moreno, "La Música Española en la época del Emperador Carlos V", en *la fiesta en la Europa de Carlos V*, Madrid, Junta de Castilla y León para la Conmemoración de los Centenarios de Carlos V y Felipe II, 2000, pp. 209-233; Gabriel Saldívar, *Bibliografía mexicana de musicología y musicografía*, México, Cenidim, 1993; Robert Stevenson, *Spanish Music in the Age of Columbus*, Nueva York, Princeton University, 1979; "La música en la catedral de México. El siglo de fundación", en *Heterofonía*, XXI, México, Cenidim, 1989; *La música de México. I. Historia. Periodo virreinal (1530 a 1820)*, vol. 2, México, Instituto de Investigaciones Estéticas-UNAM, 1986; Luis Weckman, *La herencia medieval de México*, México, El Colegio de México-FCE, 1979.

[4] La música religiosa, engrandecida por el impulso que le dieron los Reyes Católicos con sus capillas musicales respectivas, alcanza sus mayores esplendores en el ámbito de la música europea durante los reinados de Carlos V y Felipe II. Musicológicamente

en el hecho de que se la concibe social y culturalmente como una de las cuatro *artes liberales*.[5]

Continuadora de la gran tradición medieval de las catedrales españolas, la sede del obispado más poderoso de la Nueva España será el vínculo perfecto entre la cultura musical europea y la novohispana.

Las campanas tañen y regulan con halo familiar y tutelar el tiempo y la vida de la cristiandad. Las campanas eran el sonido que dominaba el rumor de la vida cotidiana y que, por múltiple que fuese, no resultaba nunca confuso y lo elevaba todo a una esfera de orden y armonía. Las campanas eran como unos buenos espíritus que anunciaban el duelo, la alegría, el reposo, la exhortación, la vida y la muerte:

> Se propuso [...] que atento a que los relojes de la ciudad muchas veces andaban desconcertados, a cuya causa las campanas de la iglesia no andaban concertadas a sus tiempos como está mandado [...] que el canónigo Ecija se encargase de mandar hacer dos relojes de sol en el campanario de esta santa iglesia: que sean de piedra y muy bien concertados, de persona que lo entienda y lo sepa hacer ...[6]

En acta de cabildo del 25 de octubre de 1538, se menciona una real cédula donde Carlos V "hace merced a la fábrica" catedralicia de un "tiro" (es decir de un cañón), propiedad del marqués del Valle, para fundir la primera campana de la catedral.[7] El rubro de las campanas siempre contará con el interés y el cuidado de todo el cabildo, encabezado por el prelado en turno, lo cual muestra la importancia de este sistema cultural de rito y de ordenación del tiempo en las sociedades del Antiguo Régimen.[8]

---

hablando éste es "el siglo de oro de la música española", Cfr. Rubio, *op. cit.*, pp. 35 y ss.

[5] A diferencia de las artes plásticas, la música se había considerado a lo largo de la Edad Media desde una perspectiva *filosófico-científica*, y posteriormente se le incluyó entre las *artes liberales* del *quadrivium*, junto con la aritmética, la geometría y la astronomía. Todo ello se afianzó en el siglo XV gracias a la concepción propia del "humanismo musical", consistente en el convencimiento del poder de la música, en especial a través de la palabra cantada para "mover los afectos", Cfr., Rubio, *op. cit.*, pp. 20 y ss.

[6] ACCMM, Actas de cabildo, libro 4, f. 23, 1º de septiembre de 1589.

[7] ACCMM, Actas de cabildo, libro1, f. 6v., 25 octubre de 1538.

[8] Al utilizar este concepto historiográfico nos apegamos al sentido preciso que uno de sus creadores le dio: *la historia* de la civilización occidental de los siglos XV al XVIII: sus sis-

El culto divino es música, es canto, es fiesta. El tiempo ordenado es liturgia para la celebración de la divinidad. El tiempo litúrgico es un sistema cultural que llegó a convertirse en el tiempo social y vital para las sociedades de la cristiandad, como la novohispana.

Las *horas* regulaban y sistematizaban el tiempo, sistema que reproduce el tiempo cósmico y lo hace asequible a los hombres, convirtiéndolo en un *tiempo cotidiano*.

En su tiempo cotidiano, en la iglesia catedral, los clérigos cumplen su función, su oficio específico. El trabajo para Dios les incumbe. Consiste en pronunciar, en nombre de todos los demás hombres, en nombre del pueblo entero, las palabras de la plegaria, sin interrupción, de día en día, de hora en hora, desde el corazón de la noche, cuando se atraviesan las calles y las plazas de la ciudad para lanzar en medio de las tinieblas y del silencio la primera imploración, maitines, hasta completas, el momento de terminación. Rezar es cantar.

El Antiguo Régimen desdeña la oración muda y cree a su Dios más sensible a la oración en común, proferida a una sola voz, con ritmos de una música espléndida, a semejanza de los que parecieran cantar los coros de serafines que, en lo más alto de los cielos, rodean el trono del Omnipotente. Durante ocho horas diarias, el "coro de canónigos" canta a pleno pulmón.

De este canto llano solemos olvidar lo esencial: que era masculino, que era imbatible, que era un canto de guerra sacralizado, proferido por los clérigos de la catedral, quienes combatían contra los ejércitos satánicos para derrotarlos, al lanzar contra ellos la más segura de las armas ofensivas: las palabras de la

---

temas económicos y políticos, sus sociedades, la cultura material, la vida cotidiana, las mentalidades, los ambientes, los climas, etc. *Vid.* Fernand Braudel, *Civilización material, economía y capitalismo. 1. Las estructuras de lo cotidiano*, Madrid, Alianza, 1984, pp. 5-7.

oración puestas en música. Cantar, danzar: la liturgia se despliega como una ronda muy lenta, majestuosa, a lo largo de la nave, de los ambulatorios, en torno a la piedra del sacrificio pascual, entre las piedras de los muros, bajo las piedras de las bóvedas. El canto llano codifica la música que comunica al hombre con Dios: templado, sencillo, puro.[9]

Desde sus orígenes, la catedral metropolitana de México tratará de reproducir íntegro el aparato musical de las catedrales del orbe católico. De acuerdo con el modelo sevillano, del cual la catedral novohispana fue sufragánea, el obispo Zumárraga fundará, primero, el coro de capitulares. Estos clérigos son todos prebendados de la catedral; canónigos, dignidades y capellanes cantarán los oficios divinos: las *horas canónicas*; para ellos se provee al enviado del cabildo catedral a la corte de España, Cristóbal de Campaya, y se pide que se le ajusten cuentas de "... todos los libros de canto llano, como de órgano,[10] y antiphonarios, y salterios, que los trujo de Castilla".[11] Con estos libros de música pronto el recinto catedralicio se llenará del solemne estruendo de la Iglesia militante en la Nueva España, bajo la dirección del canónigo responsable del culto divino: el chantre, que dirige el canto, la misa y el aparato musical catedralicio.

En principio se les observa frente a sí mismos, cuando se eligen o se enfrentan, se reencuentran y luego se abandonan a los oficios catedralicios. O en su

---

9 Pese a lo que comúnmente se piensa, esta forma se enriquecerá profusamente durante toda la Edad Media. Desde Cluny, París, Toledo, Roma y Milán, surgirán tradiciones musicales y litúrgicas sorprendentes: poniendo de relieve algunos elementos comunes, el "canto llano", con sus ritmos y su sonoridad, propicia la percepción de un tiempo y una calma inalterados; su monodia vocal expresa con admirable sencillez la oración litúrgica. Cfr. Richard H. Hoppin, *La música medieval*, Barcelona, Akal, 1986, pp. 71-107, 109-128.

10 El *canto de órgano*, o polifonía, es el canto a varias voces. Las técnicas de composición que se crearon en la liturgia de Cluny, entre otras, a partir del siglo XI, llegan a un punto climático en el siglo XV en el *ars maior subtilior*, intrincada y compleja técnica armónica y conceptual del canto de la Edad Media. *Vid.* Alberto Gallo, *Historia de la música*, vol. 3, *El medioevo. Segunda parte*, México, Conaculta, 1999. pp. 90-98.

11 ACCMM, Actas de cabildo, libro 1, f. 26v, 10 de enero de 1540.

convivencia con los frailes y con los clérigos petulantes, en su trabajo juntos, en la capilla de cantores o en el atrio del convento de san Francisco, donde, para sonar mejor, se agrupan bajo uno de los pórticos. O dominados por utopías que provienen de las autoridades clericales o reales, adoptando ellos mismos actitudes contradictorias donde se ponen en juego su individualidad y la conciencia de sí mismos. Por último, frente a los acontecimientos colectivos, a las celebraciones de la calle, a las manifestaciones festivas de la autoridad y a la religiosidad, donde, no obstante su omnipresencia, entregan a nuestra mirada las reglas de su función en estos actos y en las estructuras eclesiásticas y políticas del virreinato.

La catedral medieval, en el siglo XIII, había creado una institución dedicada única y exclusivamente a la música: la capilla de música.[12] La capilla musical de la catedral de México, como sus modelos europeos, se compone de dos cuerpos especializados: la capilla de ministriles y la capilla de cantores.

La capilla de ministriles será muy diversa; en ella confluirán "servidores" de diversa condición social y étnica: españoles, indios, mestizos y negros tañerán al servicio de la santa Iglesia de México. "En veinticuatro de marzo se recibieron por sus señorías y mercedes, por ministriles, [a] indios, con partidas cada un año de 24 pesos de oro común; y que ganen desde el dicho día veinticuatro de marzo".[13]

Esta referencia es la primera que tenemos sobre la presencia de ministriles en la catedral. Desde los primeros tiempos de la evangelización se les ofrecía a los indios de la elite recompuesta la enseñanza de las *letras* y las *artes* europeas, y en los colegios de indios se esmerarán aún más en esa educación, que se refinaba con la enseñanza de las *artes liberales*, entre ellas la

---

[12] Las investigaciones nos sugieren que aparecieron en Francia, en París y en Chartres, de donde deriva su nombre, *chapelle*, lugar del culto, de la oración. Cfr. Hoppin, *op. cit.*, pp. 203 y 55.
[13] ACCMM, Actas de cabildo, libro 1, f. 58, 1 de junio de 1543.

música. Muy probablemente estos indios tañedores, empleados por el cabildo catedralicio para la capilla de música, procedían de los afamados colegios de indios nobles (como el de Santa Cruz de Tlatelolco).[14] Con el tiempo, la estructura social y cultural de la capilla se diversificará y mostrará durante todo el virreinato una integración étnica y social sorprendente.

Igualmente, el instrumental será muy diverso: se componía de una parte de cuerdas frotadas (vihuelas de arco y rabeles), otra de cuerdas rasgadas (vihuelas de mano y arpas) y una más de alientos (sacabuches, flautas, dulzainas, bajones, cornetas y chirimías), además, por supuesto, del instrumento sacralizado: el órgano. Sin embargo, la capilla se estructurará según el concepto, el cariz y la celebración de las diversas festividades en donde debía participar.

La otra parte de la capilla, la de cantores, se componía según los dictámenes estilísticos y litúrgicos. En estos puestos habrá una movilidad constante y difícil de rastrear mediante la documentación. En un lapso que va de la década de los treinta hasta 1560, aparecerán como cantores Phelipe de Espinosa, Bernardo de Estrada, Francisco Gutiérrez, Juan y Pedro de Morales, Juan de Oliva, Marcos Tello, Ventura Gijón, Alonso de Ecija, Luis de Toro y Antonio Ortiz[15], por mencionar a algunos. Todos estos hombres siguen un patrón más o menos común en cuanto a su procedencia y a su vida en Nueva España: todos son clérigos y hasta el momento todos parecen ser peninsulares, aunque la misma ambigüedad de la documentación no elimina la posibilidad de que algunos de ellos, sobre todo los activos en las décadas de los sesenta y setenta sean criollos.

Los *seises* (niños cantores) eran los intérpretes de las partes más agudas del canto, pues las mujeres, desde tiempos ancestrales, tenían prohibido

---

14 Con la llegada de los franciscanos flamencos arribó a la Nueva España una riquísima tradición musical: Pedro de Gante, en sus centros de instrucción para indios, enseñó a éstos los primeros rudimentos de la fe y la cultura europeas; lo hizo con música, cantando. En la Nueva España, los frailes crearon coros de indios para la liturgia conventual y demás festividades religiosas, fundamentales para el proceso evangelizador. A estas tierras llegaron las obras de los compositores más importantes de la época: Josquin des Prez, Thomas de Crecquillon, Orlando di Lasso y Cristóbal de Morales, músicos que establecerán los paradigmas estéticos y poéticos de las músicas y las sonoridades del siglo XVI.

15 Salvo por la acentuación, se ha respetado la ortografía original que los nombres propios de los personajes de nuestra historia tienen en los documentos.

cantar en las iglesias seculares.[16] Algunos de ellos lograrán una exitosa carrera eclesiástica, siempre con el apoyo del cabildo catedralicio: Bartolomé Mejía, Alonso de la Serna, Diego de Olvera y Juan de Velasco,[17] nombres sin rostro pero con contexto, a quienes habremos de rastrear para poder saber cómo es que llegan a ser piezas clave en la música novohispana de finales del siglo XVI.

Toda la capilla estaba bajo la dirección del Maestro, que estaba obligado a componer músicas nuevas para las fiestas más importantes, enseñarles a los mozos de coro los rudimentos del arte, ensayar con su capilla y ocuparse de los negocios musicales con el cabildo y el deán, el chantre y el sochantre. Su autoridad musical y social en el ámbito catedralicio y urbano era absoluta.

La primera capilla novohispana data de 1538, nombrada por el cabildo y puesta bajo el maestrazgo del canónigo Joan Xuárez. Mencionado como canónigo en el primer cabildo catedralicio, Xuárez se mantendrá en la catedral hasta su muerte en 1561. Gran músico, *rethorico* reconocido y favorito de su majestad, Joan Xuárez nos da la pauta de la calidad intelectual y artística de los clérigos responsables de las músicas catedralicias en el siglo XVI. Su talento como músico indujo al ayuntamiento de la ciudad de México a colocarlo al frente de las ceremonias de recepción del primer virrey de la Nueva España, Antonio de Mendoza. El miércoles 25 de agosto de 1535, las autoridades de la ciudad "... dijeron que, por cuanto para el recibimiento del señor viçorrey conviene que haya cantores y música, por ende mandaron y señalaron que se dé a los dichos cantores sesenta pesos de oro [...] porque saquen sus *canzonetas y músicas e invenciones*, los cuales se han de dar al canónigo Xuárez".[18]

---

16 Los *seises* contaban en la catedral con ayuda económica, vestido y una enseñanza especializada que contenía *gramathica*, matemáticas y música, es decir un compendio elemental del *trivium* y del *quadrivium*: "Así mismo, se mando por el dicho señor obispo y [por el] cabildo, que por cuanto estaba mandado que a *los mozos de coro* no se les diesen opas, que agora mandan que aliende de los dichos doce pesos *que se les dan de salario por año*, se les den sus opas, por razón que *sirven de cantores*". ACCMM, Actas de Cabildo, libro 1, f. 9, 7 de enero de 1539.

17 ACCMM, Actas de Cabildo, libro 4, f. 36v, 11 de diciembre de 1590.

18 ACCMM, Correspondencia, libro 7, f. 123 (no tiene caja ni expediente), incompleta, l. 4, f.

Bernal, el conquistador, nos ha dejado indicios de la sonoridad de ese día: "...grandes músicas de cantares a cada cabecera, y la tronpeteria y géneros de instrumentos; harpas, biguelas, flautas, dulçainas, chirimías, en especial cuando los maestresalas servían las taças [que] trayan a las señoras".[19]

En 1538, se piden al maestro músicas nuevas para la noche de Navidad: "...Este dicho día mes y año susodichos, se mando por los Señores Deán y Cabildo, al mayordomo de la dicha iglesia que den al canónigo Juan Xuárez lo que le hubiere menester honestamente, para aderezar [a] los niños cantores para la Natividad de nuestro señor Jesú Christo, para las *chanzonetas* de la pascua y noche sancta de Navidad".[20]

Dato precioso, aunque complejo. La liturgia omnipresente, que nos dejaba el resabio de un arte insensible e inflexible de tintes anquilosados y soberbios ante los avatares socioculturales de la religiosidad cotidiana, parece quebrantarse. Volvamos al texto. La orden es precisa: que se pongan a disposición del maestro recursos suficientes para su trabajo, pues la festividad lo amerita, ya que es una "festividad de primera dignidad". ¿Qué músicas son éstas? ¿Chanzonetas? Estructuralmente la *chanzoneta* corresponde al villancico hispano de tema profano, es decir estribillo-glosa-estribillo, en octosílabos. En Italia, para diferenciar estas piezas de las lascivas *villanescas*, composiciones mundanas, los músicos forjaron el término *chanzoneta*, lo que se conocerá en el mundo hispánico como *villancicos a lo divino*; éstas son las letras y las músicas provenientes de la prodigiosa tradición que emana de los cancioneros musicales hispanos de finales del siglo xv.[21]

---

123. Las cursivas son mías.

19 Bernal Díaz del Castillo, *Historia verdadera de la conquista de la Nueva España*, Valladolid, Imprenta del Reyno, 1643, libro II, Cci, p. 311. "Como en México se hicieron grandes fiestas y banquetes y alegría de las paces del Cristianísimo Emperador Nuestro Señor, de gloriosa memoria, con el Rey don Francisco de Francia ..." En este bello pasaje, Bernal nos proporciona un detallado y fascinante (por excepcional) cuadro de una festividad "profana" en la ciudad de México. Los documentos impresos se han trascrito respetando la ortografía y sintaxis originales.

20 accmm, Actas de cabildo, f. 4v, 15 de noviembre de 1548.

21 Juan del Encina, el gran maestro del *Cancionero musical de palacio*, brinda una explicación sugerente: "Muchas vezes vemos que algunos hazen solo un pie y aquél ni es verso ni es copla, ni ay allí consonante, pues que no tiene compañero, y aquél tal suelese llamar *mote*;

¿A qué sonaban estas músicas? La música vocal-instrumental, como estas piezas, se creaba para ocasiones especiales: *Fiestas de prima solemnidad*, cuyas interpretación y dotación instrumental dependían de varios factores: gusto, espacio social y físico, y aun otros detalles derivados de la naturaleza de la obra y el carácter que se le quería imprimir. Por su elasticidad tímbrica y por su riqueza literaria, enraizada en la tradición en que el autor quiera inscribirlos, los *villancicos religiosos* serán las piezas perfectas para llenar las necesidades rituales y musicales, litúrgicas y estéticas de la sociedad novohispana de los siglos XVI y XVII. Mientras más compleja se vuelve la sociedad, mientras más mestizajes étnicos y culturales se produzcan, más mestizajes musicales intensos surgirán: en castellano, en náhuatl o en "lengua de negros", los *villancicos novohispanos* serán el refugio sonoro de las sensibilidades y las devociones de la polifacética y compleja sociedad virreinal.

En la *invención* de estas músicas trabajarán poetas de la talla de Hernán González de Eslava, de quien tenemos noticias significativas en las actas capitulares: "... 10 de enero de 1561 [...] dieron los dichos señores, con parecer de su Señoría Reverendísima, a Hernán González, veinte pesos de tepuzque, en aguinaldo por haber hecho las letras de las fiestas de navidad y pascua de reyes ...".[22] Este indicio nos remite a una figura fundamental de la lírica novohispana, evocación de las músicas y las poesías del "siglo de oro" que también es novohispano.[23]

La catedral es una fiel proyección de su ciudad, de su virreinato. Como centro neurálgico de la Iglesia y de sus feligreses, el discurso eclesiástico e institucional que registran las actas de cabildo nos permite entrever en sus líneas sinuosas los procesos sociales y culturales del convulso siglo XVI novohispano.

---

y si tiene dos pies llamámosle también *mote* o *villancico* o *letra* de alguna *invención* por la mayor parte. Si tiene tres pies [...] también será villancico o letra de invención". *Vid.* Juan del Encina, "Arte de poesía castellana (1496)", en *Obras completas*, ed. Miguel Ángel Pérez Priego, Madrid, Biblioteca Castro-Ed. Turner, 1996, p. 25. Las cursivas son mías.

[22] ACCMM, Actas de cabildo, libro 2, f. 44v., 10 de enero de 1561.

[23] Margit Frenk, "Poesía y música en el primer siglo de la colonia", en Mariana Masera (coord.), *La otra Nueva España*, México, Instituto de Investigaciones Filológicas-UNAM, 2001, pp. 17-36.

Al maestro Xuárez lo sucederá Cristóbal de San Martín, del que no tenemos mayores datos, y a éste, un músico espléndido: Lázaro del Álamo: "... Atento a que no había maestro de capilla en esta santa iglesia, y que conviene que se pusiese para el buen servicio de ésta [...] acordaron que debían nombrar y nombraron a Lázaro del Álamo, clérigo presbítero, atento a su buena habilidad, y que lo hará muy bien, y a pro y servicio de esta sancta iglesia ...."[24]

Natural de Segovia (*ca.* 1530), ingresó al servicio de la catedral castellana como mozo de coro (*ca.* 1543), bajo el maestrazgo de Juan de Almorox, y, posteriormente, de Tomás Luis de Victoria. Doctor en cánones por la Universidad de Salamanca,[25] pasó al nuevo mundo en el séquito de fray Alonso de Montúfar, quien, ya en posesión de su arzobispado, lo apoyará en todo momento como pieza fundamental para sus proyectos de reforma litúrgica y del ritual de la Iglesia novohispana.

Para realizar en la ciudad de México las "solemnidades" de la muerte del emperador Carlos V, Álamo dirigió el 29 de noviembre de 1559 dos ceremonias: en la primera, con música de Cristóbal de Morales, se cantó su *Circumdederunt me* a 5; en la otra, el salmo del propio Morales *Venite, exsultemus*. Más tarde, en la misma vigilia, se cantó *Parce mihi* a 4, del *Officium defunctorum*, también de Morales. El analista que registró el programa del 29 de noviembre fue Francisco Cervantes de Salazar, en cuyo *Túmulo imperial* atribuye al propio Lázaro del Álamo la composición del segundo salmo cantado en las exequias imperiales. Polifonía y canto llano se alternaron en esa ceremonia, siempre bajo el maestrazgo de Lázaro del Álamo y con la capilla de música catedralicia en pleno.[26]

Nos hemos adentrado en las zarzas de palabras del archivo catedralicio. En este cosmos de palabras enunciadas hace siglos, nuestro objetivo esencial

---

24 ACCMM, Actas de cabildo, libro 2, f. 117v, 2 de enero de 1556.
25 Antonio Martín Moreno, "La Música Española en la Época del Emperador Carlos V", en *La fiesta en tiempos de Carlos V, op. cit.*, pp. 212 y ss.
26 Francisco Cervantes de Salazar, *Túmulo imperial de la gran ciudad de México*, México, Antonio de Espinosa, 1560, pp. 25v y ss.

ha sido desentramar las letras y las memorias que nos hablen de la cultura musical novohispana, de la vida catedralicia del siglo XVI, y lo que las vincula con la totalidad del mundo virreinal. Precisar el *sentido* y las *formas* de la cultura musical novohispana en esa centuria, *conocer* y *comprender* sus avatares y sus procesos íntimos, señalar su espacio social y su papel dentro del virreinato es el primordial motor de este texto. Sin embargo, tal sentido no se revela inmediatamente, pues no es la palabra de los maestros de capilla, Juan Xuárez, el primero, o de Lázaro del Álamo, ni de sus ministriles y cantores, "criados de la dicha Santa Iglesia", la que nos guía por el entramado de manuscritos: los documentos del cabildo catedral están imbricados en el corazón del sistema político y burocrático del siglo XVI que los produce. Ofrecen a la mirada las causas de su origen, y no existirían de no ser porque una práctica de poder les ha dado vida. La coexistencia obligada entre el aparato eclesiástico y la cultura musical expone figuras perceptibles, cuyo contorno es posible trazar.

Al estudiar la cultura musical en la catedral de México en el siglo XVI, restituyo formas y dibujo contornos a partir de relatos minúsculos o de conflictos olvidados, construyo algunos cuadros del pasado: no por gusto del dibujo ni de la descripción, sino porque, a través de ellos, se puede seguir al mozo de coro Juan de Velasco o a los ministriles de bajón, de chirimía y de sacabuche, quienes adquieren perfil y proporción gracias al conjunto de la escena social y cultural.

En esos cuadros atisbamos la ilusión y la voluntad, el rechazo a las imposiciones del rito y la conservación de las tradiciones en la práctica de la música: detrás de las palabras escritas —en ocasiones demasiado vacuas o demasiado retóricas— hay trazas de encuentros decisivos: los que la música, el rito y la religiosidad inventan entre sí en medio de los papeles que se les imponen por su función, que se ajustan a las condicionantes sociales y culturales donde se enmarcan y que desempeñan juntos cuando se busca la mayor aproximación posible a la exactitud del sentido que les da vida.

En la catedral todo vive y todo se mueve sin cesar ante los ojos de cada uno: espacio abierto, donde clérigos, ministriles y feligreses son un testimonio perpetuo de sí mismos. A través de la etérea y conmovedora sonoridad del *canto llano*, del ineludible sonar de las campanas de las horas canónicas, de la difícil situación económica de mediados de siglo debido a la cual se despide a los cantores por falta de recursos,[27] se perfila una cultura musical que traza obstinadamente sus complejas y sofisticadas formas a manera del *canto de órgano*. De esta cultura musical vista a través de los documentos capitulares, emergen fragmentos de vida de un eje del cosmos novohispano, la vida catedralicia, donde la espiritualidad del ritual y sus músicas consiguen poner tregua —momentáneamente— a los encarnizados trances mundanos.

---

27 ACCMM, Actas de cabildo, libro 1, f. 130, 6 de junio de 1557.

Francisco Xavier de Lizana:
ceremonia de posesión del arzobispado

Citlali Campos Olivares
Laura Denis Galván Ayala
Ingrid Sánchez Rodríguez
    Facultad de Filosofía y Letras
    Universidad Nacional Autónoma de México

Introducción

Cuando se trabaja en las actas de cabildo se pueden encontrar diversos temas que nos ofrecen un mosaico de acontecimientos de la vida novohispana. Frente a esta situación, se debe elegir una línea de trabajo. En nuestro caso, debido a la temática del proyecto *Musicat*, es la música, entendida como un lenguaje religioso, político y social. En el ámbito catedralicio se trata de una expresión litúrgica mediante la cual se exaltan eventos de todo tipo en una sociedad donde la religión era el punto esencial de la vida cotidiana.

    Con esta ponencia pretendemos exponer los diferentes momentos en que la música participa, destacando los diferentes tiempos que conformaban el ritual y las distintas funciones de la música en cada uno de ellos.

    Seleccionamos para el presente coloquio un acta de cabildo localizada en el libro 61, folios 59v-60v, y fechada el 30 de enero de 1803, donde se consigna la toma de posesión del arzobispo Francisco Xavier de Lizana. Nos llamó la atención por tratar de un acontecimiento de este tipo que encontramos en el siglo XIX, por no ser extensa, por referirse a un acto realizado con gran solemnidad y por remitirnos a tres tomas de posesión anteriores a ésta, de la tradición borbónica, de las que hablaremos más tarde.

    Lo que nos interesó fue que el protocolo de la ceremonia está claramente establecido y la música desempeña un papel importante en él, al igual que muchos otros elementos como la ropa, la jerarquía social, los carruajes, los escudos, los cirios, los adornos de las calles, etc., propias del estilo barroco todavía imperante en esta época y fiel reflejo de lo que acontecía en la Nueva España en el siglo XIX.

Otro aspecto atractivo de este documento fue su proximidad con el acta que da cuenta de la entrada a la ciudad del virrey Iturrigaray, donde no se plantea realizar con motivo de tal acontecimiento una celebración tan fastuosa como la realizada respecto al arzobispo. Éste es un caso extraño, ya que tenemos conocimiento de pomposas celebraciones efectuadas a la entrada de virreyes, en que se les daba la bienvenida con una gran fiesta, muy similar a la ofrecida a los arzobispos. Es probable que esta actitud responda a los conflictos de intereses políticos propiciados por José Manuel Godoy, pues él había favorecido las reformas borbónicas e impuesto limitaciones políticas y económicas a instituciones tan importantes como la Iglesia, y por tanto el cabildo eclesiástico veía con reticencia a este personaje.

La metodología con que vamos a estudiar el acta de cabildo en cuestión es el análisis de cada una de sus partes, para encontrar el significado de la celebración y permitirnos reconstruir de manera puntual el protocolo del evento.

Como punto de referencia tendremos las actas de toma de posesión de los tres arzobispos que le antecedieron, el *Concilio III Provincial Mexicano*[1] y *Gaceta de México*.[2] Cabe mencionar que decidimos dejar para un estudio posterior el cotejo de estas fuentes, pues rebasaba los fines de este trabajo.

Antecedentes del evento que no aparecen en el acta

Cuando renunciaba o moría un obispo su sede quedaba vacante. Para ocuparla se seleccionaba a eclesiásticos que podían proponer el Consejo de Indias, los virreyes, las reales audiencias, los gobernadores, los obispos y los cabildos eclesiásticos.[3] De los candidatos, el rey elegía a uno que era presentado ante el papa como un acto de formalidad.

---

1 Mariano Galván Rivera, *Concilio III Provincial Mexicano celebrado en México. El año 1585, confirmado en Roma por el Papa Sixto V, y mandado observar por el gobierno español en diversas reales órdenes*, Barcelona, Imprenta Manuel Miró y D. Marsá, 1870.
2 *Gaceta de México*, núm. 29, t. II, 11 de febrero de 1803.
3 Juana Inés Abreu (coord.), *Antiguo palacio del arzobispado*, México, Secretaría de Hacienda y Crédito Público, 1997, p. 96.

El *Regio patronato*[4] estipulaba que el gobierno arquiepiscopal estaba a cargo del arzobispo nombrado. Este privilegio garantizaba a la Corona la fidelidad política de la Iglesia en sus dominios.

Cuando el candidato aceptaba el cargo, se notificaba al rey y éste procedía a expedir cédulas a las autoridades correspondientes para que reconocieran al nuevo gobernador eclesiástico.

El elegido para ocupar dicho cargo en la Nueva España, después de Alonso Nuñes de Haro y Peralta, fue el ilustrísimo doctor Francisco Xavier de Lizana y Beaumont,[5] que debió trasladarse de la mitra de Teruel cuando fue promovido. Llegó al Puerto de Veracruz el 16 de diciembre de 1802.

Sabemos, por un acta de cabildo fechada el 22 de diciembre de 1802,[6] que, antes de tomar posesión de su arzobispado, Lizana nombró al deán Juan Francisco de Campos para que tomara su cargo en tanto llegaba a la ciudad de México, acto protocolario que cumplían todos los arzobispos antes de la llegada a su sede.

Cuando Lizana llegó el 8 de enero, fue recibido en el límite del arzobispado por dos miembros del cabildo catedralicio, acompañados de dos capellanes de la catedral metropolitana, dato que tomamos de un acta de cabildo fechada el 7 de enero de 1803.[7]

Análisis del acta

> Modo y forma con que se dio la posesión y obediencia solemne de este arzobispado al ilustrísimo señor doctor don Francisco Xavier de Lizana la tarde del día Domingo treinta de enero del mil ochocientos tres.[8]

---

[4] Esbozado en las llamadas *letras alejandrinas*, expedidas por el papa Alejandro VI en favor de los Reyes Católicos. Al patronato regio lo precisó y concedió el papa Julio II, en la bula *Universalies eclesiae* en 1580.

[5] Fue doctor en jurisprudencia canónica y civil en 1771 por la Universidad de Zaragoza.

[6] Archivo del Cabildo Catedral Metropolitano de México (en adelante ACCMM), Actas de Cabildo, libro 61, ff. 33v-34 v., 22 de diciembre de 1802.

[7] ACCMM, Actas de cabildo, *ibid*, f. 46v.

[8] ACCMM, Actas de cabildo, libro 61, f. 59v, 7 de enero de 1803, en adelante doc. cit.

El arzobispo y el cabildo eclesiástico determinaban la fecha más indicada para que aquél tomara posesión de su cargo y es probable que en este caso se eligiera el domingo porque se trataba del día de la semana más importante para la Iglesia católica.

> Habiendo avisado dicho ilustrísimo señor arzobispo por billete así a este ilustrísimo, y venerable cabildo, como a la nobilísima ciudad tener asignada la mencionada tarde para el acto de su posesión, y obediencia solemne.[9]

Avisar por billete significaba en el siglo XIX mandar una invitación.

La nobilísima ciudad era el nombre con que se designaba al ayuntamiento encargado del gobierno civil, que estaba conformado por el regidor, alguacil, alcalde y corregidor, entre otros.

> Se dispuso y previno todo en el mismo modo que se había ejecutado para las de los ilustrísimos señores arzobispos sus antecesores doctores don Manuel José Rubio de Salinas, don Francisco Antonio de Lorenzana, y don Alonso Nuñes de Haro y Peralta en los días veintinueve de octubre de mil setecientos cuarenta y nueve, veintidós de agosto de mil setecientos sesenta y seis, y quince de octubre de mil setecientos setenta y dos, […] y en esta santa iglesia se practicó en todo, lo mismo que en las mencionadas tres posesiones.[10]

Este tipo de ceremonias se habían venido efectuando desde siglos anteriores y con el paso del tiempo se adecuaron a distintas necesidades. En este caso, las actas dan cuenta de los ceremoniales de los tres anteriores arzobispos que pertenecían a la dinastía Borbónica y ninguna de las anteriores se refiere a algún arzobispo perteneciente a los Austrias, lo cual demuestra que en el siglo XIX las viejas formas rituales se vistieron de nuevo ropaje.

---

9 *Idem.*
10 *Ibid.*, ff. 59v-60.

> Luego que se acabaron los maitines...[11]

Los maitines en la Edad Media se realizaban a la media noche, porque solamente se efectuaban en monasterios, pero, cuando se empiezan a celebrar fuera de estas instituciones, los horarios se adecuan a distintas necesidades. En el siglo XIX, tales celebraciones cambiaban de horario según la fiesta de cada día; en este caso podemos inferir que se realizaron después del medio día.

Los maitines constaban de siete partes: invocación, invitatorio (antífona propia con el salmo 94), himno (propio de la fiesta), tres partes llamadas nocturnos —que tienen tres antífonas, tres salmos, tres lecturas y tres responsorios— *Te Deum*, oración, bendición y despedida.[12]

Algunas de las partes de los maitines se cantaban con solemnidad, interpretadas en canto llano, y otras en canto de órgano acompañadas por instrumentos musicales. La finalidad de esta música era la oración, y aquí el sonido tenía un sentido profundamente religioso.

Cantar los maitines antes del suceso era parte de la exaltación religiosa del ritual que a continuación se llevaba a cabo.

> ...se le avisó a su señoría ilustrísima (como es costumbre) que estaba esperando acompañado de la nobilísima ciudad, la que después de las tres y media salió de las casas del ayuntamiento para el palacio arzobispal en sus coches de tiros largos, [...] después de las cuatro salió del dicho palacio acompañando a su ilustrísima en forma de paseo, el que finalizaba el coche de su ilustrísima que venía en la testera solo, y al vidrio el corregidor don [espacio en blanco] y el alcalde de ordinario de 2° voto coronel don Joaquín Colla.[13]

El acto con que se iniciaba propiamente el protocolo de la posesión del arzobispado era la procesión o el paseo que su ilustrísima realizaba con destino

---

[11] *Ibid.*, f. 60.
[12] Giulio Cattin, *Historia de la música. El medioevo. Primera parte*, Madrid, Turner, 1987. p. 130.
[13] ACCMM, Actas de cabildo, doc. cit., f. 60.

a la catedral. Para poder comenzarla, la Nobilísima Ciudad, es decir el cabildo civil, se desplazaba de las casas del ayuntamiento hacia el palacio arzobispal para recoger al arzobispo. Los coches de tiros largos mencionados en el acta eran los comúnmente usados por la elite novohispana para los paseos por la ciudad y en este caso los que los ocupaban eran los funcionarios más importantes del cabildo.

Después de las cuatro se iniciaba el paseo con su ilustrísima, quien venía en una *estufa*, nombre con que se denominaba al coche usado por los arzobispos en este tipo de ceremonias, caracterizado por no tener ruedas y ser cargado por personas para señalar la solemnidad del acontecimiento.[14]

En la testera, es decir dentro de la *estufa*, se hallaba sólo el arzobispo y, por fuera, acompañándolo, iban el corregidor —del que ni siquiera se menciona el nombre— y el coronel —al que se hace referencia de modo exacto—, con lo cual se ponía de manifiesto la importancia del arzobispo dentro del poder novohispano.

No creemos que esta omisión se deba sólo a un error, pues debemos recordar que en esta época los Borbones habían conformado al ejército como una institución de la Nueva España a la que se reconocía un elevado estatus en la sociedad, y por ello encontramos aquí la figura del coronel. En este momento de la cerebración se encuentran representados los tres poderes más importantes del siglo XIX: el eclesiástico, el civil y el militar.

> ...precedida de sus mazeros, ministros de vara, timbales y clarines, y estando las calles del Paseo que fueron las de los Plateros, Profesa, Vergara, Santa Clara, y Tacuva hasta llegar a la puerta del Empedradillo que mira al poniente, estando digo colgados sus balcones, y habiendo para ello precedido bando del señor corregidor...[15]

---

[14] Abreu, *op. cit.*, p. 110.
[15] ACCMM, Actas de cabildo, doc. cit., f. 60.

Con anterioridad se daba a conocer a la ciudad la realización de algún acto importante por medio de cartelones colocados en distintos puntos por orden del ayuntamiento, al cual pertenecía el corregidor.[16]

La procesión era antecedida por miembros del cabildo civil, quienes además de portar los escudos de la ciudad representaban su poder dentro de la sociedad.[17] El paseo era acompañado por música de timbales y clarines, junto con las campanas catedralicias, conventuales y parroquiales. El carácter de esta música era procesional, festivo y épico,[18] y continuaba una tradición sonora procedente de tiempos muy antiguos, cuando algún acontecimiento poco común tenía lugar en las calles.

El recorrido abarcaba este cuadro de la ciudad por encontrarse ahí las instituciones del poder civil y religioso, y se imprimía así lucimiento y realce a la celebración. Las calles se decoraban para la fiesta con gran esmero y fastuosidad. Podemos ver esta magnificencia en los siglos XVI y XVII con adornos como pasos de anda, tapetes de flores que señalan el camino, portadas que representan escenografías, y arcos. Con el paso del tiempo, esa suntuosidad mermó hasta que en el siglo XIX ya sólo se usaban, en los balcones, ornamentos conocidos como guardamalletas: telas colgadas, generalmente de color rojo.[19]

La comitiva llegaba a la catedral por la puerta del costado poniente. Es necesario hacer hincapié en que al arzobispo no se le recibía en ninguna de las tres puertas situadas al frente, que representarían mayor importancia, sino por la puerta que miraba a la calle de Empedradillo. Esto no es de extrañar, ya que en otras catedrales de la Nueva España, como la de Puebla, se hacía lo mismo. Pero también podemos deducir que se recurría a la puerta poniente debido a que ésta conduce directamente a la sala capitular, lugar donde comienza la celebración solemne.

---

16 Luisa Zahíno Peñafort, *Iglesia y sociedad en México (1765-1800). Tradición, reforma y relaciones*, México, UNAM, 1996, p. 103.
17 Abreu, *op. cit.*, p. 215.
18 *Crónica de don Álvaro de Luna, condestable de Castilla, maestre de Santiago* (ed. y est., Juan de Mata Carriazo), Madrid, Espasa-Calpe, 1940, pp. 216-222.
19 Zahíno, *op. cit.*, p. 103.

> El altar de la sala de cabildo para que su ilustrísima se pusiera la capa magna se puso del barandal adentro de dicha sala a la mano derecha...[20]

El arzobispo era recibido por el venerable cabildo vestido de sobrepelliz (vestidura blanca sin mangas) en la puerta de la catedral, donde le suministraban agua bendita, que se esparcía a su vez en ambos cabildos. De ahí era conducido al altar de la sala de cabildo, en donde se le colocaba la capa magna, amplia prenda ceremonial confeccionada en terciopelo carmesí, bordada con hilos de oro y plata, y adornada con piedras preciosas y broches de metales finos.

Mientras Lizana era revestido, los miembros del ayuntamiento, clérigos, curas, cofradías y todas las órdenes religiosas ocupaban sus lugares en el altar mayor.

> El pedestal para el crucero se puso al pie del sitial: el señor provisor doctor don Pedro de Fonte se incorporó con el venerable cabildo en el altar mayor cuando se leyeron las tres bulas en el ambón de la epístola: los cuatro pajes de su ilustrísima con sus hachas acompañaron la procesión: fueron asistentes en el sitial los señores Bruno tesorero, Jaravo doctoral y los señores prebendados Villaurrutia, y Pico.[21]

El doctor Francisco Xavier de Lizana, una vez investido, fue acompañado por el deán y arcedeán, junto con los cuatro pajes que llevaban cirios, hacia el altar mayor, que estaba preparado con su silla, frente a la cual se encontraba su sitial con su telliz y cojín.

El acta no consigna lo que se realiza en el altar mayor, pero gracias a referencias encontradas en documentos de celebraciones anteriores, podemos deducir que el arzobispo hizo juramento y profesión de fe arrodillado, con el *Concilio Mexicano* en sus manos y un *Misal* en el cojín de su sitial, y que el cabildo catedralicio se hallaba de pie.

---

[20] ACCMM, Actas de cabildo, doc. cit., f. 60.
[21] *Idem.*

Después, el secretario de cabildo subía al ambón de la epístola y leía las tres bulas expedidas por su santidad: la primera, dirigida al clero, fue besada por el doctor don Pedro de Fonte, quien representaba el poder eclesiástico; la segunda, de la ciudad, fue besada por el caballero corregidor, quien personificaba el poder civil, y la última fue besada por el pertiguero en nombre de los vasallos de México.[22]

Después de este acto, se dirigían en procesión al coro el arzobispo sólo con los miembros del cabildo eclesiástico.

> ...en el coro los señores deán, arcediano, maestrescuela, y tesorero subieron a las sillas de arriba acompañando al ilustrísimo señor arzobispo para darle posesión de la del medio.[23]

El doctor Francisco Xavier de Lizana tomó posesión de su silla en el coro; las dignidades del cabildo eclesiástico le asignaron la de en medio y a su derecha el deán, el chantre, el tesorero, cinco canónigos, tres racioneros y por último tres medios racioneros. A la izquierda del arzobispo se hallaba el arcediano, el maestrescuela, cinco canónigos, tres racioneros y tres medios racioneros.

El acta no consigna lo que aquí sucede, pero en la *Gaceta de México*[24] se relata que, en el coro, su ilustrísima cantaba la oración de Nuestra Señora la Virgen de la Asunción, titular de la Catedral Metropolitana. Tal plegaria se cantaba: como aquélla era la patrona de la catedral, todos sabían la melodía. Concluida ésta, la capilla entonó por un cuarto de hora un villancico con toda la orquesta, y al final se volvieron a tocar todas las campanas.[25]

El villancico era un tipo de música en que los maestros de capilla acostumbraban hacer derroche de su talento; había libertad para seleccionar los textos y ésta era ocasión para expresar la fastuosidad y capacidad artística de la capilla catedralicia.

---

22 Galván Rivera, *op. cit.* (véanse los estatutos para el ceremonial), pp. 479 y ss.
23 ACCMM, Actas de cabildo, doc. cit., f. 60.
24 *Gaceta de México*, doc. cit., p. 236.
25 *Idem.*

> ...así mismo hubo bastante asistencia de todas las religiones que precedidas de sus prelados se mantuvieron en sus lugares, y bancas hasta que su ilustrísima echó la bendición solemne: también hubo un concurso muy abundante, y extraordinario...[26]

La administración religiosa de Nueva España se dividía en diócesis cuya administración y gobierno dependía de los obispos, quienes tenían bajo su autoridad al clero secular o diocesano, es decir "el que vive en el mundo".[27] El clero regular estaba recluido en sus conventos y sujeto a sus propias autoridades. Ésta es la razón por la que se menciona que estaban presentes miembros de las órdenes.

Se concluía este acto con una procesión por el ambón de la iglesia, donde se entonaba el *Te Deum*, y con la posterior oración y bendición, que el señor arzobispo daba. Además de esta bendición, se acostumbraba que el arzobispo lanzara monedas al pueblo.

Se entonaba el *Te Deum* como una confirmación de "fe" en forma fastuosa. Éste era otro recurso religioso de legitimación del acto aquí referido.

> ...estuvo la iglesia iluminada, y muy lucida. Se acabó la función cerca de las siete de la noche. El palacio arzobispal, las casas de ayuntamiento y las bóvedas de esta santa iglesia fueron las que únicamente se iluminaron.[28]

La iglesia se arreglaba en este tipo de ceremonias con gallardetes y banderas y es probable que tales ornamentos se hubieran preparado en este ceremonial. La iluminación pretendía dar relieve a los lugares donde se llevaba a cabo el festejo, razón por la que sólo la catedral y el ayuntamiento se alumbraban. Ello destacaba nuevamente la importancia de los tres poderes.

---

26 ACCMM, Actas de cabildo, doc. cit., ff. 60-60v.
27 Ana Carolina Ibarra, *El Cabildo Catedral de Antequera, Oaxaca y el movimiento insurgente*, Zamora, El Colegio de Michoacán, 2000, p. 19.
28 ACCMM, Actas de cabildo, doc. cit., f. 60v.

Al refresco, que fue muy exquisito y espléndido que se sirvió en la sala de los retratos, poniéndose todo en una mesa cercada de sillas no asistió absolutamente nadie mas que los dos cabildos mezclados. Y para que así conste pongo esta razón que firmo en esta secretaría del ilustrísimo y venerable cabildo en treintiuno del mes de enero de mil ochocientos tres años.[29]

El refresco era un pequeño banquete que ofrecía el arzobispo, generalmente en el palacio arzobispal, pero en este caso se le ofrece a él en la catedral sólo con la asistencia de los dos cabildos.

---

[29] *Idem.*

El testamento de Francisco López Capillas: un testimonio histórico

Ruth Yareth Reyes Acevedo
    Facultad de Filosofía y Letras
    Universidad Nacional Autónoma de México

Francisco López Capillas, maestro de capilla de la catedral de la ciudad de México en el siglo XVII, ha sido considerado "el compositor más erudito del siglo XVII nacido en México".[1] Diversos musicólogos creen que su nacimiento pudo haber ocurrido entre 1608 y 1610, fecha propuesta a partir de la *Crónica de la Real y Pontificia Universidad de México*, de Cristóbal Bernardo de la Plaza y Jaén (siglo XVII), donde "hacia el final del capítulo 33 del libro III, se encuentra perdido entre una multitud de nombres el del bachiller Francisco López, quien junto con otros seis alumnos se graduó en la Facultad de Teología. Esto ocurría el 20 de agosto de 1626".[2] Como los bachilleres se graduaban en promedio a los 18 años de edad, Lester D. Brothers propone que la fecha de nacimiento de López Capillas pudo haber ocurrido en 1608. Una vez graduado, su rastro desaparece algunos años. En 1636, ingresó como ejecutante de bajón en la catedral de México: "Leída la cédula de *ante diem*, por mayor parte, se recibió a Francisco López por ministril [de] bajón, con cien pesos de salario en cada un año".[3] Ocupó el puesto hasta 1641, año de la muerte del maestro de capilla Antonio Rodríguez de Mata y periodo en que Francisco López cambió de residencia, pues a los pocos días del fallecimiento del maestro Mata, el 17 de diciembre de 1641, se recibió como músico de la catedral

---

[1] Robert Stevenson, "La música en el México de los siglos XVI al XVIII", en Julio Estrada (ed.), *La música de México*, vol. I, *Historia*, Parte 2, *Periodo virreinal (1530 a 1810)*, México, Instituto de Investigaciones Estéticas-UNAM, 1986, p. 64.
[2] Juan Manuel Lara Cárdenas, "Francisco López Capillas, primer compositor del Nuevo Mundo, alumno ilustre de la Real y Pontificia Universidad de México", en Ambrosio Gómez (coord.), *Maestros, caballeros y señores. Humanistas de la Universidad, siglos* XVI-XX, México, Facultad de Filosofía y Letras-UNAM, 2003, p. 223.
[3] Archivo del Cabildo Catedral Metropolitano de México (en adelante ACCMM), Actas de cabildo, libro 9, f. 152, 15 de abril de 1636. En las transcripciones, he modernizado la ortografía y la puntuación.

de Puebla, como atestigua el acta respectiva: "Que se recibe al bachiller Francisco López por organista y que esté a la voluntad del maestro de capilla con cargo que ha de tocar bajón con salario de cuatrocientos pesos".[4] En Puebla, Francisco López trabajó durante siete años bajo la instrucción del maestro de capilla Juan Gutiérrez de Padilla.

En 1648, desaparece de nuevo su huella, que resurge otra vez en 1654 en la catedral de México, donde ocupó el puesto de organista, probablemente por invitación del maestro de capilla de entonces, Fabián Pérez Ximeno. El encuentro entre Capillas y Ximeno ocurrió en Puebla en 1648 (año en que Francisco López se despidió como músico de la catedral de dicha ciudad), cuando el maestro Fabián Pérez Ximeno realizó un viaje a esa capital por un motivo que se registró así en las actas de cabildo: "Que por cuenta de la fábrica se le den al licenciado Ximeno, organista de México, 200 pesos por la venida que hizo a esta ciudad a ver el órgano que se ha comprado y otro grande que se ha de hacer para la iglesia nueva".[5] En 1654, el cabildo eclesiástico reconoció la destreza y los conocimientos musicales de Francisco López Capillas, por lo que a la muerte del maestro Fabián Pérez Ximeno fue nombrado, sin oposición, maestro de la capilla musical: "Nombróse al bachiller Francisco López Capillas, presbítero, por maestro de la capilla de música de esta Santa Iglesia y por organista de ella, atento a su mucha suficiencia y habilidad para ambos ministerios, y se le señalaron de salario 500 pesos, pagados por mitad a 250 por cada uno de los dichos oficios en cada un año. Y que se le despache título".[6]

Francisco López ejerció ese cargo hasta el día en que murió, el 18 de enero de 1674. Cabe mencionar que, por orden real, se le concedió una ración entera en 1671, con la cual pasó a formar parte del cabildo.

Gracias al testamento de Francisco López Capillas, hallazgo realizado por el doctor Robert Stevenson, se pueden conocer algunos detalles de

---

[4] Archivo del Venerable Cabildo Angelopolitano Catedral de Puebla (en adelante (AVCA), libro 11, f. 118v, 17 de diciembre de 1641.
[5] AVCA, Actas de cabildo, libro 12, f. 29, 2 de mayo de 1648.
[6] ACCMM, Actas de cabildo, libro 12, f. 40v, 21 de abril de 1654.

El testamento de Francisco López Capillas

la vida del maestro, así como datos generales para comprender el funcionamiento de la sociedad del siglo XVII. Esta fuente nos permite saber un poco más de la vida de un hombre muy importante en su época y en la nuestra: en la suya, porque fue uno de los mejores músicos no sólo de la Nueva España, sino de América, y, en el presente, porque su obra es testimonio de la vida cultural y artística que se desarrolló en el virreinato de la Nueva España. El testamento se encuentra en excelentes condiciones, resguardado en el Archivo de Notarías de la Ciudad de México. La información que contiene se divide en una introducción, que explica la titularidad del documento, y en los pedimentos y encargos correspondientes a la última voluntad de Francisco López, listados en puntos numerados que suman un total de 34. A continuación se analizarán algunos de ellos y se indicarán nuevas pistas de la investigación.

En la introducción, que aquí se transcribe, se obtienen bastantes datos:

> En el nombre de Dios todo poderoso amen, sea notorio como yo el licenciado Don Francisco López Capilla [*sic*], racionero de la Santa Iglesia Catedral de esta ciudad, hijo legítimo de Bartholomé López y de María de la Trinidad, mis padres difuntos. Estando enfermo en cama de la enfermedad que Dios ha sido servido darme él en mi acuerdo y cumplida memoria. Creyendo como firme y verdaderamente creo en el misterio inefable de la Santísima Trinidad, padre, hijo y espíritu santo, tres personas distintas y una sola divina esencia y en todo lo demás que cree y confiesa nuestra Santa Madre Iglesia Católica y apostólica romana, debajo de esta fe y creencia he vivido y protesto vivir y morir como católico cristiano. Y desde ahora invocando como invoco por mi abogada e intercesora la siempre Virgen María, Señora nuestra, concebida sin la culpa original, para que sea con su precioso hijo, nuestro señor Jesucristo y le pida y suplique perdone mis pecados y ponga mi anima en la carrera de salvación y deseando prevenir las materias tocantes al descargo de mi conciencia, otorgo mi testamento en la manera siguiente [...][7]

---

[7] Archivo de Notarías de la Ciudad de México, Notaría 547, vol. 3707, ff. 8-11v, Testamen-

Como puede verse, sólo el nombre de nuestro autor podría ser objeto de discusión: él dice llamarse Francisco López Capillas, pero este segundo apellido no es el de ninguno de sus padres, María de la Trinidad y Bartolomé López; así, Francisco debería apellidarse "López de la Trinidad" y, efectivamente, en otro punto de su testamento, al nombrar herederas universales a sus hermanas, las llama "López de la Trinidad". Robert Stevenson afirma que seguramente se agregó "Capillas" cuando fue nombrado maestro de capilla de la catedral. Sin embargo, se encuentra un acta de cabildo de 1654 donde, meses antes de este nombramiento "presentó un libro de música Francisco López Capillas y se le admitió".[8] Aún vivía el anterior maestro Fabián Pérez Ximeno, por lo que es improbable que Francisco López presumiera un título que todavía no poseía a menos que hubiera sido nombrado capellán de coro y que de ahí viniera su segundo apelativo, pero no se ha encontrado ningún registro que lo compruebe.

Por otro lado, a su nombre se le ha agregado con el paso de los años una "y", que une el apellido López con el de Capillas, pero en su testamento y en otras fuentes de la época, como el *Diario de sucesos notables (1665-1703)* de Antonio Robles, no aparece esa "y" que enlaza sus dos apellidos, seguramente agregada por error. Cabe pensar entonces que Francisco López fuese de niño estudiante destacado, pero carente de recursos económicos, y que un tutor lo hubiera financiado, dándole además su apellido, para que pudiera ingresar a la capilla musical o a la Universidad. Aunque son sólo especulaciones, no hay que descartarlas.

Otro aspecto importante es la ideología del sujeto, ya que destaca ser un firme creyente del misterio de la Santísima Trinidad. Este dogma fue severamente criticado por el protestantismo y en el Tercer Concilio de Trento dio lugar a una larga discusión, por lo que al final se reformó: se concluyó que la Santísima Trinidad eran tres personas distintas pero con la misma esencia. Antes, la Trinidad se representaba pictóricamente con tres

---

to de Francisco López Capillas, México, 13 de enero de 1674.
8   ACCMM, Actas de cabildo, libro 12, f. 26v, 10 de marzo de 1654.

hombres de la edad y físico de Jesucristo. Con la reforma se innovó esta representación: un hombre viejo representaría a Dios padre, un hombre joven a Dios hijo y la paloma blanca al Espíritu Santo.

En la época colonial, era común en la Nueva España que en todos los testamentos sus autores confirmaran que pertenecían a la religión católica, debido en parte al dominio ideológico de la Iglesia de ese culto, que desembocaba en la intolerancia ante otros credos, y también, seguramente, al deseo de encomendarse a Dios.

El mismo párrafo del testamento hace sospechar que Francisco López podría haber sido el primer maestro de capilla criollo, pues afirma ser "oriundo de la Ciudad de Nueva España". En estas palabras expresadas en su lecho de muerte tal vez podamos apreciar un sentido de pertenencia a estas nuevas tierras, y, por tanto, cierta identidad criolla, pues durante el siglo XVII, la discusión entre varios escritores como Cisneros, Lázaro de Alegui y Alonso Franco se refería recurrentemente a la igualdad entre criollos y españoles. Francisco López Capillas probablemente se daba cuenta de las diferencias entre un español y un criollo, y sabía que, pese a haber sido criollo, se había colocado bastante bien y había llegado a tener cargos importantes. Recordemos que esto era más fácil por el lado eclesiástico que por el civil, entre otras razones porque los obispos peninsulares tendían a favorecer la causa criolla, mientras que la Corona no admitía criollos en las jerarquías administrativas como la Audiencia de México, por ejemplo, porque "en un cuerpo de tan obvia importancia política, Madrid deseaba que sus miembros tuvieran los menos lazos posibles con los intereses y personajes de la región en que ejercían sus funciones".[9]

En el multirreferido párrafo analizado hay otro detalle importante: Francisco López Capillas afirma ser "hijo legítimo de Bartolomé López y María de la Trinidad". Se conocen bien las dificultades tan grandes que enfrentaba quien era hijo ilegítimo, por las repercusiones que ello tenía en su desarrollo profesional. En el caso de nuestro autor, era determinante demostrar su limpieza

---

[9] Jonathan I. Israel, *Razas, clases sociales y vida política en el México colonial*, México, FCE, 1997, p. 95.

de sangre, pues en 1547 la Iglesia española había establecido tal rasgo como requisito para que alguien ocupara cargos administrativos o eclesiásticos. Con ello se buscaba comprobar que el linaje estuviera limpio de sangre judía o mora.

Analizaremos ahora el pedimento número 23 del testamento, el cual podría ser bastante polémico:

> 23. Mando que durante los días de la vida de doña Isabel de Mafara [*sic*] y Bargas, soltera vecina de esta ciudad, goce la susodicha las dos casas principales y dos accesorias que dejo declaradas por mis bienes y por suya sus arrendamientos con el cargo y gravamen de pagar los réditos de los censos sobre ellas impuestos, a quien ruego y encargo cuide de su aderezo lo mas bien que pudiere y servidos los días de la vida de la dicha doña Isabel de Mafora y Bargas quiero y es mi voluntad, que sobre todas las dichas casas y lo que les pertenece de hecho y de derecho, se imponga una capellanía de misas rezadas respectivo a lo que valieren, rebajados los principales de los censos, y desde luego nombro por patrones y capellanes de la dicha capellanía a mis parientes prefiriendo mayor al menor en ambos casos y por primero capellán y patrón al bachiller Don Francisco de Escobar y Orsuchil, presbítero a quien si alcanzare en los días de la vida a la dicha Doña Isabel de Mafora y Vargas, cedí facultad la que requiera para la fundación de la dicha capellanía y actuación de misas y lo demás a ello concerniente: sin que la susodicha pueda vender ni enajenar, ni asensurar, las dichas casas, porque en tal caso cese en la posesión de ellas. Y por cuanto a algunos años que a la dicha doña Isabel de Mafora y Vargas le hice gracia y donación de algunos bienes muebles, y la mayor parte de ellos, paran al presente en poder de la susodicha y algunos paran en la casa de mi morada, salvo un órgano que dispuse de él. Mando que los bienes que estuvieren en mi casa de los que contiene dicha donación, se le entreguen a la susodicha, para que juntamente con los que paran en su poder, los goce y posea y distribuya como fuere su voluntad, porque apruebo y revalido la dicha donación, que pasó en esta ciudad a primero de junio del año pasado de mil y seiscientos setenta y tres, ante Pedro del Valle, escribano de su majestad a quien me remito.[10]

---

10 Testamento de Francisco López Capillas, doc. cit., f. 9.

¿Quién era Isabel Mafora Vargas en la vida de un hombre que había entregado su vida al servicio de Dios? Tal vez alguna de esas huérfanas desprotegidas que tanto abundaban en el México colonial, quizá una de las que pedían a la catedral, a principios del año, una dote para poder ingresar a un convento, pero que no tuvo la suerte de obtenerla. Entonces, el maestro de capilla la protegió y, al morir, no quiso dejarla desamparada. Los bienes no se los heredó totalmente, sino de manera parcial, ya que se los dejó para que los cuidara y disfrutara sólo por el tiempo que ella tuviese vida, sin concederle derecho a venderlos o hipotecarlos, ni tampoco la facultad de heredarlos, pues dejó ordenado que, cuando ella muriese, con esos bienes se fundara una capellanía.

Lo que sí le deja completamente a Isabel Mafora son los muebles, pues señala que puede usarlos según su voluntad. López Capillas también menciona que esos muebles se los había donado a través de un escribano desde 1673. En el curso del presente estudio, se buscó tal donación a partir del nombre del escribano, el lugar y la fecha, pero no se encontró el documento correspondiente ni hay rastros de ese funcionario en la ciudad de México. Además, enfrentamos otra limitación: Francisco López dijo que Isabel Mafora Vargas era vecina de la ciudad de México, pero no de qué lugar específico de ella. Al investigar en la catedral de Puebla, encontré en un acta de cabildo un dato que hacía referencia a un tal Joseph Maphora y Vargas, que posee los mismos apellidos de nuestra Isabel. Ello quiere decir que pudo haber sido de la ciudad de Puebla y tal vez Francisco López la conoció mientras trabajaba en la catedral, o simplemente que su familia habría emigrado a Puebla (a consecuencia de alguno de los desastres naturales que tan a menudo ocurrían en la ciudad de México).

De nuevo en cuanto al testamento, el siguiente aspecto que conviene analizar es la relación de Francisco López con un músico de la capilla musical de la catedral de México. Se trata de Francisco de Escobar y Orsúchil, quien trabajó principalmente como organista. La fecha en que éste ingresó a la capilla musical de la catedral de México fue el 19 de diciembre de 1656, cuando se le nombró afinador del órgano de ese templo y asistente del ayudante del organista, y por ambas obligaciones se le asignaron 150 pesos de salario. Ingresó dos años después de que Francisco López había sido nombrado maestro de capilla, lo cual pudo deberse a la intercesión del maestro. Cuando se le pedía su opinión sobre la entrada de algún músico a la capilla, Francisco López Capillas acostumbraba pronunciarse favorablemente. Por lo común, el cabildo aceptaba al aspirante, pero, en caso de rechazarlo, a los pocos días Francisco López le pedía que reconsiderara, con el argumento de que el músico era diestro y necesario para la capilla. Hasta ahora, no he visto en un acta que Francisco López Capillas afirmara que un músico no era apto, pues si la solicitud de ingreso era rechazada ello se debía generalmente a problemas económicos de la fábrica espiritual, o a que el cabildo consideraba innecesario a otro músico por haber los suficientes.

No pretendo afirmar que Francisco de Orsúchil ingresó a la capilla por influencia de Francisco López; por el contrario, creo que debió ser muy capaz en su oficio de afinador, ya que éste era un cargo bastante delicado por la responsabilidad que implicaba la adecuada ejecución de la música en la catedral. Este hombre figura de manera prominente en el testamento: Francisco López Capillas lo nombra en total en cuatro pasajes diferentes. En el primero de ellos, que corresponde a la petición número 18 del testamento, dice lo siguiente: "18. Declaro que debo al bachiller Don Francisco de Escobar y Orsúchil, cincuenta y cuatro pesos de oro común, mando se le paguen".[11] Aquí, López Capillas lo nombra por primera vez, pero debe recordarse que en la última parte de un párrafo del testamento ya citado, donde se menciona a Isabel Mafora y Vargas, se señala esto:

> ...servidos los días de la vida de la dicha doña Isabel de Mafora y Bargas quiero y es mi voluntad, que sobre todas las dichas casas y lo que les pertenece de hecho y de derecho, se imponga una capellanía de misas rezadas respectivo a lo que valieren, rebajados los principales de los censos, y desde luego nombro por patrones y capellanes de la dicha capellanía a mis parientes prefiriendo mayor al menor en ambos casos

---

[11] *Ibid.*, f. 9.

> y por primero capellán y patrón al bachiller Don Francisco de Escobar y Orsuchil, presbítero a quien si alcanzare en los días de la vida a la dicha Doña Isabel de Mafora y Vargas, cedí facultad la que requiera para la fundación de la dicha capellanía.[12]

Como se puede apreciar, Francisco López le tenía bastante confianza a su organista, pues, aparte de que le encomendó la fundación de una capellanía cuando muriese doña Isabel, parece que también estaba enterado de quién era ese personaje. Según lo que menciona Francisco López, Orsúchil, además de ser un hombre de su confianza, pudo ser su familiar, pues afirmaba: "nombro por patrones y capellanes de la dicha capellanía a mis parientes prefiriendo mayor al menor en ambos casos y por primero capellán y patrón al bachiller Don Francisco de Escobar y Orsúchil".[13]

En otra parte del testamento, López Capillas dispone que "27. Al bachiller Don Francisco de Escobar y Orsúchil, se le den el terno de violones y tres cuadros, los que escogiere, de los que dejo por mis bienes y cien pesos por lo bien que me ha asistido".[14]

Por último, en el punto 28 lo nombra nuevamente, pero esta vez para pedirle que se cerciore del cumplimiento de su testamento. Como hemos podido apreciar, la relación de Francisco López con Francisco de Orsúchil se debió tal vez a que era, en parte, su colaborador de trabajo, así como un posible familiar y, ¿por qué no?, hasta un buen amigo.

En conclusión, en el testamento de Francisco López Capillas hay información sobre la vida cotidiana de la Nueva España, así como de su sociedad, cultura, política y economía. Sucintamente podemos enumerar algunos de los temas: monjas, indios, mulatos, criollos, historia del arte, vida cotidiana, oficios, cabildo, instrumentos musicales, cofradías, archicofradías, músicos, capellanías, bienes y raíces, historia de los apellidos, teología, arquitectura, tipos de relaciones comerciales habituales, etcétera. Incluso podemos asomarnos a algunas intimidades del sujeto, que no se encontrarían en otro tipo de documentos.

---

[12] *Ibid.*, f. 10.
[13] *Idem.*
[14] *Idem.*

El escenario y los actores
de la vida musical: encuentros y hallazgos
Primera parte. Teoría, estilo, repertorio, estética

Antonio de Salazar (1650-1715) y los villancicos policorales: ¡Suenen, suenen, clarines alegres! (1703)

*Eva María Tudela Calvo**
   Universidad de Valladolid, España

La policoralidad es una de las características más importantes del barroco hispanoamericano, a juzgar por el número tan abundante de obras ilustrativas de ella que se conservan en catedrales, iglesias y conventos desde fines de siglo XVI hasta mediados del siglo XVIII.

    La naturaleza y origen de esta técnica se atribuye a los maestros y organistas de la catedral de san Marcos en Venecia, que desde el siglo XVI ya escribían para doble coro. En esta catedral el espacio se hallaba muy claramente establecido: los dos coros separados, colocados uno enfrente de otro, junto con los órganos en los lados opuestos del crucero, permitían la composición a *cori spezzati*. Las perspectivas de producción se ampliaron de tal manera que, en ocasiones, se empleaban dos, tres, cuatro y hasta cinco coros. Cada uno tenía una combinación diferente de voces graves y agudas que se entremezclaban con instrumentos de diferente timbre, y se respondían antifonalmente, además de alternarse con voces solistas y unirse en culminaciones homofónicas. En estas obras se creó una nueva manera de componer basada en el contraste y en la oposición de sonoridades, pero lo más importante era la búsqueda de una audición inédita: la estereofonía natural causada por la multiplicación de

---

* El presente trabajo forma parte de mi tesis doctoral sobre el maestro de capilla Antonio de Salazar, en curso de realización en el Departamento de Historia y Ciencias de la Música de la Universidad de Valladolid (España) que dirige María Antonia Virgili. La investigación ha sido realizada gracias a la beca de la Agencia de Cooperación Internacional del Ministerio de Asuntos Exteriores de España, que me permitió trabajar en diferentes archivos de México de octubre de 2003 a febrero 2004, en colaboración con el Seminario Nacional de Música en la Nueva España y el México Independiente y con el proyecto *Musicat*, coordinados por Lucero Enríquez Rubio. Mi agradecimiento al Seminario de Semiótica Musical de la Escuela Nacional de Música de la UNAM por sus innumerables indicaciones y propuestas. Mi gratitud al licenciado Salvador Valdez por sus numerosas atenciones durante mi estancia en el Archivo del Cabildo Catedral Metropolitano de México. Quiero agradecer a Aurelio Tello sus múltiples sugerencias y a mi director de tesis, Carmelo Caballero Fernández-Rufete, su apoyo y asesoría.

fuentes sonoras y la creación de un ambiente envolvente dentro del espacio que tendía a desenvolverse en un sentido vertical y aproximarse así a la parte del mundo más cercana al cielo.

Para que la policoralidad pueda darse como efecto sonoro se necesita un espacio que albergue el juego de coros (constituidos éstos por un mínimo de cantantes y ministriles que comentaremos después), permita la multiplicación de fuentes sonoras, facilite el efecto de contraste y diálogo entre las mismas, y consiga así lo que pretendía la cosmovisión barroca: proyectar el mundo como un confuso laberinto y como un paraíso del alma: el gran teatro del mundo.[1] Al combinar así voces y líneas instrumentales se consigue un efecto de "caos controlado", que descansa cuando las voces se unen en los finales de cada sección de la obra. Se pretende crear un efecto "mágico" y fastuoso dentro del propio coro, con dos órganos enfrentados[2] y dentro de unas tribunas corridas que permitían moverse a los músicos *a piacere*, según el mandato del maestro de capilla, y originar así el prodigio sonoro desde diferentes lugares del coro.

Esta técnica compositiva revela el gusto por lo extraño y difícil, por lo original y por lo desconocido, e incluso por los usos no habituales —dentro de un estilo convencional—,[3] así como su afán de sorprender por medio del artificio y el ingenio. Veamos entonces la policoralidad como un resultado de los objetivos planteados por la estética del barroco: destreza y sutileza mezcladas con lo novedoso y sorprendente.

Según Antonio Esquerro,[4] las primeras investigaciones sobre policoralidad en España datan de los años 50. Investigadores como el padre José López Calo[5]

---

[1] José Antonio Maravall, *La cultura del Barroco*, Barcelona, Ariel, 1996, p. 317.
[2] En este momento la catedral de México poseía el órgano grande de 1695 construido por Jorge Sesma, otro pequeño que posiblemente estaba en el lado contrario y además un realejo que se encontraba en el facistol.
[3] Me refiero a las convenciones novohispanas que no se manifiestan en la Península ni en el barroco europeo, pero que se hacen habituales en el barroco americano.
[4] Antonio Esquerro, *Villancicos policorales aragoneses del siglo* XVII, Barcelona, CSIC, 2000, p. 7.
[5] "La policoralidad apareció a fines de siglo XVI y se afianza rápidamente en los primeros años del siglo XVII, en los que se hace normal escribir a 8 voces en dos coros, e incluso a 11 ó 12 voces en tres coros. Hacia mediados de siglo ya era frecuente escribir a 12 voces en tres coros. El punto más álgido se encuentra en la segunda mitad de siglo, cuando se componen obras a 15, 16 e incluso 18 y hasta a 21 o más voces. Alcanzada esta cumbre, la

y Miguel Querol hablan de la policoralidad como "una técnica no importada de ninguna nación" o como "un fenómeno histórico que nació en España, por esa fuerza interna que tiene la Música —como las demás artes— y que se rige por leyes iguales en todas las naciones". Como afirma Ricardo Palacios,[6] pocos conocen que, mientras Andrea Gabrieli creaba sus obras para coros y órgano en San Marcos, en el monasterio de San Lorenzo de El Escorial (1563-1584) Felipe II había dotado a la iglesia de ese convento de ocho órganos: cuatro grandes, instalados en el coro y en los extremos del crucero y cuatro pequeños, llamados realejos, colocados en sendos balcones de las naves laterales, a los que se sumaban dos más, portátiles. También llevó en cinco ocasiones su real capilla a El Escorial, y la reforzó unas veces con la capilla de la catedral de Toledo, otras con la del monasterio de Guadalupe y algunas más con la misma capilla polifónica de El Escorial. Según Palacios, ¿qué otro objeto podía tener la existencia de ocho órganos fijos en la iglesia y el hecho de reunir dos o tres capillas polifónicas a la vez sino la interpretación de música policoral?

Sería muy interesante conocer esta técnica desde su génesis y desde la perspectiva de la época que nos ocupa, tal como determinados teóricos la han precisado en sus tratados.[7]

Pero lo más interesante es que un compositor del momento (siglos XVII y XVIII) hable del uso y de la composición policoral. Me refiero concretamente al informe[8] de Manuel de Sumaya en 1718, donde el compositor explica en términos musicales al arzobispo José Lanziego y Eguilaz las características

---

policoralidad decae rápidamente...", José López-Calo, *Historia de la música española*, vol. 3. *Siglo* XVII, Madrid, Alianza Música, 1983, p. 30.

6 Ricardo Palacios, *La policoralidad en el barroco español, lección inaugural del Curso 1987-88 en el Conservatorio Superior de Música y Escuela Superior de Arte Dramático y Danza de Sevilla*, Conservatorio Superior de Sevilla, 1992, p. 20.

7 El citar a los teóricos que hablan de la policoralidad nos extendería en exceso. Sugiero un acercamiento a la siguiente página escrita por Francisco Javier Romero Naranjo: "La aportación de los teóricos del siglo XVI y XVII al estilo policoral", Resumen para la décima Biennial Conference on Baroque Music: http://www.unirioja.es/dptos/baroque/abstract/romeo-naranjo.htm

8 Documento hallado por mí en enero de 2004 en el Archivo del Cabildo Catedral Metropolitano de México (en adelante ACCMM), Correspondencia, caja 23, exp. 2, 19 de septiembre de 1718, s.p. (inédito). Véase anexo 2, en el que se propone una transcripción completa del documento original.

de su capilla, pretexto que le sirve para hablar de policoralidad.[9] Es posible que en las palabras de Sumaya se encuentren ideas de su maestro y predecesor Antonio de Salazar.

Durante mi investigación he localizado, hasta el momento, 130 obras de ese maestro, frente a las 62 que refiere John Koegel.[10] Un alto porcentaje de ellas se compuso de acuerdo con el principio estético que aquí nos concierne. Hay 65 de ellas creadas para 6, 8, 9, 10, 11, 12 y 13 voces, y de ellas 14 son para 9 o más voces.[11]

¡*Suenen, suenen, clarines alegres!* es un villancico a 11 voces compuesto en 1703 para la festividad de san Pedro apóstol. Tiene una dotación para tres coros: STB, SATB y SATB, además de un guión que se comporta como un *basso seguente* del B1; las coplas son interpretadas por tiple, tenor y bajo del coro I. El estribillo de este villancico se divide en cinco secciones, definidas en cuanto a texto literario y ritmo melódico armónico:

Sección	Sección 1ª	Sección 2ª	Sección 3ª	Sección 4ª	Sección 5ª
Número de compases	1-34	34-47	48-72	73-84	85-100
Textura	Homofonía y juego policoral	Contrapunto intercoral y *tutti*	Homofonía y juego policoral	Contrapunto intercoral y *tutti*	Homofonía y juego policoral
Ritmo	3/2	C	3/2	C	3/2
Región tonal	Región Sol M	Región Do M	Región Sol M	Región Do M	Región Sol M

Cuadro: Estructura del estribillo del villancico ¡*Suenen, suenen, clarines alegres!*[12]

La interrelación texto-música es reseñable.[13] En las secciones primera, tercera y quinta, que se interpretan en proporción menor (3/2), la música

---
9   *Ibid.*
10 John Koegel, "Antonio de Salazar", en Emilio Casares Rodicio (dir.), *Diccionario de la música española e hispanoamericana*, Madrid, SGAE, 1999, pp. 573-575.
11 Véase anexo 1.
12 Véase anexo 4, transcripción del villancico.
13 Véase anexo 3, texto completo normalizado del villancico ¡*Suenen, suenen, clarines alegres!*.

es muy dinámica; el mensaje del texto va acompañado con un ritmo de semibreve-mínima que favorece la progresión del texto literario; la música se va moviendo y no da sensación de estancamiento. La segunda sección, el verso "alternado ruido", con música en compasillo (**c**), lleva al compositor —por analogía— a utilizar una figuración más rápida de semimínimas y corcheas que supone un incremento del movimiento. Es el caos controlado al que nos referimos antes y que el compositor ordena en la última parte de la sección. Al comienzo de la tercera sección (3/2), se presenta de una manera tácita, mediante una alusión a su oficio de pescador, a san Pedro, a quien se dedica este villancico. Salazar compone esta sección en contrapunto coral de manera que, al final de la misma, todos los coros se unen en un *tutti*. Otra vez aparece en la cuarta sección un nuevo caos, que se colorea con el denominado *word painting* usado en los madrigales renacentistas y en el barroco italiano (evocaciones de cantos de pájaros, del correr del agua…), y ejemplificado en el sonido del clarín y del tambor. El compositor emplea ciertos instrumentos y sílabas con vocales para representar onomatopéyicamente el sonido del tambor, con *tororó*, y el del clarín, con *tirirí*, en los coros II y III. El estribillo acaba en una quinta sección, con carácter majestuoso y reposado, para dar paso a las coplas, interpretadas por el coro I, de cuatro estrofas y de estilo homofónico, donde se cuenta la historia de san Pedro.[14]

Es interesante plantearse un modelo de composición policoral. Desde las palabras de Sumaya, la composición está estructurada y además debe reunir una serie de características:

> …la composición de muchos coros se hace midiendo distancias (ya de 22, ya de 15, ya de 8 puntos).[15] Y como esto no se puede ejecutar si no es con voces muy a propósito, para suplir la falta de solidez de las voces nos hacemos los Maestros de

---

14 *Idem.*
15 Véanse Samuel Rubio, *La polifonía clásica*, Madrid, El Escorial, 1956 (Biblioteca "la ciudad de Dios"), y fray Juan Bermudo, *Declaración de instrumentos musicales*, Basilea-Londres-NuevaYork, Bärenreiter, 1957 (1a ed. Osuna, 1555), para aclarar las distancias interválicas.

> duplicar en semejantes composiciones los cantores, y así en el primer coro, que es el [señero] radical de los ocho intervalos, ponemos cuatro voces. En los segundos las duplicamos, porque la distan ocho puntos más del señero; y en el tercer coro las duplicamos por distar el triple del señero principal. Con que para cantar una obra de tres coros con voces no competentes son necesarios (según el arte) cuatro sujetos en el Primer coro, ocho en el Segundo y 12 en el Tercero que hacen 24 músicos; y con 20 habrá para cantar a cinco coros, siendo electos y de voces competentes.[16]

Ante esta reflexión me pregunto cómo sonó esa obra. Si planteamos una posible reconstrucción con base en la plantilla de músicos y en fuentes pictóricas,[17] independientemente de los cantores que participarían en uno u otro coros, tendríamos: en el primer coro, en el que predominan las melodías principales, seguramente las mejores voces intervendrían en él; el acompañamiento del coro pudo ser ejecutado por un arpa (Pedro de Acuña y el propio Salazar). En el segundo coro se ve el reflejo y la repetición de las melodías del primer coro (efecto de eco), aunque generalmente se cantan en una cuarta inferior y se imita la melodía de coro a coro; pudo ser acompañado por cornetas, chirimías y sacabuches (Juan Domingo de Castañeda, corneta; Diego Xuárez, sacabuche [también tocaba el arpa]). El tercer coro se caracteriza por su registro grave, sigue la línea de eco con los otros dos coros, en la octava inferior, pudo ser acompañado por violón y bajón (Juan Marçan de Izazi, Antonio de Sylva, Juan de Herrera de Yzazi, Gerónimo Garate y Nicolás Bernal, bajón; Francisco y Antonio de Soto, violón).

Debemos pensar que, con una capilla como la que tenía Salazar en 1704[18] de veintinueve componentes, contando al maestro, podía lograrse una

---

16 Véase anexo 2.
17 En el frontispicio del coro de la catedral de México había un lienzo pintado por Juan Correa y que reflejaba la disposición de los músicos de manera policoral. Por desgracia, se quemó en el incendio de 17 de enero de 1967: "Se le manda pagar a Maestro Correa maestro de pintura, por el lienzo del frontispicio del coro y a Andrés Fuentes por ensamblador del marco", ACCMM, Actas de Cabildo, libro 22 (1682-1690), f. 80, 20 de junio de 1684. El actual lienzo ocupa el lugar del antiguo y refleja también una disposición policoral.
18 Relación de salarios y evaluación de músicos, ACCMM, Correspondencia, caja 23, exp. 2, s.p. (documento inédito).

notable diferencia de tesituras y timbres que haría perceptible el diálogo entre los coros y mantendría una estética acorde con el momento, la cual resulta totalmente ajena a nuestra manera habitual de escuchar y entender esta música.

Para acabar, el análisis de este villancico nos sugiere las siguientes reflexiones: ¿es esta técnica exclusiva del momento barroco? Cierto es que su auge se registra al final de la primera mitad del siglo XVI y perdura hasta mediados del siglo XVIII, cuando desaparece. ¿Es la policoralidad una técnica compositiva relacionada con la música efímera? ¿Se utilizaba este repertorio en todas las ocasiones o sólo en las fiestas solemnes? Nosotros, como receptores del siglo XXI, ¿asimilamos y entendemos esta técnica como los receptores del siglo XVII?

Anexo 1[19]

Título	Voces	Localización	Advocación	Fecha
Dixit Dominus	9	Catedral de Puebla	[sin portada]	s/f
*De Pedro sagrado**	10	Catedral de México	[San Pedro]	s/f
Credidi	10	Catedral de México	[sin portada]	s/f
Arde afable hermosura	11	Catedral de México	Calendas de Navidad	1693
¡Suenen, suenen clarines alegres!	11	Catedral de México	San Pedro	1703
A la mar	11	Catedral de México	San Pedro	1705
¡Hola, ahó marineros!	11	Catedral de México	San Pedro	1710
Pastores del valle	11	Catedral de México	San Pedro	1712
Al campo	11	Catedral de México	San Pedro	1713
Al son de dos clarines	11	Catedral de México	A la Purísima Concepción	s/f
*Aves, flores, luces y fuentes**	11	Catedral de Oaxaca	Kalenda de Navidad	1704
Los clarines resuenen	12	Catedral de México	A la Asunción	1706
Magnificat	12	Catedral de Oaxaca	[sin portada]	s/f
[Venid a mi acento, venid a mi voz]	13	Catedral de México	[sin portada]	s/f

*Incompleta

---

19 Este cuadro se creó a partir de investigación. Destacan los villancicos policorales dedicados a la advocación de san Pedro.

Anexo 2

Ilustrísimo Señor [20]

El Maestro de Capilla que obedeciendo el mandato de vuestra señoría que por su vigilante secretario se me intima mandarme, que le informare con cuánto número de músicos estaría bien surtida esta Santa Iglesia y así mismo completa su capilla, como es indispensablemente necesario el haber de tocar algunos términos y voces del Arte. Vuestra Señoría se ha de servir de prestarme su venia para poderme explicar con algún ejemplo material, no porque su alta comprensión lo necesite para ponerse en el hecho que me manda, sino para decirlo yo como lo comprendo.

Y así digo que de la manera que en los números guarismales no hay más que 10 números radicales porque el 10 o 20 o 30 o 40, y ese número no es obra, como que duplicar, triplicar o cuadriplicar los 10 números radicales, del mismo modo en la música no hay más que 4 voces radicales que son tiple, tenor, contralto y bajo. Pero como el estudio y la aplicación de los Profesores de esta dulcísima facultad (que como las otras se ha ido aumentando) el modo de componer a 5, 6 y 8 voces, otros a 12, otros a 16 y otros a 20 voces (que es una composición a 5 coros). Como esta composición no deba salir (según el Arte) de aquellas 4 voces radicales y solo sea (como en los 10 números guarismales) duplicación, triplicación y cuadruplicación, se sigue que la legítima cuenta guarismal y aritmética, que contando 4 voces y por 5 veces sean 20, y que con ya poniendo 4 voces en cada coro ya sean 5 coros, o ya poniendo 5 ligeros serán 4 los coros, suficiente número para la capilla.

Ya parece (Señor) que con esta cuenta evidente y palmaria, se podría dejar la pluma y no decir más pero falta lo más reservado, porque cuando el aritmético hace cuenta con sus números, ora sean radicales, ora sean compuestos, los enteros los numera por enteros y los medios como medios. Pues la misma suposición se debe hacer en nuestro caso, porque debemos suponer que [es], aún ajustadamente, una

---

20 La transcripción de este documento está normalizada según criterios internacionales; véase Delia Pezzat Arzave, 1ª ed., *Elementos de paleografía novohispana*, México, Facultad de Filosofía y Letras-UNAM, 1991; ACCMM, Correspondencia, doc. cit., véase nota 8.

capilla suficiente y entera con 20 sujetos, si todos los 20 dichos fuesen suficientes en la ciencia y expertos y cabales en la voz.

Pero como esto aunque no es imposible es difícil, porque la experiencia nos enseña que en todas las artes no son todos iguales en la ciencia, pues hay unos muy, muy estudiosos y de comprensión tarda y ruda; en contra otros muy hábiles y perezosos en el estudio. Del mismo modo sucede en este Arte. Pero hay unos muy aplicados y científicos y esos no tienen voz, o si la tienen es poca, o ronca o desaliñada (esto es de poca aire) y otros que tienen voz competente y de buen aire y estos no saben. Con que con estas faltas indispensables en la miseria humana, jamás se encuentra conocimiento y ayuntamiento de Músicos donde estén perfectamente llenos y acabados sus individuos. Y así el que la Música de esta Santa Iglesia quede en la perfección y cabal que se pretende, sólo se podrá conseguir en el tiempo y el gran desvelo de Vuestra Señoría.

Ni menos (Señor) estilan las ciudades de tanta opulencia como esta Corte, ni las Iglesias Catedrales de tanta grandeza como la de Vuestra Señoría, prefinir, ni determinar número de cantores, por muchas razones. La primera que aunque no todos tengan eminencia en la facultad, estos menos aprovechados sirven para los segundos y terceros coros en los días clásicos y de autoridad. Y más en esta Iglesia que hay tantos días de asistencias y concurso de Príncipes y tribunales. La Segunda para mayor lustre y decencia del coro haciendo en él copia de Ministros y de Sobrepellices. La tercera para la contingencia de ausencias y enfermedades de que no estamos libres. La cuarta porque si se determina el número de cantores, se han de determinar salarios y juntamente dar las plazas por oposición (y no era lo peor) y en este caso si viniera un músico eminente no tuviera lugar por la prefijación de plazas. La quinta por los que se crían en esta Santa Iglesia, desmayarían en sus estudios conociendo que hasta que otros muriesen no se iban a acomodar ellos. Lo que sí estilan las Iglesias más célebres de España es tener ciertas plazas de Música prefijas y determinadas para el primer coro: dos tiples capones, dos contraltos, dos tenores, un organista, un arpista eminente y un diestro bajón. Estas plazas son de precisión y estas se obtienen por oposición. Pero en el resto de la capilla no hay número determinado por las razones que llevo dichas y por costumbre inmemorial de aquellas Iglesias.

Según esto (Ilustrísimo Señor) parece que hay contradicción en decir que no puede haber número determinado de cantores y decir que con 20 sujetos pueda haber una capilla completa. Digo Señor que hay contradicción conocida si hacemos la cuenta en esta capilla numeral y matemáticamente; porque haciéndola así, no sólo con 20 sujetos se puede hacer pero aún con menos. Pero si la hacemos musicalmente no hay contradicción. La razón es que así como en los números guarismales no hay más que diez y en las voces regulares que se componen, para cantar no hay más que 4. Así los intervalos y las escalas por las que andan esas voces no son más que 8, pues como para componer una obra de tres o más coros, es necesario ir multiplicando estos intervalos músicos, [o ya] por la parte grave con voces sólidas, [o ya] por la parte aguda con voces sutiles. Como lo hace el guarismo ya midiendo la distancia que hay desde 6 a 10 voces que son como voces sutiles del guarismo, o ya midiendo la distancia que hay de ocho a 30 voces. Así mismo la composición de muchos coros se hace midiendo distancias (ya de 22, ya de 15, ya de 8 puntos). Y como esto no se puede ejecutar sino es con voces muy a propósito, para suplir la falta de solidez de las voces nos hacemos los Maestros de duplicar en semejantes composiciones los cantores, y así en el primer coro que es el [señero] radical de los ochos intervalos, ponemos cuatro voces. En los segundos las duplicamos, porque la distan ocho puntos más del señero; y en el tercer coro las duplicamos por distar el triple del señero principal. Con que para cantar una obra de tres coros con voces no competentes son necesarios (según el arte) cuatro sujetos en el Primer coro, ocho en el Segundo y 12 en el Tercero que hacen 24 músicos; y con 20 habrá para cantar a cinco coros, siendo electos y de voces competentes. Y así haciendo la cuenta matemáticamente y con competentes voces, dura con pocos para mucho. Y haciendo la cuenta musicalmente, según la incompetencia de las voces, con más músicos habrá menos coros, y de esta manera se conocerá que hay contradicción haciendo la cuenta con gente perita y escogida. Y no la hay entre gente menos proporcionada en las voces.

Añado a lo dicho que aún por la distancia material se conoce ser necesario gran cuerpo y solidez en las voces, pues vemos que unos mismos cantores cantando en el facistol suenan mucho y cantando en una tribuna no se les percibe lo que cantan. Luego mientras se multiplicasen más coros (que es preciso dividirlos para la armonía musical) cuanto más distasen, tanto más cuerpo por voz o de voces necesitarán las partes que componen este todo.

Y no obsta decir que otras Iglesias se sirven [de] menor número de cantores porque a esto respondo dos cosas. La primera que estas Iglesias son más cortas en el ámbito de su fábrica y cualquier voz suena en ellas, pero en esta Iglesia por su latitud se necesita de unas voces muy masivas y corpulentas. La segunda que esas Iglesias no tienen las concurrencias y asistencias que esta Iglesia, pues yo he estado en una Iglesia Catedral de las Indias en un día tan clásico como el del Espíritu Santo y habiéndome honrado el Ilustrísimo Señor Obispo de esta Santa Iglesia con asistir a la misa y Sermón, sólo por oírme tocar el órgano, estuvo la Iglesia tan sola (con ser un día tan festivo) que no llegarían a 20 las personas que asistieron a la solemnidad, para de los ministros de coro, con que no se debe hacer comparación de aquellas Iglesias a esta Santa Iglesia.

Pero como de todo lo dicho parece que queda el punto en términos de probable por una y otra parte y, lo que me manda vuestra Señoría es que determine (venerando su alta comprensión) digo que soy de sentir de seguir la opinión media entre las dos, esto es, que la capilla de esta Santa Iglesia nunca baje de 20 ni exceda de 25. La razón es porque con los estos 25 sujetos puede quedar en esta forma:
5-Dos tenores para el primer coro y tres para los otros.
5-Dos contraltos para el primer coro y tres para los otros.
4-Dos cornetas y 2 violines para suplemento de tiples.
3-Tres organistas, uno de preeminencia y 2 para semaneros.

4-Cuatro bajones y que estos y los cornetas sepan tocar la chirimía para el servicio de la tribuna.

4-Arpista, violinista y sacabuche que con el Maestro hacemos 25 sujetos (como por el margen se pueden numerar) con que puede quedar completamente buena la música de esta Santa Iglesia.

De aquí se sigue naturalísimamente hablar y decir a Vuestra Señoría la necesidad muy urgente que hoy tiene la Capilla de esta Santa Iglesia, y la mayor que padece es la falta de tiples voces, porque como los muchachos que suplen esta falta, cuando tienen voz aun no están peritos en la facultad, siempre se padece en enseñarles lo que cantan de memoria cosa que baja mucho de primor la composición que en los demás me parece (salvo *meliori iudicio* y no ser por malevolencia) que no hay necesidad, porque esta Santa Iglesia tiene siete tenores, que son el Bachiller Don Francisco Ponce, el Bachiller Don Miguel de Rosas, el Bachiller Don Manuel de Cárdenas, el Bachiller Don Joseph Pérez de Guzmán, el Bachiller Don Manuel Orense y Don Joseph de Guevara.

Tiene siete contraltos que son: el Bachiller Don Tiburcio Vázquez, el Bachiller Don Juan Salisse, el Bachiller Don Diego López, Simón de Guzmán, Miguel de Herrera, Luis del Castillo, Juan de Rivera.

Tiene cuatro bajones que son, Gerónimo Garate, Antonio da Silba, Francisco del Castillo y Luis de Bettancur.

Tiene tres tiples que son Joseph de Orense, Joaquín Losan y Tadeo Torquemada. Tiene dos organistas eminentes que son Don Juan Téllez Girón y el Bachiller Don Juan Pérez.

Tiene por arpista y sacabuche a Salvador Zapata y por violón y violinista a Antonio Cerezo que todos con el Maestro son veintiséis sujetos, sin los mozos de coro que de orden de Vuestra Señoría están aprendiendo diversos instrumentos.

Esto es (muy Ilustre Señor) lo que por ahora se me ofrece decir a Vuestra Señoría en este punto y si acaso no hubiese cumplido con la obligación de satisfacer a lo que su alta comprensión pretendida de esta materia, será yerro de mi corta capacidad, porque el deseo es de asentar y de exponer ante su gran Benignidad mi sentir lisamente y según mi experiencia alcanza en el arte, que Vuestra Señoría (como en todo) dispondrá lo más acertado.

México, 19 de septiembre de 1718.

Bachiller Manuel de Sumaya.

Anexo 3

Estribillo

¡Suenen, suenen, clarines alegres!
¡Toquen, toquen, dulces tambores!
¡Oigan, oigan, ruidosas trompetas!
¡Oigan, oigan, ruidosas trompas!

Y en alternado ruido,
¡todos celebren!
Al pescador que diestro
dejó las redes.

Del clarín, el tirirí, tirirí;
del tambor, el tororó, tororó;
y de la trompa que hace armonía
la tirarira, la tirarira.

¡Suenen! ¡Toquen!
¡Oigan! ¡Oigan!
De un apóstol sagrado
la santa historia.

Coplas

1. Deja el mar san Pedro
y sigue en tierra mejor derrota,
que si ahoga la de la mar
la de la tierra desahoga.

2. Humano interés convida
en las marítimas olas,
más siguiendo en tierra a Cristo
todo un bien que es una gloria.

3. Deja las redes al mar
a Cristo a seguir se arroja,
que allí asombra una borrasca
y aquí un sosiego enamora.

4. De pescador a pastor
pasó con tantas victorias
que a su tiara soberana
se humilla toda corona.

Anexo 4

[F.J.E.12/51]

¡SUENEN CLARINES ALEGRES!
Villancico a 11 del Señor San Pedro, año 1703, Catedral de México

Antonio de Salazar
ca.1650-1715

Antonio de Salazar (1650-1715) y los villancicos policorales

Eva María Tudela Calvo

ANTONIO DE SALAZAR (1650-1715) Y LOS VILLANCICOS POLICORALES

Eva María Tudela Calvo

Antonio de Salazar (1650-1715) y los villancicos policorales

37
Ti 1
- do rui - do,
T 1
na-do rui - do,
B 1
Ti 2
Y_enal-ter - na - do rui - do, rui - do, y_enal-ter-na - do
A 2
Y_en al-ter-na - do rui - do, al - ter - na - do rui - do, y_enal-ter-na - do
T 2
Y_enal-terna - do rui - do rui - do, y_enal-ter-
B 2
Ti 3
Y_enal-ter-na - do rui - do, rui - do, al-ter-
A 3
Y_en al-ter - na - do rui - do,
T 3
Y_enal-ter - na - do rui - do, rui - do, al - ter-na-
B 3
Ac.

Antonio de Salazar (1650-1715) y los villancicos policorales

Eva María Tudela Calvo

Antonio de Salazar (1650-1715) y los villancicos policorales

61
Ti 1
T 1
B 1
Ti 2
de - jó las re - des,
A 2
de - jó las
T 2
de - jó las re - des, de - jó
B 2
Ti 3
dor que dies - tro,
A 3
dor que dies - tro,
T 3
dor que dies - tro,
B 3
Ac.

Antonio de Salazar (1650-1715) y los villancicos policorales

73
Ti 1
ri, ti-ri-ri, ti-ri - ri, ti-ri-ri.
Y de la trom-pa que_hace_armo-
T 1
ri, ti-ri-ri, ti-ri - ri, ti-ri-ri.
Y de la trom-pa que_hace_armo-
B 1
Ti 2
Del tam-bor el to-ro-ró, to-ro - ró, to-ro-ró, del tam-bor el to-ro-ró.
A 2
Del tam-bor el to-ro-ró, to-ro - ró, to-ro-ró, del tam-bor el to-ro-ró.
T 2
Del tam-bor el to-ro-ró, to-ro - ró, to-ro-ró, del tam-bor el to-ro-ró.
B 2
Ti 3
Del tam-bor el to-ro-ró,
A 3
Del tam-bor el to-ro-ró,
T 3
Del tam-bor el to-ro-ró,
B 3
Ac.

Antonio de Salazar (1650-1715) y los villancicos policorales

Eva María Tudela Calvo

Antonio de Salazar (1650-1715) y los villancicos policorales

*en original pone del mar

2.- Humano interés convida
en las marítimas olas,
más siguiendo en tierra a Cristo
todo un bien que es una gloria.

3.- Deja las redes al mar
a Cristo a seguir se arroja,
que allí asombra una borrasca
y aquí un sosiego enamora.

4.- De pescador a pastor
pasó con tantas victorias
que a su tiara soberana
se humilla toda corona.

Polifonías novohispanas en lengua náhuatl. Las plegarias a la Virgen del *Códice Valdés* de 1599

Juan Manuel Lara Cárdenas
    Centro Nacional de Investigación, Documentación
    e Información Musical Carlos Chávez
    Instituto Nacional de Bellas Artes
    Consejo Nacional para la Cultura y las Artes

En este ensayo trataré de exponer algunas ideas y propuestas en relación con dos obras polifónicas novohispanas que utilizan la lengua náhuatl, las cuales se han vuelto famosas, hasta cierto punto, por haber aparecido primero en los trabajos de investigación de connotados musicólogos, después en algunos de los nuevos textos de historia de la música en América y, finalmente, por haber acaparado la atención de numerosos intérpretes, quienes han dejado para la posteridad sus propias versiones en discos de acetato y en modernos discos compactos.

Me estoy refiriendo específicamente a las dos plegarias a la Virgen María en lengua náhuatl contenidas en el llamado *Códice Valdés*, de 1599.

Primero es bueno conocer algunas opiniones de los estudiosos de la lengua náhuatl en torno a este idioma. Dice el padre Ángel María Garibay en su libro *Panorama literario de los pueblos nahoas*: "Todo pueblo, por rudimentario que sea su progreso, piensa y habla. Y entre los que hablan, unos lo hacen mejor que otros. Piensan más alto, sienten más hondo, y hablan más claro".[1] Tres lenguas, de entre las que se hablaban en el continente americano, el náhuatl, el maya y el quechua, que la gente desaprensiva llama "dialectos" —a veces con una connotación despectiva y sin saber bien a bien lo que esa calificación significa y que, además, refleja la secular postura de desprecio y discriminación hacia los habitantes aborígenes—, en opinión de los estudiosos conocedores son lenguas formales que sólo se pueden comparar con las grandes lenguas "clásicas" antiguas: el sánscrito, el griego, el latín o el chino, por su riqueza y su capacidad de expresar los más sutiles conceptos del pensamiento. Dotadas de

---
[1] Ángel Ma. Garibay K., *Panorama literario de los pueblos nahoas*, México, Porrúa, 1963, p. 13.

procedimientos estilísticos propios y una producción literaria tanto en prosa como en verso que toca los más variados temas, con formas literarias originales creadas para dicho fin, son, en palabras de Miguel León Portilla, "el cristal para ver parte del universo religioso y artístico de los pueblos americanos antes del contacto con los españoles".[2]

Acerquémonos un poco al náhuatl, lengua que predominó en toda la extensión del territorio conocido como Mesoamérica —que incluye el istmo centroamericano— durante los dos últimos siglos anteriores a la llegada de los conquistadores europeos.

El primer rasgo notable de la lengua náhuatl es su sintaxis aglutinante, es decir, la acumulación de elementos semánticos agrupados en una sola palabra que, como en el caso de las figuras de los códices, engloba dentro de sí no sólo una idea, sino varias, relacionadas entre sí.

Todas las lenguas tienen, cuál más, cuál menos, procesos aglutinantes en sus formas de expresión. Pero en el náhuatl estos procesos son parte de su misma esencia. Si concentramos nuestra atención en algunos detalles más de esta lengua, encontramos algunos otros rasgos característicos, como los *difrasismos*, consistentes en juegos de palabras que se completan entre sí para expresar descriptivamente un concepto mucho más amplio que las simples palabras, así sea metafísico: una aplicación lingüística del principio divino de la dualidad.

También, como en el caso de otras lenguas, encontramos el uso de paralelismos, repeticiones del mismo pensamiento en una frase complementaria de la anterior, casi siempre semejante, y a veces contraria, como en las lenguas semíticas.

Por otra parte, los poetas del mundo náhuatl, los "forjadores de cantos", crearon formas literarias específicas, por el tema y por la forma de expresión, entre las que se cuentan el *teocuícatl*, canto divino, o canto a los dioses; el *xochicuícatl*, canto de flores; el *xopancuícatl*, canto de primavera; el *melahuacuícatl*, canto de reflexión; el *icnocuícatl*, canto de angustia, y el *yaocuícatl*, canto guerrero.

---

2   Miguel León Portilla, *Nuestros poetas aztecas. Una introducción a la poesía de los antiguos mexicanos*, México, Diana, 2003, p. 7.

La característica más particular del náhuatl es el uso de las fórmulas lingüísticas reverenciales, frecuentes tanto en el lenguaje coloquial como en el lenguaje más selecto. Estas fórmulas lingüísticas reverenciales son partículas —prefijos, infijos y sufijos— que se aplican a toda clase de palabras, sean sustantivos, adjetivos, verbos, adverbios, etc., para darles una connotación de respeto, y aun de veneración; tales fórmulas también se usan para referirse a las personas, animales o cosas en diminutivo como expresión de respeto y cariño. Esta característica denota no sólo un estilo de lenguaje, sino, más aún, una postura ética en las relaciones entre los seres humanos.

Todo el conjunto de la literatura prehispánica que nos ha quedado: anales, discursos, relatos, poemas religiosos, épicos, líricos y dramáticos, se escribió —se "pintó", por mejor decir—, en los códices, los "libros de pinturas", aparte de ser estudiado y memorizado en las escuelas donde se educaba la juventud, que en México eran las llamadas *calmécac* (hilera de casas) y *telpochcalli* (casa de los jóvenes). Posteriormente, esas obras se escribieron con el alfabeto latino traído por los misioneros, lo que nos ha permitido el acceso a ellas. Ello hace decir al padre Garibay: "Podemos estar seguros del conocimiento directo y cierto de la antigua producción literaria del México de habla náhuatl. Hay mucha mayor firmeza de conocimientos que la que se pudo tener en otros campos de la cultura: la egipcia, la asiria, la babilónica, etc. hasta el pleno desciframiento de sus sistemas de escritura".[3]

Los poetas, en cualquiera de las lenguas mencionadas, bien merecieron el calificativo de *moyolnonotzanime* —los que dialogan con su propio corazón— que les adjudicaron sus contemporáneos del México antiguo, pues nos hablan con su arte de sus reflexiones acerca de la divinidad, acerca de la existencia, de sus experiencias en la vida, de "sus preguntas sin respuesta", como dice Miguel León Portilla, de sus inquietudes y sus ilusiones. "Podemos estar conscientes del valor universal del legado de estos poetas, que está a la altura de la herencia aportada por otras culturas como la griega o la china [...] siendo[...] en este sentido, patrimonio de toda la humanidad".[4]

---

[3] Garibay K., *op. cit.*, p. 31.
[4] León Portilla, *op. cit.*, p. 7.

Las plegarias a la Virgen María en náhuatl —a que el título de este ensayo hace referencia— se localizan en los folios 121v-123r del *Códice Valdés*, fechado en 1599. Son el más antiguo testimonio de música vocal polifónica en el idioma nativo, aún vivo, herencia de la civilización mexica, y, para gozo nuestro, el idioma corresponde al que hemos descrito anteriormente, el náhuatl "clásico", el náhuatl en que están escritos los documentos recogidos o redactados en el siglo XVI, con su sintaxis aglutinante y sus fórmulas reverenciales, que ahora forman parte de la obra musical.

Se ha especulado mucho sobre la música de dichas plegarias y se atribuye su autoría nada menos que al maestro de capilla de la catedral de México Hernando Franco,[5] o bien a alguno de sus alumnos, quien además habría sido su ahijado: un cacique indígena llamado igual que el padrino, sólo que con el atributo del don.[6]

Mi opinión personal es la siguiente:

1. Respecto al texto, sí se trata de plegarias, justamente porque son expresiones de súplica a la Virgen María para que interceda ante su hijo Jesucristo en favor de los pecadores. Pero esto no se opone a que sean antífonas o motetes desde el punto de vista musical.

2. Hay que descartar a Hernando Franco, el gran maestro de la máxima catedral novohispana, como autor de la música, porque el estilo compositivo de dichas obras no corresponde al del maestro extremeño. Pero también hay que descartar la atribución de estas obras a un supuesto cacique homónimo que habría sido su alumno y además su ahijado, pues no existe ninguna prueba documental que avale esta suposición, aunque tenga visos de certeza por comparación con otros casos. Faltaría saber si hay alguna posibilidad de relacionar estas obras con un tal Francisco Hernández que aparece registrado en las actas del cabildo

---

5 Gabriel Saldívar, *Historia de la música en México (Épocas precortesiana y colonial)* (colaboración de Elisa Osorio Bolio), México, Publicaciones del Departamento de Bellas Artes, SEP 1934, p. 101 y ss. Jesús Estrada publicó, atribuida a Hernando Franco, sólo la segunda de las plegarias (*Dios itlaçonantziné*), en Julio Estrada (ed.), *La música de México, III Antología*, 1. *Periodo virreinal*, México, Instituto de Investigaciones Estéticas-UNAM, 1987, pp. 13-16.

6 Robert Stevenson, *Music in Aztec & Inca Territory*, Los Ángeles, University of California Press, Berkeley, 1976, pp. 205-206; "La música en el México de los siglos XVI a XVIII", en Estrada (ed.), *op. cit.*, 1 *Historia*, 2. *Periodo virreinal (1530-1810)*, 1986, p. 13 y ss.

catedralicio como miembro de la capilla musical de la catedral de México hacia mediados del siglo XVI , y esto sólo por la duda que plantea la vaguedad del nombre que aparece en la parte superior del 2º tiple de la plegaria a 5 voces.

3. Respecto a la forma musical, la obra a 5 voces, cuyo texto empieza con las palabras *Sancta Mariaé*, es posible ubicarla como motete en sentido amplio y la otra, que empieza con las palabras *Dios itlazonantziné*, como villancico. La primera se caracteriza por su factura homofónica y homorrítmica, pues en aquella época también se componían motetes de esta naturaleza y no sólo el tipo de motete contrapuntístico dividido en secciones, cada una con nuevos temas elaborados en forma imitativa, que cultivaron en su mayoría los polifonistas de los siglos XV, XVI y XVI.[7]

Tampoco se trata de un fabordón, porque difícilmente el tipo de elaboración de esta música permite la adaptación a otro texto y, tal como está escrita, no tiene la consabida articulación bimembre de los fabordones con que se cantaban los salmos del oficio, dependiente de la estructura de la fórmula salmódica. El signo de párrafo puesto a la parte que empieza con las palabras *Ma huel tehuatzin* indica que ésta es un estribillo, repetido después de uno o varios versos polifónicos —o quizá en canto llano— que ahí no aparecen. De acuerdo con esto, la pequeña obra en cuestión sería un motete responsorial. Hasta ahora, los intérpretes nos hemos contentado solamente con repetir esta sección, como si llevara signos de repetición y no signo de párrafo.

La obra que empieza con las palabras *Dios itlaçonantziné*, a 4 voces, por la entrada del tiple solo, que empieza antes de la intervención de las demás voces y se repite luego acompañada, para convertirse así en lo que se llamaba *responsión* —al repetirse de nuevo después de los pequeños versos a solo que actúan como estrofa—, resulta uno de los tipos de villancico que cultivaron en el siglo siguiente, el XVII, compositores como el portugués Gaspar Fernandes (*ca*. 1566-1629) o el malagueño Juan Gutiérrez de Padilla (1590-1664), ambos maestros de capilla de la catedral de Puebla.

---

[7] Dos ejemplos de motetes homofónicos y homorrítmicos, entre muchos que se pueden encontrar: *O Bone Jesu*, de Palestrina (1525-1594), y *Salve Regina*, de Juan de Riscos (1590-1619).

Así que tenemos, en un caso, un motete homofónico (¿responsorial?) y, en el otro, un villancico.

4. Respecto a los errores de escritura musical, la experiencia de haber transcrito una buena cantidad de obras polifónicas de compositores europeos y novohispanos procedentes de los archivos de las catedrales de México, Puebla y Oaxaca; del ex convento del Carmen de San Ángel, D. F., y del Museo Nacional del Virreinato de Tepotzotlán, Estado de México, y de la Biblioteca Nacional de Madrid, España, me convence de que se trata más bien de errores del copista que del autor, por más bisoño que éste haya sido, por lo cual la solución es corregirlos según las reglas del contrapunto de la época, como lo ha hecho toda una pléyade de musicólogos ilustres cuando se han topado con casos parecidos, y dejar de lado las especulaciones ociosas.

5. Se podría también especular, con base en tales errores (por ejemplo la presencia de las quintas paralelas que aparecen al inicio del motete Sancta Mariaé, entre las voces del tenor y el bajo), respecto a una intención del anónimo autor de utilizar escalas pentafónicas, o en cuanto a supuesta "persistencia del subconsciente musical indígena"[8] en estas obras primerizas de polifonía mexicana. Sin embargo, se trataría de una tesis muy difícil de sustentar, porque en primer lugar no sabemos si el desconocido autor fue realmente un indígena, aunque en la obra se use la lengua náhuatl (también el portugués Gaspar Fernandes, maestro de capilla de la catedral de Puebla entre 1606 y 1629, puso música a textos en dicha lengua), y además, en mi opinión, tal característica no se manifestaría por medio de errores elementales, sino de algo más original.

6. Volviendo a los textos de ambas obras, considero que es correcto adjudicarles el carácter de "oraciones populares",[9] ya que el lenguaje empleado

---

[8] Comentarios que se escuchan de vez en cuando entre musicólogos e intérpretes.
[9] Eloy Cruz, "De cómo una letra hace la diferencia. Las obras en náhuatl atribuidas a don Hernando Franco", extenso artículo publicado en cinco entregas en el *Boletín Escuela Nacional de Música-UNAM*, Nueva Época, núms. 45-49, año 5, julio de 2002-enero de 2003. La presente afirmación se encuentra en la quinta parte, en el último número, p. 6.

en estas piezas es afín al de las doctrinas cristianas redactadas en náhuatl por los frailes evangelizadores del siglo XVI. Y ello no sólo porque estos textos, provenientes supuestamente de otros en lengua latina, no se encuentran en los libros litúrgicos, sino además por lo que señalo a continuación.

A pesar de los eventuales errores del texto escrito que presentan las mencionadas obras musicales, no hay duda de que se trata aún de la lengua náhuatl "clásica" que intentamos describir al inicio de esta aventura, la lengua náhuatl que se hablaba en Mexico-Tenochtitlan a la llegada de los conquistadores: la de Acolmiztli Nezahualcoyotzin, *tlahtoani* de Texcoco (1402-1472), arquitecto, filósofo y poeta, que dialogaba con Tloque Nahuaque, el Dueño del Cerca y del Junto; la de Nezahualpilli (1465-1515), sabio y poeta, hijo del anterior; la de Cacamatzin de Texcoco (1494-1520), nieto del primero; la de Temilotzin de Tlatelolco (fines del siglo XV-1525), el cantor de la amistad; y la de Xicoténcatl el Viejo (*ca.* 1425-1522), cantor de la guerra florida, todos ellos poetas del México prehispánico, y además la de Hernando Alvarado Tezozómoc, Fernando de Alva Ixtlixóchitl, Domingo Chimalpahin Cuauhtlehuanitzin, y Juan Bautista Pomar, cronistas novohispanos de su cultura ancestral.

El contexto de estas plegarias puestas en música lo constituyen las tareas de evangelización de los primeros frailes franciscanos, pues los textos corresponden a la respuesta de los indios catecúmenos a la invitación a orar que les hacían los predicadores antes de iniciar el discurso catequístico (por ejemplo, en los ejercicios espirituales propios del tiempo de cuaresma propuestos por Ignacio de Loyola) para pedir a Dios su ayuda con el objeto de comprender mejor la enseñanza y tener la disposición del corazón para seguirla, por intercesión de la "madrecita" de Dios, siempre virgen. Esto lo podemos comprobar al leer, por ejemplo, el *Tratado de los siete pecados mortales* de Fray Andrés de Olmos, escrito en lengua náhuatl, o el *Confesionario mayor en lengua mexicana y castellana* de 1569, de fray Alonso de Molina.

Dice el fraile evangelizador al iniciar el sermón —esto es, el discurso—[10] sobre la soberbia, después de un breve exordio, en el *Tratado de los siete pecados mortales* arriba mencionado:

> ...siete cosas se piden a Dios cuando se dice un *Padre Nuestro*, etc. Y estas siete cosas pedidas van contra los siete pecados mortales. Cuando se dice: *Sanctificado sea tu nombre*, es contra la soberbia. *Que llegue el día de tu reino*, es contra la avaricia. *Hágase tu voluntad*, es contra la lujuria. *Danos hoy nuestro pan de cada día*, es contra la gula. *Perdona nuestras deudas como...* etc. es contra la ira. *Y no nos induzcas en la tentación*, es contra la pereza. *Pero líbranos del mal. Amén.*, es contra la envidia. Estas siete demandas están emparejadas con los siete pecados mortales; sólo que tenemos por costumbre dirigirnos a Dios para que nos conceda lo que le pedimos y para que nos aparte del pecado. Y ahora recemos a Santa María para que hable por nosotros a su hijito querido nuestro señor Jesucristo, verdadero Dios y verdadero hombre, para que su corazón se digne concedernos su bondad, su justicia y su gracia. Para que la oración sea bien dicha y bien oída: hínquense de rodillas, digan *Ave María*.[11]

Si siguiéramos el discurso en náhuatl, al llegar a la invitación a orar, leeríamos o escucharíamos lo siguiente:

> *Auh in axcan ma tictotlatlauhtilican in Sancta María ínic topan motlatóltiz ixpantzinco in itlazoconetzin totecuyo Iesu Christo, nelli Dios ihuan nelli oquichtli, inic tlacáhuaz iyollotzin techmomaquíliz in icualtica, yectica, igratia. Inic huelquizas tlahtohlli ihuan inic huelcácoz tla ic ximotlancuaquetzaca, xiquitoca in Ave María.*

---

10 La palabra latina *sermo, sermonis*, de la que proviene la española sermón, no significa regaño o amonestación, sino lenguaje, discurso o disquisición.

11 Fray Andrés de Olmos, *Tratado sobre los siete pecados mortales* (paleografía del texto náhuatl, versión española, introducción y notas de Georges Baudot), México, Instituto de Investigaciones Históricas-UNAM, 1996, pp. 4-7.

Quienes por cualquier razón conocen las obras mencionadas, ya las hayan oído, ya las hayan leído o, mucho mejor, ya las hayan cantado, ¿han reconocido las mismas palabras de las plegarias?: "Auh in axcan *ma tictotlatlauhtilican in Sancta María* inic *topan motlatóltiz ixpantzinco in itlazoconetzin* in totecuyo *Iesu Christo...*".[12]

A esta invitación seguiría como respuesta la súplica a la Virgen María, cantada por la capilla musical, con una u otra de las versiones puestas en música (o las dos seguidas, tal como las cantamos ahora), cuyo texto es una paráfrasis —que no una traducción— de la segunda parte del *Ave María*, que empieza con las palabras: "Santa María, Madre de Dios", etc., más que del *Salve Regina*; o bien de —por ejemplo— la antífona *Recordare, Virgo Mater*, de la fiesta de la virgen del Carmen,[13] con el lenguaje fino, comedido y respetuoso que, como dijimos, es otra de las características particulares del idioma náhuatl.

Del *Tratado de los siete pecados mortales* de fray Andrés de Olmos, monje franciscano, compañero del primer arzobispo de México, fray Juan de Zumárraga, dice Georges Baudot:

> Después de haber recopilado muestras excelsas de la mejor literatura prehispánica en lengua náhuatl al recoger el Huehuetlahtolli que constituye el colofón y el último capítulo suntuoso del *Arte para aprender la lengua mexicana*, fray Andrés decide emprender una última tentativa de ilustración de la lengua de los mexicah, esta vez utilizándola en su más refinada expresión para orientarla hacia la práctica concreta de la predicación cristiana.[14]

---

12 En este caso las cursivas son mías para hacer notar la correspondencia de estas palabras con las de las obras musicales.

13 La hermosa antífona de modo I, *Recordare, Virgo Mater*, es la antífona del ofertorio de la misa de la fiesta de la virgen del Carmen que se celebra el 16 de julio. Su texto es éste: *Recordare, Virgo Mater, in conspectu Dei, ut loquaris pro nobis bona, et ut avertat indignationem suam a nobis.* ("Acuérdate, oh, Virgen Madre, de hablar benévola en favor de nosotros en la presencia de Dios, para que aparte de nosotros su indignación").

14 Fray Andrés de Olmos, *op. cit.*, p. VIII.

Continúa el autor francés:

> El sermón de fray Andrés no es únicamente una actividad retórica, ni una sencilla arenga edificante que implique una actitud relativamente pasiva del público indígena. Más bien es una ocasión para un ejercicio piadoso colectivo, donde la participación de los oyentes aborígenes se ve fomentada y hasta exigida por el predicador. Las frases imperativas que regulan el desarrollo de la ceremonia dan buena prueba de ello [...] Su escrito náhuatl se ofrecía como un texto activo, práctico, casi podríamos decir operacional [...] La protección e intercesión de la Virgen María es también ritual y periódicamente rogada, como una liturgia.[15]

Éste es pues el contexto en que se inscribirían en su tiempo las dos plegarias en lengua náhuatl del *Códice Valdés* de 1599, las cuales ahora, después del Concilio Vaticano II, aparte de escucharse en conciertos, pueden servir incluso para enriquecer el repertorio de música religiosa viva y valiosa artísticamente, enraizadas además en la idiosincrasia del pueblo, sobre todo en ciertas fiestas muy entrañables para los mexicanos.

Veamos ahora los textos así analizados aplicados a la música de ambas plegarias, transcrita con la notación actual, como una invitación a profundizar en los problemas que plantean los textos en lenguas aborígenes que encontramos en la música vocal de la época virreinal de México y de América latina.

Para ello presento un análisis morfológico-sintáctico de los textos por separado, para que se comprendan mejor, y, como anexo mi transcripción de las plegarias a la Virgen *Sancta Mariaé*, a 5 voces, y Dios *itlaçonantziné* a 4.

---

[15] *Ibid.*, p. XIV.

Los textos en náhuatl del *Códice Valdés* (1599) I *Sancta Mariaé*[16]

Traducción

1. *Sancta Mariaé,*	1. Oh, Santa María,
2. *in ilhuícac cihuapillé,*	2. oh, noble Señora celestial,
3. *tinantzin Dios*	3. tú eres la Madrecita de Dios
4. *in titotepantlahtocatzin.*	4. que reina sobre todos nosotros.
5. *Ma huel tehuatzin topan ximotlahtolti*	5. Ojalá tu digna persona interceda por nosotros
6. *in titlatlacohuanime.*	6. que somos grandes pecadores.

La terminación –é de la palabra *Mariaé*, en la primera plegaria, no es desinencia de palabra latina, y por lo tanto no se debe pronunciar Maríe, como induce a hacerlo el subconsciente de los directores y los cantantes que de alguna forma han tenido la experiencia de interpretar música con texto latino. Se trata de la desinencia propia del caso vocativo en náhuatl que, como en el latín, el griego y otros idiomas que tienen declinación desinencial, se usa para dirigirse o llamar a alguien, como *cihuapillé* (oh, noble señora), *ichpochtlé* (oh, doncella), *notlazonantziné* (oh, amada madrecita mía), *conetzintlé* (oh, niñito), *totahtziné* (oh, venerable padre nuestro).[17]

Por esto se debe pronunciar Sancta Maria-*é*, que significa "Oh, Santa María", y no Santa Maríe, incorrecto en la pronunciación y sin ningún significado preciso, suponiendo maquinal y erróneamente que se trata de una palabra

---

[16] El análisis morfológico-sintáctico de estos textos y su traducción se han realizado con el apoyo de la siguiente bibliografía Fernando Horcasitas, *Náhuatl práctico. Lecciones y ejercicios para el principiante*, México, Instituto de Investigaciones Antropológicas-UNAM, 1992; Rémi Siméon, *Diccionario de la lengua náhuatl o mexicana* (trad. de Josefina Oliva de Coll), 11ª ed., México, Siglo XXI, 1994 (1ª ed. en francés, 1885; 1ª ed. en español, 1977) (Nuestra América); Ángel Ma. Garibay K., *Llave del náhuatl. Colección de trozos clásicos, con gramática y vocabulario, para utilidad de los principiantes*, 5ª. ed., México, Porrúa, 1989; Michel Launey, *Introducción a la lengua y literatura náhuatl* (trad. Cristina Craft), México, Instituto de Investigaciones Antropológicas-UNAM, 1992 (1ª ed. en francés, 1979; 1ª ed. en español, 1992); Thelma D. Sullivan, *Compendio de gramática náhuatl*, 2ª ed., México, Instituto de Investigaciones Históricas-UNAM, 1992 (Serie Cultura Náhuatl, Monografías, 18).

[17] He repetido la interjección "oh" sólo para enfatizar el sentido de interpelación del vocativo, y no porque siempre deba figurar al traducir.

latina. Así encontramos "nahuatlizadas" en las doctrinas cristianas redactadas por los primeros evangelizadores muchas palabras del español que no tenían traducción directa en la lengua de los *mexicah*: Diosé (oh, Dios), *Totecuiyoé* Jesucristoé (oh, Señor nuestro Jesucristo), etcétera.

Por cierto que el verbo *tlacohuía*, de donde proviene *titlacohuanime*, no significa exactamente pecar, sino derramar, "regarla" en fin y, metafóricamente, pecar. Con la primera sílaba duplicada (*tlatla*cohuía) expresa acción frecuentativa: derramar y derramar, derramar mucho: "regarla" hasta el extremo. Por eso dice: *titlatlacohuanime*: nosotros los que la "regamos y la volvemos a regar", o sea los grandes pecadores.

Pronunciación[18]
1. *Sancta Mariaé* (*Ma-ri-a-é*: *ae* no es diptongo latino sino vocativo náhuatl, por eso no se debe pronunciar sólo e, sino *a-é*).
2. *in il'uícac si'uapil-lé*
3. *tinantsin Dios*
4. *in titotepantla'tocatsin.*
5. *Ma 'uel te'uatsin tópan shimotla'tolti*
6. *in titlatlaco'uanime.*

Morfología y sintaxis
1. *Sancta Mariaé*   latinismo "nahuatlizado": oh, Santa María

    Sancta María + -é
    Sancta María latinismo
    -é sufijo del caso vocativo (que sirve para llamar o dirigirse a alguien) en náhuatl

2. ***in ilhuícac sihuapillé***   oh, noble mujer; oh, noble señora celestial

    in artículo: el, la, los, las
    ilhuícac adjetivo calificativo proveniente de
    ilhuícatl cielo; por tanto: celestial
    cihuapillé
    cíhuatl + pilli + é
    cíhuatl mujer
    pilli niño, niña, noble
    -é sufijo del caso vocativo (que sirve para llamar o dirigirse a alguien) en náhuatl

---

18 Los signos ' representan las *h*, llamadas "saltillos" en las gramáticas de la lengua náhuatl, e indican la pronunciación aspirada de las mismas, como una *j* suave.

3. *tinantzin Dios*   tú (eres) la digna madre, la venerable madre, la madrecita de Dios

    tinantzin
ti + nantli + tzin

- *ti*   pronombre personal de segunda persona del singular: tú
- *nantli*   madre (de donde se deriva: nana).
- *-tzin*   sufijo para indicar respeto y cariño, con sentido reverencial.

4. *in titotepantlahtocatzin*   el que reina dignamente sobre nosotros

    titotepantlahtocatzin
ti-to + tepan + tlahtocati + tzin

- *ti-to*   pronombre reflexivo de primera persona del plural: (a) nosotros, nos
- *tepan*   preposición: sobre, en
- *tlahtocati*   ser señor, ser principal, dominar, reinar, mandar
- *-tzin*   sufijo para expresar reverencia y respeto

5. *Ma huel tehuatzin topan ximotlahtolti*   dígnate hablar, interceder por nosotros

- *ma*   partícula que precede al modo subjuntivo, o por mejor decir, exhortativo de los verbos: ¡ojalá! que...
- *huel*   adverbio: bien, muy: partícula reforzadora de lo anterior
- *Ma huel*   ¡ojalá!, ¡ojalá sea...!, ¡ojalá suceda que...!
- *tehuatzin*
- *téhuatl + -tzin*
- *téhuatl*   pronombre absoluto de segunda persona de

	singular: tú, tú mismo (y no otro)
-tzin	sufijo reverencial
tehuatzin	tu digna persona
topan	
to + pan	
to-	prefijo-pronombre reflexivo de primera persona de plural: a nosotros, nos
-pan	posposición, sufijo: dentro, en, sobre, durante, por
topan	por nosotros, sobre nosotros, en favor de nosotros
ximotlahtolti	
xi + mo + tlahtoltía	
xi-	partícula que antecede al verbo en modo imperativo
mo-	partícula que antecede al verbo en la forma reverencial
tlahtolti	modo imperativo del verbo tlahtoltia, forma reverencial del verbo
tlahtoa	hablar
ximotlahtolti	dígnate hablar, dígnate interceder

6. *in titlatlacohuanime*   nosotros los que somos grandes pecadores

titlatlacohuanime	
ti- + tla + tlacohuía + ni + me	
ti-	prefijo-pronombre de primera persona del plural: nosotros
tlacohuía	derramar metafóricamente, pecar ("regarla") Con la duplicación de la primera sílaba

	se expresa acción frecuentativa: derramar y derramar, derramar mucho
ni	sufijo que expresa el agente del verbo; en este caso. el que derrama, el derramador
-me	sufijo para pluralizar algunas palabras en náhuatl

Los textos en náhuatl del *Códice Valdés* (1599) II *Dios Itlaçonantziné*

Traducción

1. *Dios itlaçonantziné,*	1. Oh, amada Madrecita de Dios,
2. *cemícac ichpochtlé,*	2. siempre virgen,
3. *cenca timitztotlatlauhtilía*	3. mucho te rogamos respetuosamente
4. *ma topan ximotlahtolti*	4. te dignes interceder por nosotros
5. *in ilhuícac ixpantzinco*	5. en la presencia celestial
6. *in motlaçoconetzin Jesucristo,*	6. de tu querido hijito Jesucristo,
7. *ca ompa timoyetztica*	7. pues tú te encuentras allá
8. *in inahuactzinco*	8. en la digna presencia
9. *in motlaçoconetzin Jesucristo.*	9. de tu querido hijito Jesucristo.

Si queremos ser congruentes con el náhuatl —como sentimos que debemos serlo con el inglés, el francés, el italiano, el portugués, el alemán, el ruso o cualquier otro idioma al esforzarnos por pronunciarlos y entenderlos todo lo correctamente posible—, hay que tener cuidado al diferenciar la pronunciación de la *x* y de la *ch*: una, la *x*, como las *sh* inglesas: *ixpantzinco* (i*sh*pantsinco, con *x*), y otra, como una sonora *ch* castellana: *ichpochtlé* (i*ch*-po*ch*-tlé, con *ch*).

Pronunciación[19]

1. Dios itlasonantsiné,
2. semícac ichpochtlé (i*ch*-po*ch*-tlé, no i*sh*-po*sh*-tlé).

---

[19] Los signos ' representan las *h*, llamadas "saltillos" en las gramáticas de la lengua náhuatl, e indican la pronunciación aspirada de las mismas, como una *j* suave.

POLIFONÍAS NOVOHISPANAS EN LENGUA NÁHUATL

3. senca timitstotlatlau'tilía
4. ma topan shimotla'tolti
5. in il'uícac ishpantsinco
6. in motlasoconetsin Iesucristo,
7. ca ompa timoyetstica
8. in ina'uactsinco
9. in motlasoconetsin Iesucristo.

Morfología y sintaxis

1. *Dios itlaçonantziné*   Dios, oh, su venerable madre; o sea: Oh, cariñosa; oh, amable Madre de Dios.

Dios	término español integrado al náhuatl: Dios
itlaçonantziné	
i + tlaço + nantli + -tzin + -é	
i-	prefijo posesivo de tercera persona de singular: su (de él, de ella)
tlaço	de tlazotli (sin el sufijo tli, que se pierde en composición con otra palabra): amable, amado, estimable, valioso, precioso
nantziné	
nantli + -tzin + -é	
nantli	madre
-tzin	sufijo reverencial
-é	sufijo que expresa el caso vocativo (para llamar o dirigirse a alguien) en náhuatl

2. *cemícac ichpochtlé*   siempre virgen, siempre doncella

cemícac	adverbio: siempre, para siempre
ichpochtlé	
ichpochtli + -é	
ichpochtli	muchacha, doncella, virgen

153

-é	sufijo para expresar el caso vocativo (para llamar o dirigirse a alguien) en náhuatl

3. *cenca timitztotlatlauhtilía*   nosotros te rogamos respetuosamente

cenca	adverbio: mucho, muy, completamente
timitztotlatlauhtilía	
ti + mitz- + to + tlatlauhtilía	
ti	prefijo-pronombre de primera persona del plural: nosotros
mitz-	partícula que expresa el caso acusativo del pronombre de 2a. persona: a ti, te
to	- pronombre reflexivo de primera persona del plural: (a) nosotros, nos
tlatlauhtilía	forma reverencial de tlatlauhtía: rogar, suplicar

4. *ma topan ximotlahtolti*   que te dignes interceder por nosotros

ma	partícula que precede al modo subjuntivo, mejor dicho, (exhortativo), de los verbos: ¡ojalá!, ¡ojalá suceda que...
topan	
to + pan	(véase texto anterior)
ximotlahtolti	
xi + mo + tlahtolti	(véase el texto anterior)

5. *in ilhuícac ixpantzinco*   en la digna presencia celestial

in	artículo: el, la, los, las
ilhuícac	adjetivo: celestia; de
ilhuícatl	cielo
ixpantzinco	

-ixpan + -tzin + co
ixpan
ixtli + pan

ixtli	rostro, faz, cara
-pan	posposición: dentro, en, sobre, durante, por
-tzin	sufijo reverencial
-c(o)	sufijo locativo: en, dentro, sobre
ixpantzinco	frente al venerable rostro, en la digna presencia

6. *in motlaçoconetzin Jesucristo*   tu querido hijito

motlaçoconetzin
mo + tlazo + cónetl + -tzin

mo-	prefijo posesivo de segunda persona: tu, tuyo
tlazo	de
tlazotli	amable, amado, precioso, valioso (pierde el sufijo *–tli* en composición).
cónetl	niño, hijo
-tzin	sufijo reverencial

7. *ca ompa timoyetztica*   tu venerable persona está

ca	adverbio o conjunción: ya, cierto, puesto que, porque
ompa	adverbio: allá

timoyetztica
ti + mo + yetztica

ti	prefijo-pronombre de segunda persona del singular: tú
mo-	partícula que antecede al verbo en su forma reverencial
yetztica	forma reverencial del verbo irregular ca:

ser, estar

8. *in inahuactzinco* en la digna cercanía, en la digna presencia

inahuactzinco
i + *nahuac* + *-tzin* + *c(o)*

i sufijo posesivo de tercera persona del singular: su, suyo

náhuac adverbio: cerca de, junto a, próximo a

-tzin sufijo reverencial

c(o) sufijo locativo: en, dentro, sobre, por

Polifonías novohispanas en lengua náhuatl

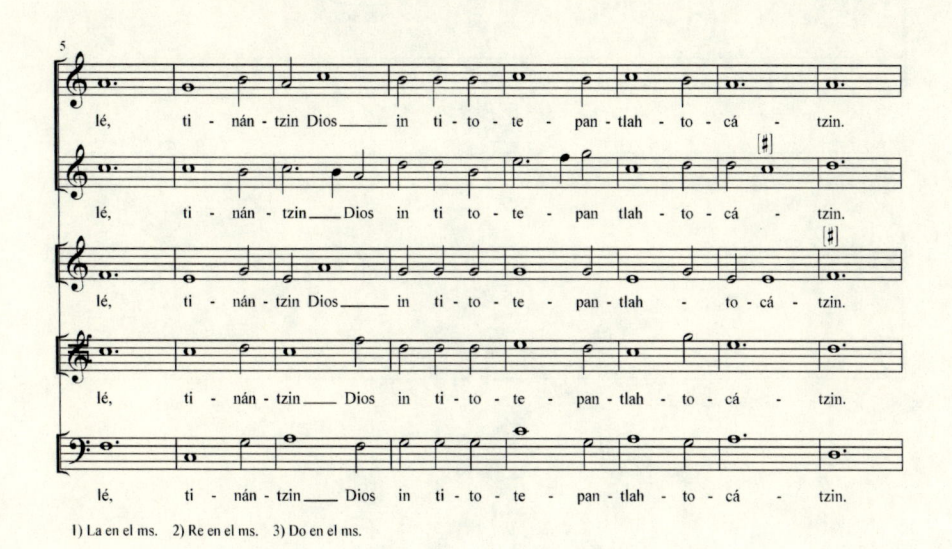

Anexo 1: *Sancta Mariaé*

Hernan don Fran^co (sic)

[Superius 1] Sancta Mariae — In il-huí-cac ci-hua-pil-lé, ti-nán-tzin Dios in ti-to-te-pan-tlah-to-cá-tzin.

[Superius 2] In il huicac cihua — In il-huí-cac ci-hua-pil-lé, ti-nán-tzin Dios in ti-to-te-pan tlah-to-cá-tzin.

[Altus] In il huicac cihua — In il-huí-cac ci-hua-pil-lé, ti-nán-tzin Dios in ti-to-te-pan-tlah to-cá-tzin.

[Tenor] In il huicac cihua — In il-huí-cac ci-hua-pil-lé, ti-nán-tzin Dios in ti-to-te-pan-tlah-to-cá-tzin.

[Bassus] In il huicac cihua — In il-hui-ca ci-hua-pil-lé, ti-nán-tzin Dios in ti-to-te-pan-tlah-to-cá-tzin.

1) La en el ms. 2) Re en el ms. 3) Do en el ms.

13
Ma huel te - hua tzin tó - pan xi - mo - tlah - tol - ti,
Ma huel te - hua - tzin tó pan xi - mo - tlah - tol - ti,
Ma huel te - hua - tzin, tó - pan xi - mo - tlah - tol - ti,
Ma huel te - hua - tzin, tó pan xi - mo - tlah - tol - ti,
Ma huel - te - hua - tzin, tó - pan xi - mo - tlah - tol - ti,

20
al
in ti - tlah - tla - co - hua - - - - - - - - ní - me.
in ti - tlah - tla - co - hua - - - - - - - - ní - me.
in ti - tlah - tla - co - hua - - - - - - - - ní - me.
in ti - tlah - tla - co - hua - - - - - - - - ní - me.
in ti - tlah - tla - co - hua - - - - - - - - ní - me.

Polifonías novohispanas en lengua náhuatl

Anexo II: *Dios Itlaçonantziné*

Transcr.: Juan M. Lara C. 1993

1) En esta parte [ ] el tenor hace 8a. con el Bajo.

POLIFONÍAS NOVOHISPANAS EN LENGUA NÁHUATL

2) Falta una nota para acomodar bien el texto

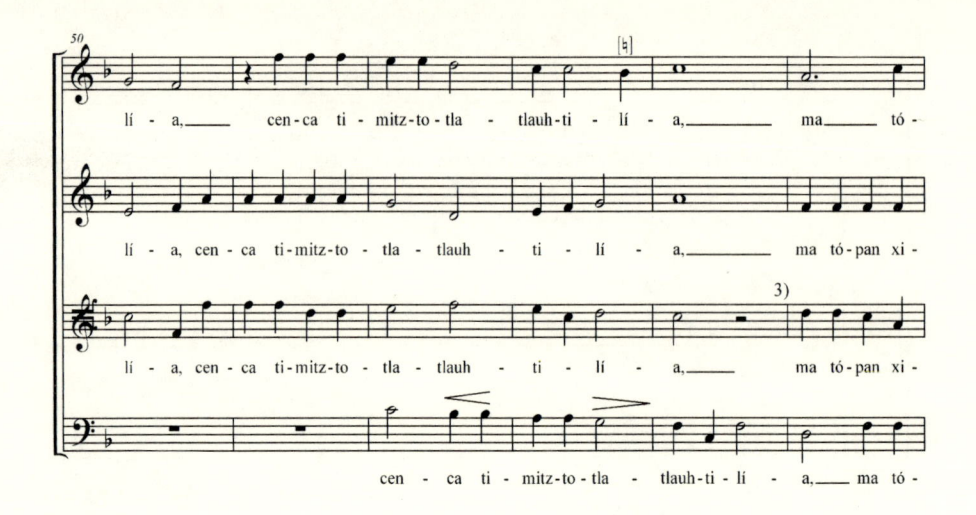

3) Do mínima en el manuscrito al final de este compas.

4) Véase la nota 1

El repertorio italianizado de la catedral de Durango en el siglo XVIII

Drew Edward Davies
   Universidad de Chicago

En Nueva España, los músicos del siglo XVIII, por varias razones, adoptaron modelos italianos de composición e interpretación que cambiaron notablemente el sonido de la música catedralica. La música de este nuevo estilo, con fuertes influencias de los compositores educados en los conservatorios napolitanos, llegó al Nuevo Mundo directamente por medio de músicos emigrantes italianos, y también a través de España, donde la familia real y algunas elites dirigieron la producción cultural fuera de la estética ibérica del siglo XVIII hacia modas paneuropeas. Con más de 600 obras completas de compositores novohispanos y europeos, el archivo musical de la catedral de Durango, en el centro-norte de México, conserva una de las colecciones más extensas de música de estilo italiano de las Américas. Este ensayo considera dos obras del archivo duranguense: un *contrafactum* sacro de una parte de la ópera seria *Demofoonte*, del compositor napolitano Leonardo Leo —basada en un texto del poeta Pietro Metastasio—, y una cantata cromática compuesta por Santiago Billoni, maestro de capilla de la catedral de Durango entre 1749 y 1756. Estas obras demuestran cómo el estilo musical moderno de Italia se adaptó bien a las necesidades espirituales de españoles y novohispanos del siglo XVIII, a pesar de encontrarse en un lugar tan apartado de Europa como lo eran las provincias internas de la Nueva España.[1]

Ante todo, es necesaria una introducción sobre la catedral de Durango y su archivo musical, el cual ha pasado prácticamente inadvertido hasta la fecha en la historiografía musical.[2] La ciudad de Durango está emplazada a lo

---

[1] Esta ponencia forma una parte muy breve de mi tesis doctoral de la Universidad de Chicago, "The Italianized Frontier: Music at Durango Cathedral, Español Culture, and the Aesthetics of Devotion in Eighteenth-Century New Spain", que completaré en 2005.

[2] Algunos estudios que mencionan Durango son: Francisco Antúnez, *La capilla de música de la catedral de Durango*, Aguascalientes, ed. del autor, 1970 (una fuente problemática); Jaime González Quiñones, "The Orchestrally-Accompanied Villancico in Mexico in

largo del Camino Real, aproximadamente a mitad de camino entre El Paso del Norte y la ciudad de México. Fundada en 1563 como asentamiento español en el siglo XVIII, Durango no sólo contaba ya con una identidad urbana como centro eclesiástico y minero conectado con el centro de Nueva España, sino que además era la capital de la provincia norteña de Nueva Vizcaya, enorme, escasamente poblada, y peligrosa.[3] Entre 1621 y 1780, la diócesis de Durango comprendía los actuales estados de Durango, Chihuahua, Sonora, Sinaloa, Nuevo México, Arizona, las Californias y partes de Texas.[4] En 1766, la ciudad de Durango tenía 9 500 habitantes, prominentes edificios religiosos y gubernamentales, barrios con casas de adobe de un solo piso, huertas y minas.[5] En aquella época, la recién edificada catedral de la Inmaculada Concepción de Durango, iniciada en 1694 y ya en funciones en la década de 1730 (aunque faltaba construir la torre este), representaba la modernidad culturalmente articulada más visible de la zona fronteriza, gracias a su diseño alto, estrecho, con torres de tres niveles, una triple nave y unas capillas laterales con cúpulas.[6]

La colección musical de la catedral de Durango incluye 600 obras completas y cientos de fragmentos de compositores duranguenses, novohispanos, ibéricos e italianos del periodo 1720-1810. Todas las obras han sido catalogadas y muchas de ellas transcritas durante el proceso de elaboración de mi estudio en la catedral. Virtualmente, todas estas composiciones se escribieron en estilo italiano para un conjunto primario de una a cinco voces, dos violines y continuo —en ocasiones con instrumentos de viento o trompas— y la

---

the Eighteenth Century", [tesis de doctorado], Universidad de Nueva York, 1985; y, del mismo autor, *Villancicos y cantatas mexicanas del siglo XVIII*, México, Escuela Nacional de Música-UNAM, 1990.

[3] Oakah L. Jones, *Nueva Vizcaya: Heartland of the Spanish Frontier*, Albuquerque, University of New Mexico Press, 1988.

[4] La diócesis de Sonora se separó de Durango en 1780. Véase el mapa correspondiente a ello en William B. Taylor, *Magistrates of the Sacred: Priests and Parishoners in Eighteenth-Century Mexico*, Stanford, Stanford University Press, 1996, p. 28.

[5] Lawrence Kinnaird (tra. y ed.), *The Frontiers of New Spain: Nicolás de Lafora's Description, 1766-1768*, Berkeley, University of California Press, 1958.

[6] Clara Bargellini, *La arquitectura de la plata: Iglesias monumentales del centro-norte de México (1640-1750)*, México, UNAM, 1991; María Angélica Martínez Rodríguez y Joaquín Lorda Iñarra, *La catedral de Durango*, Guadalajara, Amaroma, 2000.

mayor parte de ellas recurre al bajo cifrado, incluso ya avanzado el siglo. Estas composiciones litúrgicas, devocionales e instrumentales (casi todas únicas) atestiguan la difusión de la técnica asociada con la enseñanza del estilo napolitano y se vinculan con frecuencia a las festividades de san Pedro, la Inmaculada Concepción, los Siete Dolores de María, la Asunción, el *Corpus Christi*, san José y Navidad. En Durango hay manuscritos de algunos de los más prominentes compositores italianos del siglo XVIII, entre los que cabe citar a Leonardo Leo, Leonardo Vinci, Gaetano Latilla, Johann Adolf Hasse, Gian Francesco de Mayo, Francesco Durante y Pasquale Anfossi, en ocasiones con letra castellana en *contrafactum* —muy a menudo escrita en la localidad—. El compositor mejor representado es José Bernardo Abella Grijalva, maestro de capilla en Durango entre 1781 y 1784, con más de 60 obras completas. Hay 40 obras completas de Ignacio Jerusalem y 20 de Santiago Billoni. Abundan también composiciones de Giovanni Battista Bassani, Josef Cañada, Francesco Corradini, Juan Corchado, Miguel Matheo Dallo y Lana, José Mariano Domínguez y Cabrera, Juan José Meraz, Joseph de Nebra, Joseph Nieto, Tomás Ochando, Ignacio Ortiz de Zárate, Pedro Rabassa, Francisco Rueda, Josef de San Juan, Manuel de Sumaya y Julián de Zúñiga, entre muchos más.

La música italianizada surge como un estilo internacional que pasa de Nápoles a lugares como Rusia y Perú, por la vía de una difusión paneuropea y colonial en el primer tercio del siglo XVIII.[7] Sin embargo, una línea de pensamiento problemática a la que hacía frente la música catedralicia en el mundo hispánico era el tradicional y consabido rechazo, a aceptar la influencia de los géneros teatrales italianos en la música sacra.[8] No obstante, la historiografía que dió

---

[7] Véase Daniel Heartz, *Music in European Capitals: The Galant Style (1720-1780)*, Nueva York, Norton, 2003; Manuel Carlos de Brito, *Opera in Portugal in the Eighteenth Century*, Cambridge, Cambridge University Press, 1989; Reinhard Strohm (ed.), *The Eighteenth-Century Diaspora of Italian Music and Musicians*, Turnhout (Bélgica), Brepols, 2001.

[8] Benito Jerónimo Feijoo, *Teatro crítico universal*, Madrid, 1726; Mary Neal Hamilton, *Music in Eighteenth-Century Spain*, Nueva York, Da Capo Press, 1971 [1937]; Louise

cuenta de ese rechazo no consideró la amplitud del repertorio o los cambios en la vida devota católica que hicieron atractiva la estética italiana a los autores de música religiosa. La aceptación del estilo apunta a una cultura catedralicia que se ajustaba a los cambios habidos en la práctica devota, generalmente lejos del misticismo colectivo, y que tendían a relaciones de devoción interna más personalizadas, en un siglo marcado por un aumento de la reglamentación. El repertorio italianizado, mejor ejemplificado por arias a solo y dúos, ayudó a los oyentes a canalizar su devoción en formas más personales, gracias al testimonio de cantantes individuales que expresaban su piedad dentro del ritual de la iglesia de una manera que era imposible hacer en los antiguos estilos polifónicos y policorales.

Consideremos el *contrafactum* de un dúo de la ópera seria *Demofoonte* compuesta en 1735 por Pietro Metastasio y Leonardo Leo y conservado en la catedral de Durango.[9] El dúo *da capo La destra ti chiedo* de la escena final del segundo acto fue reescrito en español como *Pues te confieso*, texto piadoso que conservaba el arreglo musical de Leo.[10] Por ahora, no se sabe si el *contrafactum* se creó en España o en Nueva España, aunque sí parece provenir de una fuente única. Este dúo aparece en el clímax emocional del drama de Metastasio, cuando los amantes Dircea y Timante se dicen uno a otro sus adioses después de que Demofoonte los condenó a ambos a muerte; los amantes se juran fidelidad recíproca en la muerte y lamentan su suerte. (Claro está que el propósito del subsiguiente acto de Metastasio es desenredar el lío de identidades equivocadas y apelar a la razón del monarca Demofoonte para que anule las sentencias de muerte y celebre el casamiento de Dircea y Timante.)

Quienquiera que preparase el *contrafactum* de este dúo retuvo hábilmente la mayoría de los sonidos vocales de Metastasio, las líneas de seis sílabas y versos truncados, y utilizó tantas rimas como le fue posible. Por ejemplo, la frase de Metastasio "*mio dolce sostegno*" se reescribió como "mi Dios soberano",

---

K. Stein, "The Iberian Peninsula", en George J. Buelow (ed.), *Music & Society: The Late Baroque*, Englewood Cliffs (NJ), Prentice Hall, 1994; Robert Stevenson, *Music in Mexico: A Historical Survey*, Nueva York, Thomas Crowell, 1952, entre otras fuentes.

9 Durango MS Mus 3A.153 [mi catálogo].

10 RISM 452.006.565 y 450.023.558 son fuentes europeas de *La destra ti chiedo* con la misma música que la usada en Durango.

y "*che barbaro addio*" se transfirió a la perspectiva de la primera persona: "¡qué bárbaro he sido!" En el *contrafactum*, dos cristianos, posiblemente un par de mártires conducidos a la muerte, juran su amor y fidelidad a Dios, y expresan tanto la dificultad como la satisfacción de la vida cristiana. La simple sustitución de un compañero humano por Dios reemplaza el amor secular con el amor divino, y la fidelidad conyugal con la fidelidad religiosa, mientras se conserva la intimidad expresada en la escena original.

Veamos el texto de este *contrafactum*:

Leonardo Leo, música	Anónimo, dúo
Pietro Metastasio, texto	*Pues te confieso*
Demofoonte, II: (estracto),	Catedral de Durango, México
dúo *La destra ti chiedo*	MS Mus 3A.153

Timante:	*La destra ti chiedo,*	Tiple II:	Pues te confieso
	mio dolce sostegno,		mi Dios soberano
	per ultimo pegno,		por único dueño
	d'amore e di fè.		que adora mi fe.

Dircea:	*Ah! questo fu il segno*	Tiple I:	Venérote fino
	del nostro contento;		con gozo y contento
	ma sento che adesso		siendo todo aumento
	l'istesso non è.		al gusto y placer.

| Timante: | *Mia vita, ben mio!* | Tiple II: | Mi vida, bien mío. |

| Dircea: | *Addio, sposo amato.* | Tiple I: | Mi bien dueño mío. |

| A due: | *Che barbaro addio!* | Los dos: | ¡Que bárbaro he sido |
| | *Che fato crudel!* | | homicida y cruel! |

El "contrafactor" tradujo el lenguaje y el escenario de este texto sin alterar los sentimientos que expresa; y tales sentimientos personales, como la fe, la fidelidad y el amor, se aplican a ideas articuladas tanto en la cultura devocional del siglo XVIII, —en la cual los creyentes del catolicismo romano buscaban empatía individual con figuras del panteón religioso— como en la cultura del absolutismo en que la ópera seria florecía. Como Martha Feldman ha demostrado convincentemente, los eventos de la ópera seria no constituían un simple entretenimiento, sino unas actuaciones codificadas del ritual que articulaban las jerarquías sociales y exhibían noble magnanimidad durante las festividades especiales.[11] Gracias a un ejemplo como éste, vemos cómo la ironía y el conflicto interno, tal cual se representaban en los escenarios de la ópera seria, pueden equipararse con situaciones a las que tuvieron que enfrentarse los santos, María, Cristo y otros personajes del panteón eclesiástico. Por ello, la música para un dúo *da capo* tal como *La destra ti chiedo* podía servir como pivote entre un texto teatral que representaba la lucha de amor secular frente al deber —dentro de un marco de absolutismo— y un texto religioso que expresaba sentimientos de amor divino y servicio frente a una necesidad mortal. No es sorprendente que Metastasio facilitase esta compatibilidad en los textos de sus oratorios, que ejemplifican la transferencia de temas histórico-mitológicos de un marco secular a otro sagrado, no a través de un cambio de subjetividad, sino de un cambio del material de origen y del escenario de la actuación.

El estilo musical del dúo, esencialmente galante, con una melodía armoniosa y periódica, con variedad rítmica —que incluye motivos lombardos y apoyaturas— con texturas claras y dinámicos contrastes, es típico del estilo moderno que los posteriores compositores coloniales, con acceso más restringido a las prácticas de enseñanza contemporáneas europeas, usaron como modelos. Este ejemplo ilustra cómo una congregación de la Nueva España escuchaba literalmente música de ópera napolitana en la iglesia como una demostración didáctica de fe y virtud, de acuerdo con los valores estéticos de la época.

---

11 Martha Feldman, *Opera and Sovereignty*, Chicago, University of Chicago Press, 2005, y "Magic Mirrors and the Seria Stage: Thoughts toward a Ritual View", en *Journal of the American Musicological Society*, núm. 48, 1995, pp. 423-484.

La música en la experiencia colonial no sólo se desarrolló a partir de la adquisición de manuscritos musicales, sino igualmente mediante los músicos que emigraron al Nuevo Mundo y que trajeron consigo su preparación europea. Santiago Billoni, maestro de capilla, compositor y violinista en Durango entre 1749 y 1756, emigró de Italia y escribió en un estilo elocuente y virtuoso, característico de sus contemporáneos italianos. Identificado como "un autore romano",[12] Billoni era probablemente miembro de los Biglioni, familia de fabricantes de violines de Roma en los principios del siglo XVIII,[13] se trasladó a Nueva España alrededor de 1730 y contrajo matrimonio en 1738 en Guadalajara.[14] Las cantatas de Billoni para la fiesta de la Virgen de los Dolores se destacan por su uso del cromatismo, la elaboración de pasajes instrumentales y sus venturosas tonalidades que evocan una devoción mariana personal, íntima, casi erótica. Todos estos elementos, además del uso de secuencias, imitaciones y un esquema tonal que contrasta Mi bemol menor (¡!) y Sol bemol mayor, se reúnen en su cantata *Divina madre, ¿podrás sin ternura?* de 1748:[15] un recitativo acompañado y un aria *da capo* que ensaya las ideas principales del texto medieval *Stabat Mater*, generalmente atribuido a Jacopone da Todi.

Música moderna como ésta pudo funcionar con gran eficacia en rituales prominentes recién creados en la Iglesia, tal como la celebración de los Siete Dolores de María, que se elevó a rango doble en 1727, tras un rápido incremento de esa devoción hacia finales del siglo anterior. El *Stabat Mater*

---

12 Escrito sobre la carátula del aria *Podrá la influencia*, Durango MS Mus 2A.146.
13 Renato Menucci, "La costruzione di strumenti musicale a Roma tra XVII e XIX secolo, con notizie inedite sulla famiglia Biglioni", en Biana Maria Antolini, Arnaldo Morelli y Vera Vita Spanguolo (eds.), *La musica a Roma attraverso le fonti d'archivo*, Roma, Libreria Musicale Italiana, 1994, pp. 591-593.
14 Archivo Histórico de la Arquidiócesis de Guadalajara (México), Matrimonios, libro 5, f. 10.
15 Durango MS Mus 2B.18. El texto es: "[Recitativo] Divina madre a fuerza de amor fino, tu corazón divino, herido se quedó de agudo acero tan cruel y severo, que el alma te partió de dura pena, y a no ser Dios quien tu pecho conforta sin duda alguna te quedarás muerta. [Aria:] ¿Podrás, sin ternura, mirar a María en tanta amargura cual nunca se vio? Pues si esta agonía nosotros causamos, ¿por qué no lloramos, pues Cristo murió?"

de Pergolesi, de 1736 (en fa menor), encapsula la intensa interiorización mariana evocada por la devoción y muy posiblemente inspiró a Billoni, así como otra composición moderna, de 1717, *Il Dolore di Maria Vergine* de Alessandro Scarlatti, conocida por el uso del recitativo orquestal.

La trayectoria hacia la devoción interior maduró con el catolicismo iluminado paneuropeo de la segunda mitad del siglo, que las autoridades catedralicas promovieron —en el ambiente multicultural novohispano— contra fuertes rituales de la devoción popular.

Para la catedral y la sociedad española del siglo XVIII, el concepto de "civilización" suponía, en menor medida, la empresa utópica de evangelización y, en mayor medida, la conservación y el autoengrandecimiento de una institución colonial culturalmente alineada con la modernidad europea. A pesar de los desafíos para todo aquel involucrado en la situación colonial —especialmente para quien se vinculaba con la incertidumbre de vivir en una dinámica fronteriza— los músicos en esta y en otras partes de la Nueva España se decidieron por formas musicales modernas derivadas de un marcado intercambio. Si se consideran los objetivos de los músicos europeos de la época, el repertorio de los novohispanos demuestra su integración y la compatibilidad de este estilo con las necesidades piadosas contemporáneas en ambos lados del Atlántico, una historia de la que da testimonio el repertorio de una remota catedral en el norte de la Nueva España.

La catedral de Durango. Fotografía del autor.

¿Y EL ESTILO GALANTE EN LA NUEVA ESPAÑA?

Lucero Enríquez
    Instituto de Investigaciones Estéticas
    Universidad Nacional Autónoma de México

Pudiera parecer retórica la pregunta con que titulo este ensayo. Sin embargo, no lo es y estimo que tiene, además, una justificación, nacida de una combinación de factores. Por un lado, la postura asumida hace más de medio siglo por investigadores de la música en México que ejercieron gran influencia en otros estudiosos y según los cuales no habría nada digno de mencionar después de 1750,[1] cuando el esplendor de la polifonía catedralicia habría empezado a declinar. Por otro lado, la cantidad, calidad y diversidad de obras pertenecientes a los siglos XVI, XVII y primera mitad del XVIII que han sido catalogadas, transcritas, prologadas y grabadas, frente a las cuales parecería ocioso intentar nuevas aproximaciones estilísticas. Finalmente, el entusiasmo que despertaron algunas obras, colecciones de música y autores novohispanos de finales del siglo XVIII y principios del XIX en las nuevas generaciones de musicólogos mexicanos,[2] y que llevó a éstos a considerar unas y otros como testimonios musicales del estilo clásico vienés[3] en la Nueva España, sin proporcionar un

---

[1] Me refiero en especial a Robert Stevenson, *Music in Mexico. A Historical Survey*, Nueva York, Thomas Crowell, 1952, p. 173, y a Otto Mayer-Serra, *Panorama de la música en México: desde la Independencia hasta la actualidad*, México, El Colegio de México, 1941, pp. 23-25 y 68.

[2] Véase Ricardo Miranda, "Reflexiones sobre el clasicismo en México (1770-1840)", en *Heterofonía*, núms. 116-117, enero-diciembre de 1997, pp. 39-50; Jesús Herrera, "El Quaderno Mayner", en *Heterofonía*, núm. 125, julio-diciembre de 2001, pp. 51-62; Mauricio Hernández Monterrubio, "José Manuel Aldana: hacia un nuevo panorama del siglo XVIII", en *Heterofonía*, núm. 125, julio-diciembre de 2001, pp. 9-30.

[3] Me refiero al estilo que, a finales del siglo XVIII, integró características del estilo galante y de estilos nacionales europeos practicados a lo largo de esa centuria y que consolidó, en una estructura musical conocida como forma *allegro de sonata*, una estética y unos principios de composición asumidos en forma universal (los países de Europa central y sus áreas de influencia) y aplicados hasta bien entrado el siglo XIX. Sin entrar en detalles, sólo mencionaré que el término "clásico" se usó, en épocas posteriores, para distinguir ese nuevo estilo del "barroco" y del "galante". En cuanto al adjetivo "vienés", se debió al hecho de que la capital imperial fue el centro musical donde se acrisolaron estilos y donde maduró y se consolidó ese nuevo estilo "clásico", gracias al quehacer de un número sorprendente de excelentes compositores que

análisis estilístico comparativo que permitiera ver el cómo y el porqué habían llegado a esa apreciación. Ese análisis no habría podido pasar por alto la caracterización del estilo galante en vez de simplemente enunciar tal nombre de manera fortuita. Tanto más si se trataba de estudiar la posible influencia que la música de Haydn habría ejercido en la vida musical de la Nueva España, ya que parte considerable de su obra se escribió en dicho estilo.

La pregunta aparentemente retórica del título del presente trabajo se justifica, pues, porque considero que se ha generado una especie de vacío musicológico en lo que atañe al estudio del estilo galante en la música novohispana. De esta consideración partiré para señalar algunos puntos que a mi parecer vale la pena destacar, así como para esbozar posibles líneas de investigación que me propongo seguir en el futuro con el fin de contribuir a subsanar, al menos en parte, esa omisión.

Términos y temporalidades

A mediados del siglo XVIII, el diccionario llamado hoy "de Autoridades"[4] definió *galante* como "bizarro, liberal, dadivoso, agasajador"; *galantería* como "fineza modesta y cortesana", y *bizarro* como "lúcido, muy galán, espléndido y adornado";[5] Daniel Heartz[6] reflexiona y documenta que el término galante es un concepto de larga y compleja historia, vinculado con la palabra que encanta y seduce, con los colores tenues y formas que envuelven, con las dulces melodías que halagan el oído, con el pensamiento moderno y el gusto refinado. Ideas de origen filosófico, artístico, literario y social se funden en esa palabra que en el siglo XVIII pasó a definir lo elegante, lo nuevo, lo que estaba a la moda. Aunque no nació como un término técnico propio de la música, llegó a serlo después de que Heinrich Koch definió cómo se diferenciaba el estilo "estricto" —entendido "estricto" como estilo barroco— del estilo galante:

---

ahí coincidieron en las dos últimas décadas del siglo XVIII, algunos de ellos geniales —me refiero a Haydn, Mozart y Beethoven.

4 Real Academia Española, *Diccionario de autoridades*, edición facsimilar [5 tomos], Dámaso Alonso (dir.), Madrid, Gredos, 1976, (Biblioteca Románica Hispánica).
5 *Ibid.*, *s.v.* galante, galantería, t. IV, p. 6; *s.v.* bizarro, t. I, p. 612.
6 Daniel Heartz, *Music in the European Capitals. The Galant Style: 1720-1780*, Nueva York, W.W. Norton, 2003, pp. 3-65.

1. por medio de muchas elaboraciones de la melodía y de la variación de los tonos melódicos principales; a través de más obvias pausas y cesuras en la melodía, y a través de más cambios en los elementos rítmicos, y especialmente en la sucesión de figuras melódicas que no tienen una relación estrecha entre sí, etc.;

2. por medio de una armonía menos densa;

3. por medio del hecho de que las otras voces simplemente sirven de acompañamiento a la voz principal y no participan en la expresión del sentimiento de la pieza, etc.[7]

Heartz[8] afirma que, después de que Matheson empleó por primera vez el término galante en relación con la música y ejemplificó su significado con once compositores, todos ellos autores de ópera italiana dentro de la tendencia más moderna de la época (la de la ópera de Hamburgo), ningún crítico alemán posterior a él negó que la denominada música *galante* tuviera sus orígenes en el teatro italiano. Así, una palabra de origen francés vinculada con la conversación social pasó a ser, para los críticos alemanes, un término empleado para referirse a la música moderna y más específicamente a la música moderna italiana.

En los países europeos, el estilo galante fue favorecido por tal número de compositores y a lo largo de tal número de años que se pueden distinguir, con suficiencia, etapas y vertientes. La primera etapa derivó del estilo barroco imperante en la primera mitad del siglo XVIII, conocido como barroco tardío.[9] Al estilo galante de esta primera etapa (*ca.* 1720-1740) se le nombraba en ocasiones, aun cuando no en forma consistente, "estilo rococó". En la segunda (*ca.* 1740-1760), los compositores se alejaron e incluso negaron el espíritu y

---

[7] Heinrich Koch, *Musikalisches Lexikon* (Frankfort, 1802), citado por Heartz, *op. cit.*, p. 19, en la traducción de Leonard G. Ratner, *Classic Music: Expression, Form, and Style* (Nueva York, 1980). La traducción del inglés es mía.

[8] Heartz, *op. cit.*, p. 18.

[9] Para ésta, así como para posteriores referencias a las etapas del periodo barroco, me baso en la división y categorización de Bukofzer. Véase Manfred Bukofzer, *Music in the Baroque Era*, Nueva York, W.W. Norton, 1947.

la forma del barroco tardío. Al estilo galante de esta segunda fase se le suele llamar *empfindsamer Styl* o "estilo sentimental". El estilo galante de la tercera etapa (*ca.* 1760-1780), que surge al acrisolarse los excesos y libertades de la primera, al matizarse las novedades introducidas por los compositores de la segunda para deslindarse del "viejo barroco" y, además, al emplearse las técnicas de ejecución orquestal desarrolladas en Mannheim, recibe el nombre de "estilo preclásico". Las fases aquí mencionadas fueron parte de un proceso que se llevó a cabo a lo largo de unos 60 años: de 1720 a 1780, aproximadamente. Sus características permitieron al estilo galante coexistir con el estilo barroco del periodo que va más o menos de 1700 a 1750, o barroco tardío: unas veces en pasajes o secciones galantes dentro de una obra estilísticamente barroca; otras, en obras particulares de un autor que compone mayoritariamente en estilo barroco; ciertamente, a lo largo de varios años y en distintas ciudades; con mucha frecuencia, en diversos grados de magnitud.

Para llegar a identificar un nuevo estilo o una nueva forma musical, se requiere de una larga cadena de hombres y obras que hagan evidente uno u otra al punto de que la visión perspicaz del experto sea capaz de distinguirlos, caracterizarlos y seguir el hilo de lo acontecido, parafraseando a Lang.[10] Ese hilo, en el caso del estilo galante en la Nueva España, en mi opinión no ha sido buscado. Aparentemente, a la cadena le faltarían demasiados eslabones. Sin embargo, en estos apuntes intento esbozar fragmentos de ese hilo que nos permite ver que sí hubo un tránsito en la música de la Nueva España del estilo barroco al galante y de éste al clásico, aunque no lo hemos visto o buscado a pesar de contar ya con varios eslabones de la cadena. Subsanar algún día esta omisión nos brindará una nueva y mejor comprensión de la música y el contexto que la hizo posible a lo largo de los 60 años transcurridos entre 1720 y 1780. Asimismo, nos proporcionará elementos de análisis musical para una valoración estilística de las obras que le antecedieron o le siguieron cronológica y estilísticamente hablando.

---

10 Paul Henry Lang, *Music in Western Civilization*, Nueva York, W.W. Norton & Company, 1969, p. 591.

¿Y EL ESTILO GALANTE EN LA NUEVA ESPAÑA?

Textos y contextos

> Que habiéndose oído, y empezándose a tratar sobre el contenido de dicho escrito [de Ignacio Jerusalem], instruyó el señor chantre sobre lo que había pasado con el dicho maestro de capilla, en punto de la composición de la música para la celebración de las honras de la reina [María Bárbara de Portugal]; expresando que luego que vino la noticia de su fallecimiento, el músico Baltasar de Salvatierra le había dicho que en [el] archivo de la música de esta santa iglesia no había papeles correspondientes a la solemnidad de dichas honras, pues sólo había unos muy antiguos del maestro Basani,[11] que ya no podían servir en la presente por estar la música tan adelantada y distinta de los tiempos pasados.[12]

Me parece evidente que el músico Baltasar de Salvatierra tenía muy claro que se había producido un cambio de estilo hacia 1759. En 1753, Carl Philipp Emanuel Bach,[13] a lo largo de su tratado, hace constante mención de dos estilos: el "erudito" ("estricto", lo llamó Koch), para referirse al estilo barroco en el que escribía su padre —a quien admiraba de manera profunda, aunque en lo estilístico se sentía muy distante de él— y el estilo galante, que él decía practicar. Curiosamente, en la propia catedral de México no sólo el músico Salvatierra era consciente del cambio de estilo, sino también el propio cabildo: "Quinto, que atendiendo a la aptitud de don Ignacio Hyerusalem, *así en todo género de música* como [en tocar] instrumentos, que sea maestro de la escoleta de los niños, como lo es de la de los músicos, pero teniendo presente [que por] ser flojo, que se le amoneste [para que] se aplique con todo esfuerzo a la enseñanza de los niños en todo".[14]

---

[11] Muy probablemente se refiere a Giovanni Batista Bassani (1657-1716), contemporáneo de Corelli y, como éste, exponente del estilo barroco italiano que transita de una segunda época a una tercera. Véase Bukofzer, *op. cit.*

[12] Archivo del Cabildo Catedral Metropolitano de México, en adelante (ACCMM), Actas de Cabildo, libro 44, f. 21, 4 de mayo de 1759. En las transcripciones documentales he desatado abreviaturas, modernizado ortografía, agregado puntuación y conservado arcaísmos.

[13] Carl Philipp Emanuel Bach, *Essay on the True Art of Playing Keyboard Instruments* (trad. y ed. de William J. Mitchell), Londres, Cassell and Company, 1951.

[14] ACCMM, Actas de Cabildo, libro 40, ff. 28v-29, 12 de enero de 1750. Las cursivas son mías.

Aun cuando falta elaborar un catálogo y un estudio sistemático de la obra de Ignacio Jerusalem, de lo que yo conozco no hay duda de que podía componer música sacra y profana, vocal, instrumental y mixta, en ambos estilos, erudito y galante, y en ese sentido entiendo la cita. Ahora bien, si en la catedral de México se practicaban uno y otro estilos y había conciencia de lo moderno y lo antiguo, ¿qué podría haber en la música que se hacía fuera de esa iglesia?

> Al anochecer de este día [6 de enero de 1758] por convite de SS.EE. para alcoba, concurrieron en el real palacio muchas señoras de distinción, á quienes se ministró un amplio refresco, y sabiendo SS.EE. la destreza con que manejaba el violín el señor conde de San Mateo de Valparaíso, le pidieron hiciera alarde de su habilidad, lo que practicó con grande aire; y habiendo concluido, comenzó el festejo con un gran golpe de música que duró hasta la media noche.[15]

En la sociedad de la Nueva España, como bien lo señala Viqueira,[16] las reformas borbónicas y los ideales ilustrados propiciaron grandes contradicciones: debido al conocimiento, el saber y la movilidad social y económica, resultó cada vez más difícil conservar los estamentos basados en criterios étnicos, a pesar del continuo incremento de trabas impuestas para impedir esa movilidad. Por ello no es de extrañar que las minorías selectas, como las caracteriza Brading,[17] hicieran sentir de manera a veces ultrajante las diferencias de *status* y trataran de impedir la permeabilidad socioeconómica, con la pretensión de mantenerse impenetrables, aunque ellas mismas cambiaran caprichosamente de acuerdo con la buena o mala fortuna de mineros, comerciantes y sus herederos, muchos de ellos integrantes de la llamada nobleza pulquera, nuestra nobleza que, a la manera de la europea, bailaba minués y tocaba el violín,

---

[15] José Manuel de Castro Santa-Anna, *Diario de sucesos notables y comprende los años de 1754 a 1756. Documentos para la historia de Méjico*, 6 t., México, Imprenta de Juan R. Navarro, 1854, t. VI, p. 217. Agradezco a Juana Gutiérrez Haces la referencia bibliográfica.

[16] Juan Pedro Viqueira Albán, *¿Relajados o reprimidos? Diversiones públicas y vida social en la ciudad de México durante el siglo de las luces*, México, FCE, 1987, pp. 277-278.

[17] David A. Brading, *Mineros y comerciantes en el México borbónico (1763-1810)*, Roberto Gómez Ciriza, trad., México, FCE, 1997, pp. 233-282 y 403-433.

mientras a la plebe se le castigaba por cantar y bailar el chuchumbé o el pan de jarabe ilustrado, considerados "escandalosos y sacrílegos".[18]

Esa tensión social que amenazaba la estabilidad del virreinato y en la que se manifestaban tendencias opuestas, unas modernas e ilustradas y otras conservadoras y apegadas a la tradición, tiene en los cuadros que representan escenas de la vida cotidiana y, en especial, en los cuadros de castas una expresión muy clara: el cuidado que pusieron los autores en enfatizar la calidad y el lujo de vestidos y joyas de los personajes representados[19] como elementos clave en la estratificación social.

El sarao, detalle de biombo de autor anónimo del siglo XVIII, Museo Nacional de Historia, Castillo de Chapultepec, México. Fototeca del Instituto de Investigaciones Estéticas de la Universidad Nacional Autónoma de México.

En el biombo novohispano anónimo de la segunda mitad del siglo XVIII aquí mostrado, se representa a esa elite a la que he aludido, cuando disfruta de una tertulia como la que refiere Castro Santa-Anna y similar a aquellas en las que floreció el estilo galante europeo. Tertulia semejante a otras en las que muy probablemente

18 Viqueira, *op. cit.*, p. 163.
19 Ilona Katzew, *Casta Painting. Images of Race in Eighteen-Century Mexico*, New Haven & Londres, Yale University Press, 2004, pp. 94-109.

se habrían bailado obras del hoy conocido como manuscrito Hague, comprado en 1790 por José Mateo González en Chalco y que en 1772 había pertenecido a José María García.[20] O tocado algunas de las sonatas de Vargas y Guzmán.[21] Un estudio estilístico de la música profana ejecutada en la Nueva España durante el periodo 1720-1780, y que ya ha sido encontrada, permitiría ver hasta qué punto sucedió en la Nueva España lo mismo que en Europa repecto al estilo galante, el papel que en su definición desempeñaron los *dilettanti* y el desarrollo y auge de ese estilo en la esfera de lo privado, ya fuera el ámbito cortesano o el burgués.

Un pequeño muestrario estilístico

Al hablar de estilos musicales es preciso separar los elementos que los conforman y caracterizan, esto es, ritmo, melodía, tonalidad, textura, sintaxis y aspectos relacionados tales como articulación, instrumentación y dinámica, y, por supuesto, las ideas filosóficas, estéticas o literarias que los motivan.[22]

Para aclarar conceptos que hasta aquí he empleado, y a manera de un ejercicio metodológico, esbozaré algunos de los rasgos que caracterizan tanto el estilo barroco tardío como las distintas etapas del estilo galante. Lo haré mediante el empleo comparativo de fragmentos de unas sonatas de autor anónimo del siglo XVIII que algún día pertenecieron al archivo de música de la catedral de México y fragmentos equiparables de autores centroeuropeos. El ejercicio en sí pretende ilustrar lo que entiendo por análisis estilístico comparativo a que me referí al inicio de este ensayo. Dado el espacio de que dispongo, tal aproximación analítica será, lamentablemente, muy general.

La estética del barroco, basada en la teoría de los afectos y pasiones, se expresaba mediante recursos de composición comunes a obras escritas desde los

---

[20] Manuscrito que hoy se encuentra en el Museo del Suroeste de Los Ángeles, California, Estados Unidos. Véase Craig H. Russell, "El manuscrito Eleanor Hague. Una muestra de la vida musical en el México del siglo XVIII", en *Heterofonía*, núms. 116-117, enero-diciembre de 1997, pp. 51-97.

[21] Juan Antonio de Vargas y Guzmán, *Explicación para tocar la guitarra de punteado por música o cifra, y reglas útiles para acompañar con ella la parte del bajo, Veracruz, 1776*, reproducción facsimiliar, México, Archivo General de la Nación, 1986, vol. II.

[22] Véase William S. Newman, *The Sonata in the Clasic Era*, Nueva York / Londres, W.W. Norton & Company, 1983, pp. 119-123.

últimos años del siglo XVII y hasta finales del periodo barroco, es decir, alrededor de 1750, última etapa del mismo[23] y a la que corresponden Manuel de Sumaya y sus contemporáneos José de Nebra, Johann Sebastian Bach y Georg Philipp Telemann. El principal recurso mediante el que se expresaba el afecto o pasión que regía la obra consistía en expandir un motivo rítmico-melódico inicial, a manera de una madeja que no cesa de desenvolverse, impulsado por un bajo continuo que se mueve con un ritmo armónico rápido, en progresiones armónicas de enlaces del tipo dominante-tónica o tónica-mediante, y que propulsa la melodía a través de secuencias que tienden a intensificar más que a desarrollar el motivo original (1.a y 1.b). En obras escritas para dos o más voces, instrumentos o una combinación de unas y otros, la expansión unimotívica favorece la imitación. Por ello la textura de las obras correspondientes al barroco tardío es generalmente polifónica: voces e instrumentos se imitan empleando el motivo principal como elemento estructurador, además del bajo cifrado que hace explícitas, mediante acordes, las armonías resultantes.[24]

1.a

1.b

1.a: Anónimo, [Sonata] 27, Allegro, tomado del rollo de microfilme 9.4.51.I, Biblioteca del Museo Nacional de Antropología e Historia, edición de Lucero Enríquez en proceso de publicación.

1.b: Johann Sebastian Bach, *Menuet* de *Suites pour le Clavessin* III, tomado de *J.S. Bach, Französiche Suiten*, edición Urtext de Rudolf Steglich, Munich-Duisburg, G. Henle Verlag, s.f.

---

23 Según la división y categorización de Bukofzer. Véase Bukofzer, *op. cit.*
24 Un excelente ejemplo de esto último lo constituye el conocido villancico *Celebren, publiquen, entonen y canten*, de Manuel de Sumaya, en *Cantadas y villancicos de Manuel de Sumaya* (revisión, est. y transcripción, Aurelio Tello), México, Centro Nacional de Investigación, Documentación e Información Musical "Carlos Chávez", 1994, (Tesoro de la Música Polofónica en México, VII), pp. 290-310.

En las obras escritas en el estilo galante de la primera etapa (al que, como señalé líneas arriba, en ocasiones se denomina "estilo rococó"), se flexibiliza la expansión unimotívica del barroco tardío buscando el contraste dentro de la misma obra: se fragmentan y ornamentan las melodías que a su vez tienden a estructurarse particularizando alguna emoción específica (2.a y 2.b), aligerando así la densidad expresiva de la pasión o afecto predominante característica del barroco tardío.[25] Es lo que Koch definió como "muchas elaboraciones de la melodía y de la variación de los tonos melódicos principales".

2.a

2.b

2.a: Anónimo, [Sonata] 39, *Alla francese*, tomado del rollo de microfilme 9.4.51.I, Biblioteca del Museo Nacional de Antropología e Historia, edición de Lucero Enríquez en proceso de publicación.

2.b: François Couperin, *La Majestuese*, Premier Ordre, tomado de *Couperin, Pièces de Clavecin, Livre I*, edición de Brahms & Chrysander, Londres, Augener's Edition, s.f.

La estética que rige el estilo galante de la segunda etapa, conocido en Alemania como *empfindsamer Styl* ("estilo sentimental"), se aleja con toda intención del "viejo barroco" o barroco tardío. La razón ilumina y acota la pasión desbordada, y el refinamiento y buen gusto la restringen y domestican dándole buenos modales. En aras de la expresión y la comunicación, se escriben melodías cantables, sencillas, que transmiten un sentimiento claro y distinto. En lugar del continuo devanar de la madeja unimotívica, la estética galante de esta

---

[25] Pinceladas de este primer estilo galante las encontramos ocasionalmente en Sumaya. Véase el Preludio de la cantada a solo con violines *Si ya a aquella nave*, en *Cantadas y villancicos...*, *op. cit.*, pp. 118-122.

segunda etapa se permite interrumpir el discurso musical mediante cadencias inconclusas, pausas y silencios. Los cambiantes estados de ánimo se expresan mediante variedad de figuras rítmicas y cambios dinámicos y agógicos. Se introducen ideas secundarias que empiezan a gestar estructuras varias, a veces poco claras desde el punto de vista de una esquematización simplista. Son aquéllas la "sucesión de figuras melódicas que no tienen una relación estrecha entre sí", como señala Koch. La textura se adelgaza y se vuelve homofónica. Se tranquiliza el movimiento del bajo dándole un ritmo armónico lento y estable (3.a y 3.b). La mayor parte de las obras del padre Antonio Soler y de Johann Christian Bach así como las primeras de Haydn y del joven Mozart son claros ejemplos de esa estética galante. De las composiciones de Ignacio Jerusalem que conozco, un número considerable corresponde a ella.

3.a: Anónimo, [Sonata] 35, *Cantabile,* tomado del rollo de microfilme 9.4.51.I, Biblioteca del Museo Nacional de Antropología e Historia, edición de Lucero Enríquez en proceso de publicación.

3.b: Domenico Scarlatti, Sonata XXIII (K. 208), tomado de *Scarlatti, Sixty Sonatas in Two Volumes,* edición de Ralph Kirkpatrick, Nueva York, G. Schirmer, 1953.

Caso aparte lo constituye la música escrita por Carl Philipp Emmanuel Bach, paradigma musical del movimiento literario conocido como *Sturm und Drang,* y quien lleva a su máxima expresión las características antes señaladas del *empfindsamer Styl*, aunando a ellas una profundidad y una pasión verdaderamente inconfundibles (4.a y 4.b).

4.a: Anónimo, [Sonata] 46, *Larghetto e gustoso*, tomado del rollo de microfilm 9.4.51.I, Biblioteca del Museo Nacional de Antropología e Historia, edición de Lucero Enríquez en proceso de publicación.

4.b: Carl Philipp Emmanuel Bach, Sonata 6, *Moderato*, tomado de *C. Phil. Em. Bach, Die Württembergischen Sonaten für Klavier, Nr. 4-6*, edición de Rudolf Steglich, Kassel, Nagels Verlag, s.f.

En Mannheim, ciudad convertida en babel de músicos europeos, la música escrita en el estilo galante de la segunda etapa, de melodías sencillas y cantables, de texturas predominantemente homofónicas, con funciones armónicas claramente definidas y estructuradas con base en la tonalidad, y con ideas secundarias ya delineadas como temas contrastantes, ese estilo galante, con las innovaciones orquestales introducidas por Carl Stamitz, acaba por transformarse en el "estilo preclásico" (5.a y 5.b).

Esta última fase del estilo galante —o "estilo preclásico"— en poco tiempo dará lugar al estilo clásico de la escuela de Viena,[26] verdadero crisol de nacionalidades e influencias del que se nutrirá la música de Europa y Nueva España desde finales del siglo XVIII hasta bien entrado el siglo XIX.

---

26   Véase nota 3.

5.a: José Manuel Aldana, *Minuet de variaciones*, tomado del manuscrito *para el uso de Da. Maria/ Guadalupe Mayner./quaderno. de. Lecciones./i varias. piezas. para./Clabe. ó Forte. piano./año/de 1804.*, f. 14v, Fondo Reservado, Biblioteca Miguel Lerdo de Tejada.

5.b: Johann Christian Bach, *Tempo di Minuetto*, tomado de *J.C. Bach, Twelve Keyboard Sonatas, A Facsimile Edition, Set 1 (Opus V)*, Cambridge, Oxford University Press, s.f.

Como lo mencioné antes, el tránsito del estilo barroco al galante se produce en diferentes grados y momentos, como de manera análoga sucederá con el cambio del estilo galante al clásico de la escuela de Viena. Ya en Johann Sebastian Bach y en Georg Philipp Telemann encontramos, sobre todo en sonatas y tríos, pasajes en estilo galante de la primera etapa. En el caso de la Nueva España, como también ya señalé, hay destellos de estilo galante en algunos pasajes de obras de Manuel de Sumaya (*ca.* 1680-1755). De Ignacio Jerusalem (1707-1769), conozco obras que parecen haber sido escritas combinando elementos tanto de las dos etapas primeras del estilo galante como de la tercera ("preclásico"). Las *34 Sonatas de un autor anónimo del siglo XVIII* (probablemente del tercer tercio de esa centuria),[27] constituyen excelentes ejemplos del estilo barroco tardío y de las tres etapas del estilo galante, incluido un ejemplo aunque modesto de la estética de la *empfindsamkeit*, como lo muestran los fragmentos aquí empleados. Las sonatas de Vargas y Guzmán pueden inscribirse dentro de la estética del estilo galante de la segunda etapa.

---

[27] Véase Lucero Enríquez, *Nueva España. 34 sonatas de autor anónimo del siglo XVIII* (impreso que acompaña el CD del mismo título), México, UNAM, 1996. La publicación de los tres volúmenes que abarca esta obra (facsímil, edición Urtext y versión para trío) se encuentra en proceso editorial.

Una veta por explorar

Es lugar común referirse a la influencia que la música y los músicos italianos ejercieron en España, y por tanto en la Nueva España, a lo largo del siglo XVIII. Tanto es así que parece no haber existido interés en investigar aspectos relacionados con posibles influencias en la Nueva España de estilos nacionales provenientes de otros países. Por lo que hace a España tenemos datos contundentes. Alrededor de 1770, el poeta y músico español Tomás de Iriarte escribe : "Gozamos de un depósito abundante / de la moderna música alemana, / que en la parte sinfónica es constante / que arrebató la palma a la italiana."[28]

Diez años más tarde, el mismo Iriarte señala: "Los alemanes y Bohemos [*sic*] se han distinguido modernamente en la música instrumental, dando a su estilo nervioso y armónico la gracia y suavidad expresiva del Italiano."[29]

De ahí que no sorprenda esa especie de concurso entre los condes de Benavente y los duques de Alba a finales del reinado de Carlos III, por tener toda la obra de Haydn que pudieran conseguir.[30] O que en "no pocos archivos"[31] de España se conserven manuscritos de compositores extranjeros de la llamada escuela de Mannheim.

Echemos ahora un vistazo al "Avalúo de los papeles de música pertenecientes al albaceazgo del difunto padre don José Fernández de Jáuregui, año de 1801".[32] Según este documento, en la música impresa y manuscrita de venta en su librería de la ciudad de México en 1801, predo-

---

28 Cit. en Antonio Gallego, *La música en tiempos de Carlos III*, Madrid, Alianza Música, 1988, p. 108.
29 Cit. en Antonio Martín Moreno, *Historia de la música española*. (4). *Siglo XVIII*, Madrid, Alianza, 1996, p. 283.
30 Gallego, *op. cit.*, pp. 102-105.
31 Moreno, *op. cit.*, p. 284.
32 Archivo General de la Nación, Galería 4, Ramo Tierras, vol. 1334. Si bien el extenso expediente inicia con el número de folio 522, de hecho su foliación es discontinua, inconsistente y por tanto confusa. El "Avalúo" ocupa las fojas 27-53 del Cuaderno primero de los autos correspondientes al juicio testamentario promovido por los herederos "del bachiller José Fernández de Jáuregui, vecino que fue de esta ciudad, presbítero […] dueño de la librería de la esquina de Tiburcio […] y de la imprenta de la esquina de Tacuba y Santo Domingo…", 21 de noviembre de 1804, f. 2.

minaban las obras de autores "alemanes y Bohemos": Dittersdorf, Stamitz, Abel, Ducek [*sic*] (Dusek), Bacc [*sic*] (Bach), Mozart, Pleyel, Hoffmeister, Hayden [*sic*] (Haydn), Aydn [*sic*] (Haydn), Hozeluch [*sic*] (Kozeluch), Sterkel, Kammel y Horn. La presencia de estos dos últimos personajes radicados en Londres sobresale por el hecho que corresponden a compositores no muy brillantes, aunque sí activos editores de Johann Sebastian, Johann Christian y Carl Philipp Emmanuel Bach, Joseph Haydn y Wolfgang Amadeus Mozart.

Establezcamos ahora un posible vínculo:

> ... un catorce por ciento de extranjeros, entre franceses, holandeses, ingleses, irlandeses, genoveses y hamburgueses, manejaban casas y negocios asentados en Cádiz, asociados todos con el tráfico americano [...] y que una vez obtenida la carta de naturaleza de su propietario no español [para fundarlas] [...] con el *comercio libre*, y más aún con el *comercio neutral*, se repatriaron a sus respectivas naciones y *comerciaron directamente con Nueva España a través de Londres.*[33]

Dos de los compositores que mayor influencia ejercieron en esa pléyade de "alemanes y Bohemos", incluido el joven Mozart, fueron hijos de Johann Sebastian Bach. Uno de ellos, Johann Christian Bach, vivió a partir de 1762 y hasta su muerte, ocurrida en 1782, en Londres, donde se publicó buena parte de su obra. El otro, Carl Philipp Emmanuel Bach, casado con la hija de un comerciante de vinos de apellido Dannemann, una vez que dejó la corte de Federico el Grande y se estableció en Hamburgo en 1768, se convirtió en un exitoso hombre de negocios que exportaba vinos y buscaba difundir en el extranjero su propia obra y la de sus contemporáneos, especialmente la dedicada a "aficionados y amantes de la música".[34] La música que

---

[33] Carmen Yuste, "El renacimiento de la historia del comercio colonial", en Virginia Guedea y Leonor Ludlow (coords), *El historiador frente a la historia. Historia económica en México*, México, Instituto de Investigaciones Históricas-UNAM, 2003 (Serie Divulgación, 4), pp. 47-62, 57-58. Las cursivas son mías.

[34] Carl Philipp Emanuel Bach, *op.cit.*, pp. VII-IX; Walter Haacke, *Die Söhne Bachs*, Königstein im Taunus, Karl Robert Langewiesche Nachfolger (Langewiesche-Bücherei), 1962, pp.

tocaban "…estos aficionados filarmónicos [de] gustos 'extraños' [que] sabían leer música, algunos eran capaces hasta de componerla, les gustaba tocar instrumentos no habituales, y, sobre, todo, se volvían locos por la música instrumental alemana …"[35]

La llegada, diseminación e influencia de esta música instrumental alemana en la Nueva España, además de las obras de Haydn de las que hay diversas constancias documentales, constituye una línea de investigación aún por explorar.

Conclusión

El estilo galante florece en los salones nobles y de la alta burguesía centroeuropea y española, justamente en la música instrumental tocada por *dilettanti*. Las sonatas de Domenico Scarlatti compuestas para María Bárbara de Portugal, o las de Johann Joachim Quantz para Federico el Grande, son excelentes pruebas de ello. En la Nueva España, la pintura y la crónica nos proporcionan un contexto con todos los elementos necesarios para inferir que también aquí sucedió lo mismo. Y, aunque aún son pocas las obras galantes que conocemos, a partir de ellas podemos aventurar que así fue. Vale la pena proseguir la búsqueda y profundizar el trabajo con las que ya tenemos.

En el "Avalúo" mencionado destaca la foja 45 vuelta, en la que consta que en el legajo 37 de la tienda hay música impresa "antigua". Los autores "antiguos" eran, en 1801, compositores italianos del barroco medio y tardío: Corelli, Tartini, Albinoni, Vivaldi y Locatelli. Si bien los dos últimos se contaron entre los compositores barrocos que incorporaron elementos del estilo galante a sus obras —en las que predominaba el estilo "estricto"— resulta evidente que ninguno de los compositores que escribieron mayoritariamente dentro del estilo galante —en cualquiera de sus etapas— se encuentra mencionado en ese legajo de "música antigua".

8-23 y 48-59.
35 Gallego, *op. cit.*, p. 108.

¿Y EL ESTILO GALANTE EN LA NUEVA ESPAÑA?

Un nuevo estilo y una nueva forma musical no surgen en un año determinado ni llegan con una obra en particular,[36] sino que son el resultado de procesos que a su vez se desenvuelven en etapas paulatinas. Con los eslabones que hoy tenemos podemos decir que entre el estilo barroco y el estilo clásico floreció el estilo galante en Nueva España y que, ciertamente, se ha generado un vacío musicológico al obviar su estudio u omitirlo del todo.

---

[36] Véase Ricardo Miranda, *op. cit.*, p. 43.

Compendium musicae de Descartes

María Teresa Ravelo
>Instituto de Investigaciones Estéticas,
>Universidad Nacional Autónoma de México

>...tan pronto como estuve en edad de salir de la sujeción en que me tenían mis preceptores, abandoné el estudio de las letras; y, resuelto a no buscar otra ciencia que la que pudiera hallar en mí mismo o en el gran libro del mundo, empleé el resto de mi juventud en viajar, en ver cortes y ejércitos, en cultivar la sociedad de gentes de condiciones y humores diversos, en recoger varias experiencias, en ponerme a mí mismo a prueba en los casos que la fortuna me deparaba y en hacer siempre reflexiones sobre las cosas que se me presentan, que pudiera sacar algún provecho de ellas.[1]

Con estas palabras describe Descartes, en la primera parte del *Discurso del método*, los años en que se definió su vocación. Durante esta etapa de aprendizaje en el "gran libro del mundo" ingresó en la milicia; sin embargo, no queda claro si eligió la carrera de las armas por convicción o sólo para viajar. Si bien la mayoría de los biógrafos se inclinan por la segunda razón, Rodis-Lewis opina: "Se ignora si sólo asistió a batallas o participó en el principio de esa guerra que iba a durar treinta años..."[2]

La primera escala de Descartes en ese periodo fue Breda, donde se incorporó como voluntario en el ejército del príncipe Mauricio de Nassau, al servicio de Holanda. Llegó ahí a comienzos de 1618, cuando tenía veintidós años, y permaneció quince meses. En el otoño de ese año conoció al científico holandés Isaac Beeckman, con quien inició una cá-

---

[1] A.T., vi, 9. Para las citas de Descartes, se usará la convención internacional A.T., número de volumen en romano, página(s) en arábigo(s), lo cual se refiere a *Oeuvres de Descartes*, edición de Charles Adam y Paul Tannery, París, Librairie Philosophique J. Vrin, 1996, 11 vols.; *Discurso del método*, traducción de Manuel García Morente, Buenos Aires, Espasa-Calpe, 1937, p. 38.

[2] Geneviève Rodis-Lewis, *Descartes. Biografía*, traducción de Isabel Sancho, Barcelona, Ediciones Península, 1996, p. 42.

lida amistad y una colaboración teórico-experimental que influyó en la evolución de sus ideas.

Beeckman estaba interesado en todos los campos de la ciencia, incluida la música, y, aunque no dejó ninguna obra publicada, llevó un diario que reúne notas científicas y detalles personales, hallado por Cornelius Waard en la biblioteca de Middelburg, en junio de 1905, y editado en La Haya en cuatro tomos entre 1939 y 1953. Sus apuntes se refieren al problema de la vibración de los instrumentos musicales, asociado con la cualidad de las consonancias, y a una teoría de la naturaleza corpuscular del sonido. Su principal aportación en el campo de la naciente acústica fue formular, antes que Mersenne y Galileo, una ley sobre la vibración de las cuerdas.[3]

La música y sus fundamentos físico-matemáticos figuraban entre los temas de las primeras conversaciones de Beeckman y Descartes. Como respuesta a las discusiones y los experimentos en que se ocuparon, Descartes escribió en latín, entre el 10 de noviembre y el 31 de diciembre de 1618, un breve tratado, *Compendium musicae*, que le envió a su nuevo amigo como obsequio de año nuevo con esta dedicatoria:

> ...consiento que este hijo de mi espíritu, tan informe y semejante al feto de una osa recién nacido, llegue a tus manos para que sea como un recuerdo de nuestra amistad y el testimonio más auténtico del cariño que te tengo. Pero con esta condición, si te parece bien; que, oculto siempre en las sombras de tu archivo o de tu escritorio, no sufra el juicio de otros.[4]

Beeckman no sólo es el destinatario del texto sino, además, el único lector a quien se dirige. Descartes nunca tuvo intención de publicar su *Compendium*.

---

[3] Para conocer más detalles sobre la teoría musical de Beeckman, véanse los artículos de Frédéric de Buzon, "Science de la nature et théorie musicale chez Isaac Beeckman (1588-1637)", *Revue d'Histoire des Sciences*, núm. 2, 1985, pp. 97-120; y "Descartes, Beeckman et l'acoustique", *Archives de Philosophie*, vol. 44, núm. 4, julio-septiembre de 1981, Bulletin Cartésien, x, pp. 1-8.

[4] A.T., x, 140-141; *Compendio de música*, traducción de Primitiva Flores y Carmen Gallardo, introducción de Ángel Gabilondo, Madrid, Tecnos, 1992, p. 112 (en adelante *Compendio*).

Junto con la condición de que no sufriera "el juicio de otros", expresó la conciencia de que sus ideas aún se hallaban en estado embrionario. Este su primer escrito tiene el carácter de "obra mejorable"; quizá, como observa Gabilondo, nunca pretendió ser una *obra*. El propósito de elaborar un tratado musical quedó como tarea pendiente. En una carta del 4 de febrero de 1647, el filósofo francés le manifestó a Constantijn Huygens: "Si no muero antes de llegar a viejo, desearía aún escribir algún día acerca de la teoría de la música".[5]

La música pertenecía al *quadrivium* y formaba parte del programa de estudios de cualquier colegio de la época. El prestigioso colegio jesuita de La Flèche, donde estudió Descartes, tenía en su acervo lo más avanzado de la teoría musical del siglo XVI. Aunque no se conocen detalles, es probable que ahí haya leído él por primera vez sus fuentes musicales. A pesar de su inclinación por la música, Descartes confesaba que no tenía "oído" para los intervalos, pero podía tocar el laúd y la flauta. Salvo Huygens y Mersenne, no hay testimonios de que el filósofo francés tuviera contacto con otros músicos ni de que participara en la vida musical de su tiempo.[6]

Aunque la música no es el motivo central, Descartes recurre a ejemplos musicales en obras posteriores, como las *Reglas para la dirección del espíritu* (1628), el *Tratado del hombre* (1633) y el *Discurso del método* (1637). La correspondencia con Mersenne, sostenida entre 1630 y 1634, se dedica casi exclusivamente a la música, por ello constituye una importante adenda del *Compendium*. Pero, antes de entrar en su contenido, es preciso conocer el destino por el cual este tratado de uso privado pasó al escrutinio público.

El deseo de que el *Compendium* permaneciera oculto no se cumplió. El texto se leyó y se copió varias veces; sin embargo, se desconoce el paradero del manuscrito original. A partir de fuentes directas e indirectas, Buzon reconstruye el itinerario de la obra hasta que se le pierde el rastro.[7]

---

5 A.T., IV, 791; citada en *Compendio*, p. 112, n. 52.
6 Tuomo Aho, "Descartes's Musical Treatise", en *Acta Philosophica Fennica*, vol. 64, 1999, pp. 233-234.
7 Frédéric de Buzon, "État des sources. Établissement du text", en René Descartes, *Abrégé de musique. Compendium musicae*, edición bilingüe, nueva edición en latín, traducción francesa, presentación y notas de Frédéric de Buzon, París, Presses Universitaires de Fran-

El texto enviado a Beeckman fue el manuscrito original, ya que no hay evidencia de que Descartes conservara una copia de su trabajo. Por la correspondencia con Mersenne se sabe que el *Compendium* regresó y permaneció con su autor: en una extensa carta del 18 de diciembre de 1629, donde se tocan varias cuestiones musicales, se menciona la recuperación del original, el cual había permanecido once años entre las manos del físico holandés; en otras dos cartas (18 de marzo de 1630 y octubre o noviembre de 1631), se citan pasajes del tratado.[8] No vuelve a encontrarse otra referencia hasta el inventario de Estocolmo, levantado por Chanut el 14 de febrero de 1650, tres días después de la muerte de Descartes. Este manuscrito pasó por varias manos y el último testigo que lo cita es Baillet en su *Vie de Monsieur Descartes*, publicada en 1691. Se sabe que aún existía en 1705, pero después desapareció.

El mismo Beeckman desatendió las condiciones de Descartes: entre 1627 y 1628, mandó hacer una copia del *Compendium* y de otros escritos suyos, los cuales se conservaron con su diario. A pesar de ciertos defectos, este ejemplar se basa totalmente en el manuscrito original.

De las tres copias manuscritas que actualmente sobreviven junto con el manuscrito de Beecckman, el segundo documento en orden cronológico es el que se resguarda en la biblioteca de Leiden, entre los papeles de Huygens. En la parte superior de la portada ostenta la fecha "mart. 1635", pero no se aclara si se refiere a la elaboración o a la de adquisición del manuscrito. Una tercera copia, elaborada alrededor de 1640, forma parte de un cuaderno de notas del matemático Frans van Schooten Jr., y se conserva en la biblioteca universitaria de Groninga. En la British Library de Londres se encuentra un cuarto ejemplar, hecho entre 1649 y 1650.

El *Compendium* se publicó por primera vez en Utrecht, poco después de la muerte de Descartes, en 1650. En una advertencia preliminar, los editores declaran:

---

ce, 1987, pp. 19-49.

[8] A.T., i, 100, 133 y 229, respectivamente; citadas en Frédéric de Buzon, "État des sources. Établissement de text", p. 21.

> Benévolo lector: El autor de este *Compendio de música* es tan conocido y famoso, que incluso su solo nombre sería suficiente para recomendar la obra [...] habiendo llegado a nosotros un ejemplar pulcramente copiado por un discípulo suyo, no hemos podido por menos que hacerlo de dominio público.[9]

La primicia editorial, sin embargo, no satisfizo a los primeros lectores de Descartes, quienes coincidieron en criticar la calidad de esta edición *princeps*, que puede pasar por defectuosa o por lo menos por poco cuidada. La publicación presenta un problema más importante: el origen y la confiabilidad de la fuente manuscrita. Ha sido y aún es materia de conjeturas la identidad del discípulo anónimo, si la copia se hizo del original o de segunda mano, cómo y por qué llegó a los impresores, además se ignora el paradero de este manuscrito.[10]

Es innegable que el nombre de Descartes favoreció la fortuna inicial del *Compendium* y contribuyó, paradójicamente, a su difusión. El texto se integró en ediciones colectivas de obras del filósofo francés. Antes de que finalizara el siglo XVII, se reeditó dos veces en Amsterdam (1656 y 1683) y una en Fráncfort (1695), se tradujo al inglés (1653), se publicaron dos ediciones en holandés (1661 y 1692) y se editó la versión francesa (1668), única traducción realizada directamente del manuscrito original, la cual se recogió en publicaciones de siglos posteriores (1724 y 1826). En 1908 apareció la edición latina moderna, a cargo de Adam, en el décimo tomo de las obras completas de Descartes.[11]

El *Compendium*, como lo indica su nombre, no es un tratado exhaustivo de teoría musical, así que comparar las 58 páginas de la edición *princeps* de 1650 con los voluminosos tratados de la época sería poco razonable. En el estudio de este breve texto debe tenerse en cuenta que fue escrito para uso pri-

---

[9] A.T., x, 79; *Compendio*, p. 51.
[10] Frédéric de Buzon, "État des sources. Établissement du text", pp. 30 y 35.
[11] A.T., x, 79-150. Para este trabajo se consultaron las versiones de Adam, de Flores y Gallardo, de Buzon y *Compendium of Music (Compendium musicae)*, traducción de Walter Robert, introducción y notas de Charles Kent, s.l., American Institute of Musicology, 1961. Para más detalles sobre las ediciones antiguas y otras traducciones del *Compendium*, véase la bibliografía incluida en *Compendio*, pp. 43-45.

vado y no tuvo una versión final. Descartes no sintió la necesidad de profundizar en aspectos teóricos, pues dio por sentado que su lector, Beeckman, los conocía muy bien. En una carta del 24 de enero de 1619, dirigida al científico holandés, Descartes reconoce que "la explicación en él es indigesta, confusa y demasiado corta".[12]

En el diario de Beeckman y en el *Compendium* se describen experimentos de Descartes con un laúd y una flauta. Es probable que él tuviera a la mano estos dos instrumentos cuando escribió su texto:

> ...en las cuerdas de un laúd: cuando se pulsa alguna de ellas, las que son más agudas una octava o una quinta vibran y resuenan espontáneamente; sin embargo, las más graves no actúan así, al menos aparentemente [...] las flautas: si se sopla dentro de ellas más fuerte de lo habitual, al punto exhalan un sonido una octava más agudo.[13]

El único autor citado en el *Compendium* es Gioseffo Zarlino, el gran teórico y compositor del siglo XVI. Esta referencia daría a entender que Descartes es *zarliniano*. No hay duda de que el filósofo francés conoció *Le istituzioni harmoniche* (1558) de Zarlino; pero, antes de optar por semejante apelativo, conviene tener en cuenta otras influencias, como la del propio Beeckman y las de Aristóteles, Cicerón, la Camerata Florentina y Vincenzo Galilei.[14]

De origen, el *Compendium* tiene trece capítulos, o *tratados* según la terminología de Descartes, pero más vale reagruparlos y no seguir esta división entre el cuarto y el undécimo si se quiere tener en mente un sumario más preciso: así, quedaría dividido en seis capítulos generales; el cuarto se ordenaría en tres apartados, el primero de los cuales se subdividi-

---

[12] A.T., x, 153; *Compendio*, p. 112, n. 52.
[13] A.T., 97, 99; *Compendio*, pp. 67, 70.
[14] Véanse Frédéric de Buzon, "Présentation", pp. 7-9; Brigitte van Wymeersch, "L'esthétique musicale de Descartes et le cartésianisme", en *Revue Philosophique de Louvain*, vol. 94, núm. 2, mayo de 1996, p. 274; y Jan Racek, "Contribution au problème de l'esthétique musicale chez René Descartes", en *La Revue Musicale*, núm. 109, noviembre de 1930, pp. 293-295, 297-298.

ría, a su vez, en cuatro secciones. Además se incluyen diagramas, cuadros y ejemplos musicales, lo cual da un total de veinticuatro ilustraciones.

Al comienzo del tratado, Descartes define tanto su objeto de estudio como el objetivo implícito de su texto:

> Compendio de música. Su objeto es el sonido. Su finalidad es deleitar y provocar en nosotros pasiones diversas [...] Los medios para este fin o, si se prefiere, las principales propiedades del sonido son dos, a saber, sus diferencias en razón de la duración o tiempo, y en razón de la altura relativa al agudo o al grave. Porque lo que se refiere a la naturaleza del propio sonido, es decir, de qué cuerpo y de qué modo brota más agradablemente, es asunto de los físicos.[15]

Estas palabras iniciales anticipan los alcances y el desarrollo del texto: qué va a tratar, pero también implican una exclusión: *qué no va a tratar*. Descartes estudiará dos propiedades del sonido, duración y altura, y dejará de lado el timbre y la intensidad. El doble fin de la música, agradar y provocar pasiones, no es una concepción exclusiva del joven filósofo, ya que era una idea muy extendida en la época.[16] ¿Cómo se explicará la relación entre el sonido, el agrado y las pasiones?

Descartes desarrolla su teoría de acuerdo con ocho principios generales enunciados en el segundo capítulo. La base de este marco teórico-conceptual es una teoría de la proporción, cuyos antecedentes se encuentran en la teoría pitagórica del sonido y en las tesis de Aristóteles sobre el placer sensorial, una y otras sustentadas en el concepto de proporción que en la Grecia antigua, además de un método matemático, fue una doctrina expresada en casi todas las áreas del conocimiento. Con estos recursos, el joven filósofo intenta proponer criterios y condiciones generales de la percepción y del placer artísticos.

---

15 A.T., x, 89; *Compendio*, pp. 55-56.
16 Una formulación similar se encuentra en la introducción de composiciones vocales del cantante y compositor italiano Giulio Caccini *Nuove musiche* (1601): "il fine del musico, cioe dilletare, e mouvere l'affeto dell'animo", citado en Jan Racek, *op. cit.*, p. 205, n. 2.

En el *Compendium*, se examina el ritmo y el tiempo antes que la altura. Ambos se conciben como elementos autónomos, independientes y suficientes para la emoción: "la fuerza del tiempo es tal en la Música que puede producir cualquier placer por sí mismo, como es evidente en el tambor, instrumento militar, en el que no cabe considerar otra cosa que la medida".[17] Se confiere un papel importante a la danza y se esboza un modelo de percepción donde la medida, el pulso y la acentuación apoyan la memoria y la imaginación para captar las relaciones sonoras como una unidad.

La parte más extensa del opúsculo, dedicada a la altura, puede dividirse en tres momentos: una teoría de las consonancias, que incluye un estudio general y uno particular de cada una; las cuestiones relativas a los grados y a la formación de la escala, y una explicación de los sonidos disonantes admitidos en la música. Descartes emplea la división de una cuerda y las proporciones entre sus distintas longitudes para el cálculo de los intervalos consonantes; de ahí obtiene un primer catálogo idéntico al de teóricos anteriores como Zarlino: octava, quinta y cuarta, consideradas desde los griegos como consonancias, más terceras y sextas. Sin embargo, el criterio numérico parece insuficiente si se quiere indagar cuál consonancia es más perfecta y agradable; Descartes recurrirá, entonces, a la experiencia física de la resonancia e introducirá elementos fisiológicos y psicológicos en su clasificación. Así, mientras la octava "es la primera de todas las consonancias y [...] la que más fácilmente se percibe", la quinta "es la más agradable de todas [...] y la más dulce [...], pues sus términos ocupan más plenamente el oído".[18] En esta teoría se introduce una distinción entre consonancias por sí mismas y consonancias derivadas de otras, por accidente; se concibe la cuarta como "monstruo de la octava" o "sombra de la quinta", y se considera la tercera mayor o ditono; un intervalo más perfecto por sus armónicos:

---

[17] A.T., x, 95; *Compendio*, pp. 65-66.
[18] A.T., x, 98-99, 105, 106; *Compendio*, pp. 69-70, 76, 77.

> ...sólo la quinta y el ditono pueden ser generados propiamente por la división de la octava, y todas las demás por accidente. Pues lo he experimentado en las cuerdas de un laúd o de cualquier otro instrumento: si se pulsa una de éstas, la fuerza del propio sonido golpeará todas las cuerdas que sean más agudas en cualquier clase de quinta o de ditono; en cambio, esto no sucede con aquellas que están distantes una cuarta u otra consonancia.[19]

En los dos últimos capítulos, Descartes trata algunos aspectos prácticos de la música: incluye nueve reglas para componer "sin grave error ni solecismo" y "para mayor elegancia y simetría"; explica brevemente recursos técnicos de composición musical, y menciona doce modos, sin entrar a fondo en el número, el orden y el nombre.[20]

Si bien el *Compendium* inicia con el propósito de explicar la influencia de la música sobre las pasiones humanas, Descartes reconoce que el asunto merece un examen más riguroso que el que en esos momentos puede ofrecer y al final del texto lo deja como tarea pendiente:

> ...una investigación más precisa sobre este tema supone un conocimiento más profundo de los movimientos del alma [...]
>
> Y ahora, ciertamente, debería tratar a continuación por separado cada movimiento del alma que la Música puede excitar, y debería mostrar por qué grados, consonancias, tiempos y otras cosas semejantes deben ser excitados tales movimientos; pero esto excedería los límites de un compendio.[21]

El estudio minucioso de las pasiones quedará postergado más de treinta años, hasta la última obra del filósofo francés: *Las pasiones del alma* (1649).

El *Compendium* es una obra problemática. Quizá las alusiones que a ella se hacen en la bibliografía especializada se deban al prestigio del autor;

---

19 A.T., x, 103; *Compendio*, pp. 73-74.
20 A.T., x, 132-140; *Compendio*, pp. 102-11.
21 A.T., x, 95, 141; *Compendio*, pp. 65, 112.

sin embargo, muchas no pasan de ser un mero dato o un breve comentario. La primera monografía que trata el tema es de Pirro y data de 1907; hay, además, una investigación de Wymeersch de 1999.[22] La fuente más profusa sobre el escrito de Descartes la constituyen artículos que presentan diversas interpretaciones, mas no hay consenso respecto a su naturaleza y la valoración de la obra es ambigua: se fluctúa entre considerarla un texto de teoría musical, de armonía, de acústica, de estética, un planteamiento inmerso aún en un animismo naturalista o, contrariamente, el germen del método y del racionalismo que distinguirán a su autor.[23]

Así, con estos antecedentes, varias preguntas surgen en torno a este breve tratado, que es prudente considerar *precartesiano*: ¿se trata sólo de un boceto?, ¿es un texto juvenil valioso como testimonio?, ¿cuáles son sus aportaciones?, ¿puede extraerse de él una visión del arte?, ¿permite comprender la música más allá de las fronteras y las circunstancias en que se concibió? Sólo un análisis cauteloso y detallado de su contenido responderá estas interrogantes.

---

[22] André Pirro, *Descartes et la musique*, reedición, Ginebra, Minkoff, 1973; Brigitte Wymeersch, *Descartes et l'évolution de l'esthétique musicale*, s.l., Mardaga, 1999.

[23] Arthur Locke, "Descartes and Seventeeth Century Music", en *The Musical Quarterly*, núm. 21, 1935, pp. 423-431; Louis Prénant, "Esthétique et sagasse cartésienne", en *Revue d'Histoire de la Philosophie et d'Histoire Générale de la Civilisation*, núms. 29-30, enero-marzo y abril-junio de 1942, pp. 3-13, 99-114; O. Revault d'Allones, "L'esthétique de Descartes", en *Revue de Sciences Humaines*, enero-marzo de 1951, pp. 50-55; Manuel Rolland, "Descartes et le problème de l'expression musicale", en *Descartes, Cahiers de Royaumont, Philosophie II*, París, Ed. de Minuit, 1957; Bertrand Augst, "Descartes's Compendium on Music", en *Journal of the History of Ideas*, núm. XXVI, enero-marzo de 1965, pp. 119-132; Geneviève Rodis-Lewis, "Musique et passion au XVIIe siècle (Monteverdi et Descartes)", en *Bulletin de la Société d'Études du XVIIe siècle*, núm. 92, 1971, pp. 81-98; Frédéric de Buzon, "Sympathie et antipathie dans le *Compendium musicae*", en *Archive de Philosophie*, núm. 46, 1983, pp. 647-653; Adolfo Salazar, "Descartes, teórico de la música", en *Heterofonía*, vol. XIX, núm. 1, enero-febrero-marzo de 1986, pp. 39-43; Leticia Rocha Herrera, "La estética y el *Compendium musicae* de Descartes", en *De la filantropía a las pasiones*, México, Facultad de Filosofía y Letras-UNAM, 1994, pp. 145-172; J. César Guevara Bravo, "El *Compendium musicae* como una búsqueda para encontrar la relación entre el objeto y el sentido", en *Descartes y la ciencia del siglo XVII*, México, Facultad de Ciencias-UNAM, 1999, pp. 160-179.

El escenario y los actores
de la vida musical: encuentros y hallazgos
Segunda parte. Personajes, capillas de música, enseñanza

La música en las catedrales de la Nueva España. La capilla de Valladolid de Michoacán (siglos xvi -xviii)

Óscar Mazín
> Centro de Estudios Históricos
> El Colegio de México

El largo siglo xvii fue en la Nueva España, como el xiii en Europa occidental, un siglo de catedrales. No sólo a causa de la construcción definitiva de las iglesias que, *grosso modo*, tuvo lugar entre 1570 y 1750, sino sobre todo debido a la organización de numerosos grupos sociales en torno a ellas y bajo los auspicios de su clero. Ahora bien, uno de los rasgos esenciales de ese proceso fue, al parecer, el de una estrecha correspondencia de las catedrales entre sí. La historia de un ciclo mexicano de las catedrales no es posible, sin embargo, con independencia del cabildo, ese cuerpo colegiado de clérigos encargado a largo plazo no sólo del culto, sino también de la construcción y de la gestión de las iglesias.

La investigación sobre los cabildos catedrales se ha iniciado apenas en México.[1] De ahí que la revelación de la correspondencia entre las iglesias catedrales presente aún ciertas dificultades. No obstante, algunos elementos pueden agruparse en la medida en que se reconstituyan las tradiciones locales en materia religiosa, artística y administrativa. Este ensayo intenta reconstruir los principales momentos de la tradición musical de una catedral, la de la antigua Valladolid de Michoacán. Al mismo tiempo, proporciona elementos importantes para el estudio de los nexos con otras iglesias.

---

[1] Cfr. John F. Schwaller, "The Cathedral Chapter of México in the Sixteenth Century", en *Hispanic American Historical Review*, vol. 61, núm. 4, 1981; Brian Connaughton, *Ideología y sociedad en Guadalajara, 1788-1853*, México, Conaculta, 1993 (Regiones); Óscar Mazín Gómez, *El cabildo catedral de Valladolid de Michoacán*, Zamora, El Colegio de Michoacán, 1996; Ana Carolina Ibarra, *El cabildo catedral de Antequera, Oaxaca y el movimiento insurgente*, Zamora, El Colegio de Michoacán, 2000.

La fundación de la Iglesia en las Indias occidentales se constituyó mediante dos proyectos diferentes, el del clero diocesano, organizado en torno a las catedrales, y el del clero regular, centrado en las iglesias-convento de las órdenes mendicantes. Para éstas, la actividad pastoral respecto a los fieles exigía medios distintos a los del culto solemne y más suntuoso de una catedral.

Para los franciscanos, por ejemplo, "los indios no tenían necesidad de iglesias cerradas".[2] Los obispos, en cambio, concebían magnos proyectos de catedrales para que cupiera más gente y "vean todos una misa sola".[3] Sin desentenderse de la población autóctona mayoritaria, la iglesia diocesana no concibió a los indios, como los frailes, segregados de los demás grupos sociales de la Nueva España. Así, hubo en todo momento, en las catedrales de México, indios músicos de "instrumento".

Hasta por lo menos el primer tercio del siglo XVII, hubo enfrentamientos entre algunos obispos surgidos del clero regular y los cabildos catedrales de sus respectivas sedes. Tuvieron que ver, entre otras cosas, con el culto religioso de la iglesia catedral donde aquellos prelados querían —dicen las quejas de los capitulares— "introducir ceremonias de frailes". En Valladolid de Michoacán, por ejemplo, el obispo fray Alonso Guerra, O.P., intentó suprimir la capilla musical y el ministerio de acolitado que ejercían los alumnos del Colegio de San Nicolás. Las catedrales y su clero, en cambio, entendieron su régimen cultual en continuidad con la tradición milenaria de la Península ibérica. No vacilaron de hecho en invocarla como una de sus principales fuentes de legitimidad. La música sacra, interpretada desde el coro, fue así un medio privilegiado para la edificación espiritual de los fieles.

La reforma católica del Concilio de Trento asignó a los obispos, y consecuentemente a las catedrales, un papel preponderante en las ciudades. En la Nueva España, este último no fue claro al principio a causa de las

---

2   Declaración de Juan Ponce, "maestre del arte de geometría", tocante al proyecto de la catedral del obispo Vasco de Quiroga en Pátzcuaro, Archivo General de Indias (en adelante AGI), Justicia, 155, en Enrique Marco Dorta, *Fuentes para la historia del arte hispanoamericano, estudios y documentos*, Sevilla, Escuela de Estudios Hispanoamericanos, 1951, t. I.
3   *Idem.* p. 19.

condiciones precarias de las seis catedrales fundadas en el reino a lo largo del siglo XVI. No obstante, ni la modestia de las catedrales primitivas ni la influencia ejercida por los religiosos impidieron el desarrollo de una fase inicial en materia de un culto estrechamente asociado a la música sacra. Los miembros de los cabildos, que transitaron de una catedral a otra en razón de su promociones conforme a escalafón, contribuyeron desde un principio a enriquecer las prácticas locales al evocar las costumbres de las iglesias de donde procedían.

Pero el culto no se limitó al aspecto musical. Fue la predicación otro de los recursos privilegiados de la pastoral. Estaba pensada para "avivar la devoción del pueblo", es decir, la sensibilidad de los fieles. Consecuentemente, se procuraron todos los medios para hacer de la catedral el gran teatro de la Iglesia: desde las danzas y comedias de una fiesta tan alegre como el *Corpus Christi*, hasta las graves funciones de Semana Santa como la de la "seña", en que la insignia de la cruz se llevaba del coro al altar mayor, y luego se sacaba en procesión.

Pocos espacios reflejan tan bien el culto de las catedrales como el coro, dispuesto a media iglesia, en el centro de la nave central. El cabildo de Valladolid se vio precisado a insistir ante el Consejo de Indias sobre la importancia de este recinto. De esa manera, subrayó una vez más la diferencia de su culto en relación con las iglesias de los frailes franciscanos, dominicos, agustinos y carmelitas. Pero también para acentuar el papel rector ya mencionado de la catedral, al cual contribuía precisamente el coro congregando en él a ambos cleros. Al parecer, el coro estaba, además, estrechamente vinculado a la antigua tradición hispánica que daba un sustento legitimador a las iglesias:

> Se debió entender en el Consejo que la catedral tenía su coro alto, como le tienen los frailes, y que debajo de él podía caber mucha gente, y se ha de advertir que no es así sino que está y ha de estar en bajo como en España. Y en este reino le tienen todas las catedrales [...] hay en él 64 sillas altas y bajas, y a veces no cabemos en él [...] y cuando vienen las cinco religiones de esta ciudad a algunas de las fiestas referidas dejan los prebendados las sillas y se bajan a sentar en bancos...[4]

---

4 Archivo del Cabildo Catedral de Morelia (en adelante ACCM), Actas de cabildo, sesión del

Hacia 1580, el obispo de Michoacán, fray Juan de Medina Rincón, O.S.A., reconoció que la capilla de música de su catedral era "flaca" y que por no haber suficiente dinero se componía casi enteramente de indios. Este hecho apenas sorprende, pues se sabe, por ejemplo, que desde 1543 el cabildo catedral de México reclutó indios instrumentistas o ministriles como músicos permanentes de la capilla. Durante el resto del siglo XVI, las actas capitulares se refieren a la música interpretada por chirimías, sacabuches y flautas con casi la misma frecuencia que a la música vocal.[5]

En Valladolid, se puede apreciar una primera etapa que se extiende hasta 1630. Sus principales características fueron la contratación sucesiva de maestros de capilla y la presencia de dos o tres prebendados músicos. Sus largas carreras en la capilla, primero, y en el cabildo, después, les permitieron ejercer una especie de tutoría permanente. Son ellos los fundadores de la tradición musical en la catedral de Valladolid. Se trata de Frutos del Castillo, de José Díaz y de Domingo Pérez de Castro. Los dos primeros fueron contratados en 1589 como músicos procedentes de la Puebla de los Ángeles.[6] En calidad de maestro y de sochantre se dedicaron, respectivamente, a la enseñanza del canto llano o gregoriano, y a la del canto de "órgano", figurado o polifónico. Enseñaban a los demás músicos y a los colegiales de San Nicolás. Su destreza en el arte les valió la promoción a sendas raciones del cabildo, y más tarde a una canonjía en el caso de Frutos del Castillo. Desde su prebenda, condujo la capilla este antiguo maestro de Segovia, durante las continuas vacantes habidas en la plaza de maestro de capilla.

Lo más interesante es que Frutos del Castillo auspició una primitiva escuela de cantores. Para garantizar su continuidad con independencia del continuo vaivén de maestros de capilla, se contrató en 1612 al cantor Blas Rodríguez de Celada. Éste enseñaría "canto llano, teoría y práctica

---

3 de abril de 1621.

[5] "México City Cathedral Music 1600-1675", en *Inter-American Music Review* (Robert Stevenson, ed.), vol. IX, núm. 1, otoño-invierno de 1987, pp. 75-114.

[6] Cfr. Omar Morales Abril, "Florecimiento de la Música del culto divino en la catedral de Puebla de los Ángeles durante el gobierno diocesano del doctor don Diego Romano", pp 227 de la presente publicación. N. de E.

con toda la perfección del arte de Salamanca y Alcalá de Henares".[7] Contó con la colaboración del prebendado Pérez de Castro en calidad de "contralto". La escuela dio sus primeros frutos con la integración formal a la capilla de los colegiales más aptos, a los que se contrataba con salario de 12 pesos por año. Al parecer, se impartía asimismo una lección cotidiana de canto a la feligresía. Fueron en esta primera etapa las solemnidades anuales de *Corpus* con su octava, la salves de Cuaresma y las misas de la Concepción las funciones más lucidas desde el punto de vista musical.

Si el ascenso a las prebendas como premio a la calidad musical echó las bases de una escuela de cantores, la contratación de maestros sucesivos propició el contacto con las demás catedrales del reino. El cargo de maestro de capilla debió ser muy estimado por entonces en la Nueva España. No se mencionan aún los futuros concursos de oposición, pero en cambio sí constan seductoras propuestas de salarios planteadas a los maestros por otras iglesias. Tales ofertas solían estar un tanto amañadas, ya que la catedral esperaba muchas cosas a la vez del titular de su capilla: la enseñanza de la música, la composición de obras —sobre todo de piezas cortas como danzas y villancicos— el cuidado de los libros de coro y del repertorio y, a veces, hasta la escritura de versos. Diose, pues, en vista de una fuerte demanda y a pesar de la inmensidad del territorio, el intercambio de músicos entre México, Puebla, Valladolid, Guadalajara y Oaxaca. De Puebla proceden en esta etapa, según vimos, músicos con pretensiones de hacer carrera eclesiástica en el coro de Valladolid. Y, a diferencia de los maestros de capilla, logran arraigarse al ser promovidos al cabildo. En esta primera etapa, se constata una mayor competencia entre Valladolid y Guadalajara —en comparación con otras catedrales— por la contratación de maestros de capilla. En cambio México, la sede metropolitana, parece servir de centro del que parten ciertos músicos locales al momento de ser reemplazados por mejores sujetos. Asimismo, la capilla de México recomienda al cabildo de Valladolid músicos procedentes de Oaxaca.[8]

---

7   ACCM, Actas de cabildo, sesión del 23 de noviembre de 1612.
8   Las siguientes noticias provienen de las actas de cabildo según el año, en ACCM: en 1589, se admitió como maestro de capilla a Frutos del Castillo y como sochantre a José Díaz. Ambos procedían de la Puebla de los Ángeles. El primero sirvió antes en Segovia; en

Hay un inventario de libros de canto de 1632. Es consecuentemente representativo del final de esta primera época de la capilla de Valladolid. Destaca primeramente "un libro de pasiones del sr. canónigo Castillo", el músico ya mencionado de Segovia, residente en Puebla y finalmente arraigado en Valladolid. Pero también aparecen "un libro de misas de Morales", "cuatro cartapacios de motetes de Guerrero" y "cuatro cartapacios de motetes de Franco". Se trata, por un lado, de Cristóbal de Morales y de Francisco de Guerrero, compositores españoles célebres de la escuela sevillana muy conocidos en la Nueva España. Por otra parte, está el padre Hernando Franco, formado en su mocedad en Segovia. Se contrató como maestro de capilla en México en 1575 y llegó a racionero del cabildo metropolitano. Fue además un notable compositor de polifonía en las catedrales de México y Oaxaca.[9]

Es posible que desde esta misma época la capilla de Valladolid haya adquirido un *Cántico de la bienaventurada Virgen María madre de Dios*, compuesto en los ocho modos o tonos, para ser cantado a cuatro, cinco, seis y ocho voces. Se trata de una obra de Sebastián Aguilera de Heredia, maestro de capilla de Zaragoza, que vivió entre 1565 (*ca.*) y 1627.[10]

1594, el maestro de capilla de Valladolid, Fabián Gutiérrez, fue a servir en la catedral de Guadalajara; en 1606, se pidió al maestro de capilla de Guadalajara, el padre Luis de Montes de Oca, que sirviera la misma plaza en Valladolid. Aceptó con salario de 800 pesos por año; en 1612, ingresó en la capilla de Valladolid el padre Blas Rodríguez de Celada. Enseñaría teoría y práctica del canto llano "con toda la perfección del arte de Salamanca y Alcalá de Henares". Se le darían 100 pesos anuales; en 1622, Alonso Gregorio, escritor de libros de coro, pasó a Puebla; en 1624, el padre José de Araujo, maestro de capilla de Oaxaca, fue recomendado por el maestro de México, el racionero Mata, para servir en Valladolid. Se le aceptó. Ese año, se admitió por igual al "eminente" organista de México Diego de Santillán.

9 *Memoria de los libros de canto de órgano, cartapacios e instrumentos de música de canto de órgano que están a cargo del maestro de capilla* [...] ACCM, Expedientes de actas de cabildo, 1632. Respecto a los músicos Morales y Guerrero, véase "The Last Musicological Frontier: Cathedral Music in the Americas", en *Inter-American Music Review* (Robert Stevenson, ed.), vol. III, núm. 1, otoño de 1980, pp. 49-54. En cuanto al músico Franco, véase Robert Stevenson, "The First New World Composers: Fresh Data from Peninsular Archives", en *Journal of the American Musicological Society*, vol. XXIII, núm. 1, primavera de 1970, pp. 95-106.

10 *Canticum Beatissima[e] Virginis Deiparae Maria[e] octo modis, sev tonis compositum, quaternisque vocibus, quinis, senis et octonis concinendum. Cum licentia et privilegio. Caesaraugustae* [Zaragoza, España]: [Ex] tipografía Petri Ca[barte]. Anno M.D.C.XVIII. [II], 199 folios, en Mary Ann y Harry Kelsey, *Inventario de los libros de coro de la catedral de Valladolid-Morelia*, Zamora, El Colegio de Michoacán / Consejo de Cultura de la Arquidiócesis de

La iglesia de Valladolid vivió una etapa de repliegue progresivo sobre sí misma durante la segunda mitad del siglo XVII. ¿Fue éste el caso de otras catedrales de la Nueva España?

Las dificultades de integración de la capilla de música en Valladolid derivan a lo largo del siglo XVII de las tres desventajas más características de la ciudad: su escasa población, su relativo aislamiento geográfico y la carestía de la vida. Los indios músicos de la localidad, instrumentistas o cantores, eran los que más duraban; solían servir de 30 a 40 años en espera de una mejor retribución. En cambio, fuera de lo que pagaba la catedral, las oportunidades para mejorar los ingresos familiares de los músicos españoles o criollos eran, en Valladolid, escasas. Por eso, se cuidaba el pago de sujetos de verdadera valía como los sochantres Diego Ruiz y el fraile mercedario José Benítez, o la del cantor Agustín de Leyva, hasta el grado de querer incorporarlos al cabildo como se había hecho en la etapa precedente.[11]

También, se acariciaba a quienes reunían varias habilidades y destrezas a la vez como la voz, el teclado, la composición y el magisterio. Los despidos por falta de capacidad permitían asignar los puestos vacantes a sujetos de mayor talento.[12] Fue por lo tanto el salario el principal medio para elevar la calidad musical en todos los niveles de la capilla. Sin embargo, llegaba un momento en que ni las mejores percepciones podían retener a quienes sobresalían, ya fuera

---

Morelia, 2000, p. 37.

11 El obispo fray Francisco de Rivera tuvo cuidado de no afectar el salario de 500 pesos por año del sochantre. Explicó al rey que se trataba de Diego Ruiz, "natural del reino de Toledo [...] primer hombre que hay en estas partes para su oficio". Además, le suplicó en nombre del cabildo que le concediera una ración con cargo de servir el mismo oficio. Así "... le ahorraría a la fábrica su salario", AGI, *México*, 374, el obispo Rivera al rey, 30 de octubre de 1634. Fray José Benítez, de la orden de la Merced, llegó a la capilla de Valladolid con licencia de su provincial. Se le admitió como sochantre el 13 de julio de 1685. Era "músico con excelencia y general para todo". Cuatro años después, se felicitó al provincial y se le pidió que le refrendara licencia. No se le pudo aumentar el salario en 1693. No obstante, el chantre Contreras y Garnica "y otros cinco prebendados" le darían de sus prebendas 50 pesos anuales", ACCM, Actas de cabildo, sesiones del 5 de octubre de 1668, 7 de junio de 1689 y 19 de mayo de 1693.

12 Se recibió al bachiller José Pérez, "músico de voz contralto por su mucha suficiencia y destreza [...] y ser compositor y apto para el magisterio y saber algo de tecla", ACCM, Actas de cabildo, sesión del 22 de junio de 1666.

porque la capilla no contaba con los medios para hacerlos adelantar en su formación o porque aquéllos aceptaban una mejor plaza en otra catedral. De esta manera, luego de cinco años, dejó la capilla de Valladolid el contratenor Agustín de Leyva para irse a México a proseguir sus estudios.[13]

Se tiene la impresión de que a partir de la segunda mitad del siglo XVII, el repliegue y arraigo, notorios en otros aspectos de la catedral, caracterizaron también la capilla de música. A pesar de las dificultades expuestas, se formó una tradición local cuya calidad artística deberán evaluar los musicólogos. Aquí sólo nos basta constatar su historicidad.

Durante algunas décadas, se contrató a maestros de capilla locales sin que mediara convocatoria al concurso que hacía concurrir a músicos del reino.[14] Consecuentemente, los contactos con otras catedrales fueron más bien indirectos. Consistían en la contratación eventual de músicos procedentes de Guadalajara, en la recomendación fortuita —por parte del maestro de México— de algún candidato para ocupar el mismo cargo o en el enriquecimiento del repertorio por parte de alguna capilla prestigiosa, como la de las Descalzas Reales de Madrid.[15]

La capilla de música de Valladolid tuvo, pues, que echar mano de sus propias posibilidades. La cadena consistente en transmitir y preservar el patrimonio musical, es decir la tradición, se orientó hacia la consolidación de

---

13 ACCM, sesión capitular del 19 de mayo de 1673. Cfr. Lucero Enríquez y Raúl H. Torres Medina, "Música y músicos en las actas del cabildo de la catedral de México", en *Anales del Instituto de Investigaciones Estéticas-UNAM*, núm. 79, vol. XXIII, 2001, pp. 179-206. Otro ejemplo: por recomendación especial del obispo Ortega y Montañés, se contrató a José Moreno Matajudíos, cachupín [sic], "por saber mucho de música y ser muy buen tenor". Sin embargo, a los diez meses se fue a Guadalajara. Lo mismo hizo Martín Casillas, quien se formó y sirvió en Valladolid durante años. No dejó de lamentarlo el cabildo con cierta ironía: "en Guadalajara le hacían conveniencia...", sesiones del 17 de diciembre de 1689 y 12 de septiembre de 1690.

14 Así, por ejemplo, a la muerte del maestro Antonio de Mora, se decidió nombrar por sucesor a Alonso de Vargas, músico y compositor de la propia capilla de Valladolid, ACCM, Actas de cabildo, sesión del 16 de marzo de 1675.

15 El cantor Agustín de Leyva procedía al parecer de Guadalajara, así como Juan de Mansilla y Benavides, quien en 1690 llegó a Valladolid en calidad de organista, ACCM, Actas de cabildo, sesiones del 5 de octubre de 1668 y 16 de enero de 1691, respectivamente; el maestro de capilla de México recomendó a don Jerónimo de Quiroz para que hiciera oposición en Valladolid para el mismo puesto, sesión del 14 de abril de 1671; el maestro de capilla de las Descalzas Reales de Madrid ofreció "nueve cuerpos de libros de canto", sesión del 5 de diciembre de 1634.

una escuela local. Esta última debe entenderse en términos bastante amplios. Uno de sus rasgos era la "escoleta" propiamente dicha, donde se formaba al personal oriundo de Valladolid y hasta de la diócesis.[16] Otro más consistía en la administración del repertorio en tres áreas de actividad: primeramente, la composición frecuente de piezas cortas tales como los villancicos o "chanzonetas". En seguida estaba el ejercicio de transcripción de obras como misas, misereres, motetes o himnos en vista del mal estado de los libros. Había, por fin, que inventariar por géneros y renovar y adquirir obras según los lineamientos del culto romano y de sus modelos castellanos más prestigiados.[17]

Uno más de los rasgos de la escuela local era, como en la contaduría, la transmisión del oficio de padres a hijos o de tutores a entenados. En 1667, el maestro de capilla Antonio de Mora pidió aumento de salario para su hijo José, cornetista, en atención a la "suficiencia con que se halla en dicho instrumento". Cinco años más tarde, este último era ya profesor propietario en la escoleta de canto.[18] El entrenamiento familiar se combinaba con la frecuentación de la "escoleta" y así se echaban las bases de la formación. Más tarde, cuando el nuevo músico estaba en condiciones de interpretar, lo hacía en los oficios de aprendiz y de asistente. Así, del entrenamiento familiar y escolar estricto se pasaba a un primer nivel de interpretación musical no remunerada durante las funciones religiosas. Era sólo al cabo de algunos años cuando se daba la contratación formal de los músicos educados en la iglesia.

---

16 "Antonio de Medina, vecino natural de Guanajuato, pidió ser admitido en la escoleta para aprender canto con una limosna para su sustento por ser tan pobre. Se decretó acuda a la escoleta para que se le examinase la voz", ACCM, Actas de cabildo, sesión del 5 de abril de 1689.

17 El maestro ya mencionado, fray José Benítez, se preocupó por enriquecer el repertorio de la catedral de Valladolid. En el inventario de libros de coro recientemente publicado aparece un gradual procedente del convento de la Merced de la propia Valladolid. Es muy probable que el propio Benítez lo haya obsequiado. Otro fraile mercedario, fray Antonio de Castro, aderezó los libros de la iglesia catedral en aquel convento el año de 1688. Cfr. Kelsey, *Inventario de los libros de coro…, op. cit.*, p. 10.

18 ACCM, Actas de cabildo, sesiones del 17 de junio de 1667 y del 5 de febrero de 1672. El 20 de agosto de 1680, se vio petición de la mujer de don Juan Sánchez, "organista que fue de esta iglesia", para que se provea la plaza en un hijo suyo. Se le respondió que acuda al concurso como candidato, sesión de la misma fecha. El deán, duque de Estrada, dijo que en esta ciudad y en casa del músico Martín Casillas "estaba un niño de Pátzcuaro de excelentísima voz que daba esperanzas de ser músico consumado". El cabildo le asignó para su sustento 1 peso a la semana, sesión del 15 de febrero de 1685.

Una vez dentro de la capilla, se daba la posibilidad del ascenso profesional. El caso de Diego Xuárez lo confirma. Había aprendido a tocar órgano y bajón en la catedral. En 1676, servía en ella como aprendiz sin recibir estipendio alguno. Tras varias súplicas, consiguió en 1684 que el cabildo le asignara 200 pesos como bajonero y que supliera al organista. Dos años más tarde, proseguía sus estudios de órgano y el cabildo le financió la compra de un teclado o monacordio en calidad de asistente de ese instrumento. Al cabo de varias décadas, en 1690 la iglesia de Valladolid decidió poner a concurso la plaza de maestro de capilla. Concurrieron tres candidatos locales, entre ellos el propio Diego Xuárez. De fuera, acudieron Manuel de Pereira, quien se presentó bien recomendado por los maestros de México y de Puebla, y Juan de Mansilla, vecino de Guadalajara. Les examinó el experimentado sochantre fray José Benítez y obtuvo el primer lugar Diego Xuárez, quien fue nombrado maestro de capilla el 2 de enero de 1691. Su trayectoria de casi 25 años de formación y desempeño habla casi por sí sola de la existencia de una escuela local de música en Valladolid de Michoacán.[19]

A partir de la conclusión de la iglesia catedral definitiva que hoy admiramos en Morelia (1745), se inicia una tercera etapa. Las formas de culto, la beneficencia, las expresiones artísticas y un régimen de organización de numerosos grupos sociales en la ciudad, bajo los auspicios del clero catedralicio, experimentaron un florecimiento a partir del segundo tercio del siglo XVIII.

Antiguas fundaciones piadosas como las capellanías, los aniversarios y los patronatos de limosna, se habían transformado en cuerpos constituidos que

---

[19] Bajo el magisterio de Xuárez, se efectuó una minuciosa labor de transcripción y encuadernación general de los libros de coro. Se impulsó a Luis de Acevedo, otro músico local, en la composición de misas. Corrió asimismo bajo su responsabilidad la reparación de los dos órganos, chico y grande. Por último, con la ayuda del sochantre fray José Benítez, Acevedo consolidó en la capilla la "música en verso cantada al órgano", ACCM, Actas de cabildo, sesiones del 7 de enero de 1693, 18 de abril de 1698, 22 de mayo y 8 de junio de 1700, respectivamente.

hoy llamaríamos instituciones. Por ejemplo, el aumento de las dotes dio lugar al engrandecimiento del convento de religiosas de Santa Catalina de Siena; las becas dispuestas en las capellanías permitieron dotar al antiguo Colegio de San Nicolás con nuevos edificios; un incremento en los patronatos de limosna dio lugar a la ampliación de la alhóndiga y, gracias al alza en la recaudación de los diezmos, se erigió el espléndido seminario de San Pedro Apóstol.

La capilla de música de la catedral no fue ajena a esta dinámica. En Valladolid, la fundación de un seminario diocesano fue tardía a causa de la existencia del Colegio de San Nicolás. Esta situación condicionó en parte la historia de la capilla catedralicia, ya que los colegiales de aquél aseguraban desde antiguo la asistencia durante los oficios. Pero las reformas introducidas en el colegio obligaron al cabildo a suspender esta costumbre a partir de 1712. En adelante, el servicio de los colegiales se limitó a las ceremonias de mayor envergadura. Consecuentemente, la capilla se vio precisada a reforzar en la escoleta la formación de los infantes de coro, a imagen del colegio formalmente erigido a ese propósito en la catedral de México.

Una reforma general en 1750 y 1751 tendió a elevar la calidad y urgió a los músicos a enseñar instrumentos a los monaguillos. Sin embargo, se vio en la fundación de una escuela de infantes el instrumento idóneo de dicha reforma a mediano y a largo plazos. Mientras ese momento llegaba, fue el canónigo José Díaz y Paredes, superintendente de música del cabildo, quien se encargó de su educación.[20] La vocación pedagógica del obispo Pedro Anselmo Sánchez de Tagle no se limitó a erigir el seminario de San Pedro Apóstol. Desde octubre de 1762, encargó al capitular Jerónimo López Llergo la fundación de la casa de infantes en que se formarían desde temprana edad los futuros capellanes y músicos de la capilla. A este efecto, se habilitó la casa del canónigo difunto Diego de Castro y Astete.[21]

---

[20] ACCM, Actas de cabilo, sesiones del 14 de noviembre de 1750 y del 27 de julio de 1751.
[21] Cfr. Testamento, en Archivo de Notarías de Morelia, Protocolos, vol. 120, ff. 274v-296. Para conocer la fundación del Seminario y del Colegio de Infantes de Valladolid, véase Óscar Mazín, *Entre dos Majestades, el obispo y la iglesia del gran Michoacán ante las reformas borbónicas, 1758-1772*, Zamora, El Colegio de Michoacán, 1987, p. 117.

El 8 de enero de 1765, fueron dispuestas las reglas de gobierno de la nueva fundación. Se privilegió a colegiales pobres, sin recursos para estudios, con el fin de que asistieran a las horas cantadas del oficio en la catedral y aprendieran a tocar algún instrumento y también las primeras letras y la gramática. Dirigidos por un rector, su régimen interno sería semejante al de San Nicolás. Un despacho virreinal del 22 de diciembre de 1768 hizo de la Casa de Infantes una corporación más de las auspiciadas por la catedral: el Colegio de Infantes del Salvador y de los Santos Ángeles. Se autorizaba a los niños a vivir en comunidad y a vestir beca con las armas e insignias de la Iglesia. La importancia asignada a este colegio por el cabildo hizo que a él se trasladase a vivir el maestro de capilla desde 1770.

La segunda mitad del siglo XVIII fue propicia al desarrollo de conjuntos vocales y orquestales. En efecto, a partir de la llegada a México en los años de 1740 de músicos italianos como Mateo Tollis della Rocca y de Ignacio de Jerusalem, la orquesta y las voces se encaminaron hacia nuevas tendencias. Con este espíritu, la capilla de Valladolid fue considerablemente agrandada. En 1773, contaba ya con una orquesta de varias secciones y un total de veinticinco músicos encabezados por el maestro Carlos de Pera.[22] La sección de música suelta, tanto manuscrita como impresa del archivo musical de la catedral de Valladolid-Morelia, privilegia tres músicos en orden de importancia: Antonio de Juanas, español, maestro de capilla de México entre 1791 y 1814; el italiano Ignacio de Jerusalem, maestro de capilla de México entre 1750 y 1769, y José Mariano Elízaga, un músico de origen mexicano cuyos años de madurez transcurrieron en Morelia, la antigua Valladolid. En ésta fundó un conservatorio de música hacia 1840.[23]

---

[22] Cfr. Mazín, *Entre dos majestades...*, *op. cit.*, apéndice XII, "Plan general de la capilla catedralicia, 1773", p. 296.

[23] Cfr. *Inventario del archivo musical de la iglesia catedral de Morelia*, Morelia, 2000, en prensa.

Nuestras conclusiones deben atenerse a los trabajos de los musicólogos. Al seguir la trayectoria individual de los artistas en varias catedrales, ellos nos permiten destacar ciertos rasgos comunes a las capillas de música de la Nueva España que resultan sumamente útiles para evaluar la situación en Valladolid.

De manera general, debe decirse que las tendencias de la capilla de Valladolid no le son exclusivas. Dondequiera hubo músicos cuya formación comenzó desde la infancia en la escoleta de una catedral.[24] Destaquemos en seguida que si el paso de algunos músicos de la capilla a las filas de los cabildos catedrales no constituyó una regla, no se limitó a una sola catedral. Juan Gutiérrez de Padilla, acaso el más grande músico de Puebla, pasó en 1655 a ser racionero del cabildo angelopolitano. Lo mismo sucedió con el maestro de capilla de México Francisco López Capillas, quien obtuvo una canonjía de esa misma iglesia en 1673.[25]

Por lo que hace al intercambio de música y de músicos entre las catedrales de la Nueva España, no es posible decir aún sino poca cosa. La circulación de individuos se produjo de manera más clara entre las dos catedrales más importantes del reino, la de México y la de Puebla de los Ángeles. Por lo demás, fueron las obras producidas en esas dos iglesias las que más se difundieron, y de hecho se las halla actualmente en los archivos de otras catedrales. Oaxaca parece haber gozado de cierta preferencia a pesar de su cortedad, mientras que las menciones de Guadalajara, aunque sobre todo de Valladolid, son escasas. En todo caso, México ejerció la más fuerte atracción como centro prestigioso para la formación musical, así como para los contactos con sujetos procedentes de otras iglesias.

---

24 Los músicos siguientes, entre los más notables del imperio español, comenzaron su formación como infantes de coro: Hernando Franco y Lázaro del Álamo (futuros maestros de capilla de México) en Segovia hacia 1542; Tomás Luis de Victoria en Ávila entre 1550 y 1558; Francisco López Capillas y Manuel de Zumaya (futuros maestros también de México) en la misma catedral de México, el primero hacia 1625 y el segundo hacia 1694; finalmente, Mariano Elízaga (futuro maestro de capilla en Valladolid-Morelia) en México hacia 1793. Cfr. Alice Ray Catalyne y John Koegel, "López Capillas, Francisco", en *The New Grove Dictionary of Music and Musicians*, 2a ed., vol. 15, pp. 177-178; Stevenson, "The First New World Composers...", *op. cit.*; Jesús Estrada, *Música y músicos de la época colonial*, México, SEP 70's, 1973.

25 Cfr. Catalyne y Koegel, *op. cit.*; John Koegel, "Gutiérrez de Padilla, Juan", en *ibid.*, vol. 18, pp. 873-875.

Se impone una última consideración y tiene que ver con el menor número de referencias sobre los músicos de Valladolid en los escritos de los musicólogos.[26] No pareciera que esa sede diocesana, tercera en importancia entre las catedrales de Indias, no hubiese alcanzado un nivel aceptable de calidad musical. Entonces, ¿a qué hay que atribuir esta situación? En fecha reciente, se ha publicado un catálogo de libros de coro de Valladolid-Morelia y se prepara un inventario de los cartapacios con obras manuscritas e impresas de la misma iglesia. En principio, no se halla en esos trabajos ninguna referencia a obras compuestas por maestros locales y, no obstante, algunas se encuentran ya enumeradas en un inventario de 1632.[27] En espera de que los expertos puedan atribuir las obras de los libros de coro, ¿habrá acaso que concluir que la música de los maestros locales fue destruida o sustraída de los archivos catedralicios? ¿Se halla quizás refundida en algún otro fondo? Sea lo que fuere, nuevas vías están hoy abiertas. Y en una época como la nuestra, en que la música de las catedrales de Hispanoamérica tiene un lugar privilegiado en el gusto, hay que esperar que esas vías inciten más y más a la investigación.

---

26 De todos los músicos de la capilla de Valladolid aquí mencionados, no se hallan referencias en trabajos de musicólogos sino de tres de ellos: primeramente, de Agustín de Leyva, quien en 1679 se presentó al concurso de maestro de capilla convocado por el cabildo catedral de Puebla, si bien fue vencido por Antonio de Salazar, que obtuvo el puesto. Cfr. "Sor Juana's México City Musical Coadjutors", en *Inter-American Music Review* (Robert Stevenson, ed.), núm. 1, vol. xv, invierno de 1995-primavera de 1996. Cfr. Enríquez y Torres Medina, "Música y músicos...", *op. cit.* El segundo músico es el maestro de capilla de Valladolid José Gabino Leal, quien se presentó en la catedral de México al concurso de maestro de capilla de 1741 convocado por el cabildo. Pero ni él ni los otros candidatos pudieron alcanzar el nivel musical de Manuel de Zumaya, quien habría dejado el maestrazgo de capilla en México para ir a instalarse en Oaxaca en compañía de su protector, el obispo Tomás Montaño, ex canónigo, por cierto, de Valladolid de Michoacán. Cfr. "Mexican Baroque Polyphony in Foreign Archives", en *Inter-American Music Review*, vol. IX, núm. 1, otoño-invierno de 1987, pp. 55-64. Del tercer músico, Mariano Elízaga, se hace amplia referencia en aquellas historias de la música en México que se ocupan del siglo XIX, dada la importancia y talento de ese compositor, pianista, maestro y difusor. Cfr. Jesús C. Romero, *José Mariano Elízaga, fundador del primer conservatorio en América*, México, Ediciones del Palacio de Bellas Artes, 1934; Ricardo Miranda, "Haydn en Morelia: José Mariano Elízaga", en *Revista musical chilena*, vol. 52, núm. 190, julio de 1998, pp. 55-63.

27 Cfr. Kelsey, *Inventario de los libros de coro...*, *op. cit.*, cit. en la nota 9 de este artículo, así como el *Inventario del archivo de música de la iglesia catedral de Morelia*, Morelia, 2000, en prensa, cit. en la nota 22. Recordemos que en la *Memoria de los libros...*, doc. cit. en la nota 8 de este trabajo, es decir el inventario de 1632, se menciona un libro de pasiones del canónigo de Valladolid Frutos del Castillo.

Florecimiento de la música del culto divino en la catedral de Puebla de los Ángeles durante el gobierno diocesano del doctor don Diego Romano

Omar Morales Abril
    Universidad del Valle de Guatemala

Introducción

El tema que me propongo abordar ha sido cuidadosamente evadido por los estudios previos que giran alrededor de la actividad musical en la catedral de Puebla en el último cuarto del siglo XVI. El más completo fue publicado por el doctor Robert Stevenson en 1983. No deja de sorprender que su trabajo se circunscriba a las obras y actividad de un solo compositor —Pedro Bermúdez—, *antes de su posible presencia* en la catedral angelopolitana como maestro de capilla, en 1603.[1] Sin dejar de asignar su justo valor a este trabajo pionero —en el que se han apoyado otros—, se hace necesario abordar las fuentes primarias que Stevenson consideró extraviadas o simplemente no consideró[2] y, principalmente, superar la mera descripción de datos e intentar vislumbrar algún proceso que justifique el devenir de los sucesos.

---

[1] Robert Stevenson, "Puebla Chapelmasters and Organists: Sixteenth and Seventeenth Centuries. Part I", en *Inter-American Musical Review*, vol. 5, núm. 2, Los Ángeles, University of California Press, 1983, pp. 21-62.

[2] Stevenson menciona que el libro de actas capitulares (en adelante LAC) 5 está perdido. De hecho, desde hace décadas el LAC 4 presenta, en el reverso de su etiqueta, el anuncio "Falta el No. 5" y, efectivamente, le sigue el LAC 6. Sin embargo, quien se ocupó en ese entonces de la organización del Archivo del Venerable Cabildo Angelopolitano Catedral de Puebla (en adelante AVCA) y elaboró las etiquetas que ahora identifican la mayoría de libros y legajos, no reparó en que el lujoso y voluminoso "Libro de cuentas de los mayordomos del arzobispado de Tlaxcala, comenzado en el año de 1558 años", contiene, además de cuentas, acuerdos capitulares. El cotejo entre las menciones del LAC 5 que refiere Florencio Álvarez y el contenido de este libro de cuentas demuestran que ambos son el mismo. "Álvarez cited fol. 264 of now lost Volume V of the Puebla Cathedral Acts as his source". s.l., s.f.: Florencio Álvarez "Actas capitulares. Índice general. 1539-1835", t. I, s.f., citado por Stevenson, *op. cit.*, p. 27. Por otro lado, para el presente trabajo se ha revisado un libro clasificado recientemente, que contiene acuerdos capitulares que van desde el 22 de septiembre de 1539 hasta el 28 de noviembre de 1595, si bien la continuidad cronológica no es consistente. Fue signado como LAC 0, en atención a que la fecha del primer acuerdo capitular que contiene precede a los consignados en el LAC 1. También se han examinado cuentas de mayordomía, borradores de cuentas de fábrica, correspondencia, etcétera.

La práctica musical en las iglesias catedrales cumplía con un fin primordial: dar esplendor y solemnidad al culto divino. Para ello, cada catedral contaba con un grupo de ministros encargados de tareas musicales específicas. El sochantre era, en la práctica, el responsable del gobierno del coro, particularmente de la organización y dirección del canto llano. Los mozos y capellanes de coro tenían la obligación de asistir a todas las horas del oficio y apoyar a los capitulares en el canto. Por su parte, la música polifónica o "canto de órgano" estaba a cargo de la capilla musical, conjunto formado por un grupo de mozos de coro, cantores, ministriles y un maestro de capilla. Este último era el director de la agrupación. Finalmente, toda catedral contaba con al menos un organista, quien estaba obligado a tañer en las principales fiestas y todos los domingos del año. De este modo, la mayor parte de ministros al servicio del culto en la catedral eran músicos.[3]

Sobre esta premisa, se revisará el desarrollo del oficio de los ministros músicos, conjuntamente con otros complementarios, para evaluar el impulso dado al culto divino durante el gobierno eclesiástico del doctor don Diego Romano, sexto obispo de la diócesis de Tlaxcala. Con la intención de proporcionar un punto de comparación, el trabajo se ha enmarcado cronológicamente entre 1572, último año del gobierno sede vacante previo a la toma de posesión del obispo don Antonio Ruiz de Morales y Molina —predecesor inmediato de Diego Romano—, y 1608, año de la toma de posesión del sucesor del doctor Romano, don Alonso de la Mota y Escobar.

Estado de la actividad musical durante el gobierno diocesano de Morales y Molina

Durante la década de 1570, la inestabilidad de los oficios en los que recae la responsabilidad de la música —la sochantría, el magisterio de capilla y el

---

[3] Sinopsis fundamentada en la evidencia documental de las catedrales de Puebla y México (actas capitulares, expedientes sobre exámenes de oposición, edictos convocatorios, pretensiones y suplementos, constituciones del coro, cuentas de fábrica espiritual, etc.). Sobre la responsabilidad práctica del sochantre en el gobierno del coro, véase, por ejemplo, Juan de Palafox y Mendoza, *Reglas y ordenanzas del choro de esta santa iglesia catedral de la Puebla de los Ángeles* 2ª. impresión, (1648), Puebla, Imprenta de Joseph Pérez, 1711. Una descripción sistemática de las capillas musicales españolas, modelo de las del Nuevo Mundo, se encuentra en Samuel Rubio, *Historia de la música española, 2, Desde el "ars nova" hasta 1600,* Madrid, Alianza, 1998.

ministerio del órgano— manifiesta la aún incipiente regulación del culto divino en la catedral de Puebla. Sin duda, eran otras las prioridades del gobierno y la administración diocesanos, ante el hecho de que la extensión geográfica de la diócesis sobrepasaba la cantidad de ministros disponibles. Así, el cabildo, sede vacante, da comisión al canónigo Antonio de Vera para que se ocupe del canto en las fiestas de Semana Santa y *Corpus Christi* de 1572. Este canónigo se desempeñaba en ese entonces como cura y vicario del partido de Tepeojuma y tuvo que viajar a la catedral para ocuparse de las fiestas referidas.[4] El 21 de noviembre de 1572, el cabildo acuerda reinstaurar la capilla de música, que había suprimido un año atrás. Para ello asigna salario a cinco cantores, entre los que se encuentran dos capitulares: el mencionado canónigo Vera (quien ya había vuelto a servir su prebenda) y el racionero Pedro Francisco. Asimismo, nombra al canónigo Vera, al parecer de amplia experiencia musical, maestro de capilla, *sin salario*. La catedral contaba con al menos tres mozos de coro cantores, cuya formación estaba a cargo del organista Cristóbal de Aguilar. Durante el primer semestre de 1573, se integraron algunos cantores más. Sin embargo, parece que la capilla musical se quedaba corta ante la solemnidad requerida para las grandes fiestas, pues fue necesario contratar a ministriles indígenas de Napaluca (trompetas, flautas y chirimías) para la fiesta de san Pedro de ese año.[5][6]

Por otra parte, el 18 de julio de 1572 se nombra sochantre a Pedro Bautista, entretanto se busca a otro, para llenar el hueco dejado por la muerte del bachiller Gaspar de los Reyes. Llama la atención que tanto el chantre como el canónigo Antonio de Vera —músico consumado éste, responsable

---

[4] Archivo del Venerable Cabildo Angelopolitano Catedral de Puebla (en adelante AVCA), LAC 4, ff. 31v, 32v, 38-38v. El pueblo de Tepeojuma era una cabecera subordinada al antiguo estado de Tenochtitlan, en la región de Izúcar. Cerca de 1570 (antes de 1581), el sacerdote secular de Tepeojuma tenía a su cargo la visita de los pueblos de Aguatlan, Epatlan y Teupantlan. Véase Peter Gerhard, *Geografía histórica de la Nueva España, 1519-1821*, México, UNAM, 1986, pp. 164-168.

[5] Debido a la gran cantidad de referencias a fuentes primarias, se indica la fecha entre paréntesis únicamente en aqullos casos que corresponden a citas entrecomilladas. N. de E.

[6] AVCA, LAC 4, ff. 19v, 49, 49v, 31v, 58, 59, 62v, 64v, 69.

del servicio del coro aquél— descalificaran la capacidad de Bautista, pues se opusieron al nombramiento y sugirieron, infructuosamente, que mejor se buscara a una persona competente en México. Otros indicios sobre las aptitudes del sochantre Pedro Bautista aparecen en noviembre de ese año y mayo del siguiente, 1573: "Que el señor Vera no se entremeta en el canto llano para entonar, [...] que de aquí adelante deje al sochantre haga su oficio, y que, si errare, sea la enmienda del dicho señor chantre, pues es suyo. Y que el señor canónigo Vera haga su oficio en el canto de órgano".[7]

En esas circunstancias, toma posesión el obispo don Antonio Ruiz de Morales y Molina el 8 de octubre de 1573. Al parecer, sus intereses giraban prioritariamente en torno a la consolidación arquitectónica de la catedral, y a un lado quedaba la atención al desarrollo del culto divino. Durante su gobierno se manda hacer, por iniciativa suya, la sillería del coro para la antigua catedral y se encarga el diseño y traza de la nueva, que llegaría a concluirse en tiempos de Palafox y Mendoza, a mediados del siglo XVII.[8] Desde su anterior gobierno diocesano en Michoacán, Morales y Molina manifestó preocupación por las indignas condiciones de su catedral, en ese entonces en Pátzcuaro, y promovió su traslado a Guayangareo-Valladolid, hoy Morelia.[9] Así, no es de extrañar que se conserven varias menciones a maestros de obra y alarifes, pero sólo una referencia circunstancial al magisterio de capilla en los acuerdos capitulares de la catedral de Puebla durante todo el obispado de Antonio Morales y Molina. La disminución de acuerdos en torno a la gestión de la música en el culto se hace evidente incluso en lo que respecta al canto llano, si bien en menor grado, pues éste era un elemento inherente al culto. En el transcurso del gobierno diocesano de Morales, se desestabiliza el gobierno del canto, situación reflejada en el frecuente cambio de sochantres. Luego de un largo periodo de silencio en las actas respecto a este cargo, vuelve a aparecer Pedro Bautista desempe-

---

[7] AVCA, LAC 4, ff. 38, 48 (14 de noviembre de 1572), f. 65 (15 de mayo de 1573). Transcripción literal modernizada, en ésta y siguientes citas.

[8] AVCA, LAC 0, ff. 13v, 16v, 27v.

[9] Óscar Mazín, *El cabildo catedral de Valladolid de Michoacán*, Zamora, El Colegio de Michoacán, 1996, pp. 79-80.

ñando el oficio y, con él, nuevos indicios de la poca autoridad en el desempeño de su ministerio.[10] Las únicas menciones al ministerio del órgano en tiempos de Morales y Molina se relacionan con un suceso poco grato. En el cabildo del 4 de octubre de 1575, el deán, Tomás de la Plaza, propone despedir al organista Cristóbal de Aguilar para recibir a Francisco Domínguez, quien está en la ciudad, toca muy bien y aceptaría el puesto con mucho menos que los 300 pesos que se le dan a Aguilar. Por mayoría de votos, se despide a Aguilar y se nombra a Domínguez, con salario anual de 100 pesos de oro común. Un mes después, Aguilar suplica que se le devuelva el puesto en atención a su extrema pobreza y al hecho de que había servido como organista desde ocho años atrás. El cabildo remite la solicitud al obispo, pues fue "con acuerdo de Su Señoría Ilustrísima [como] se recibió por organista a Francisco Domínguez". A las tres semanas el obispo aún no había resuelto; ante una segunda petición de Aguilar, el cabildo toma la decisión de recibirlo y referir al obispo sólo la determinación de su salario. El prelado finalmente le asigna cien pesos de oro de minas... con cuatro meses de retraso.[11]

En lo que respecta a la capilla musical, ha de hacerse notar que no se consignó un solo acuerdo capitular referente a los mozos de coro durante el gobierno diocesano de Morales y Molina. Sí los hay antes de su toma de posesión y vuelven a aparecer el mismo día en que se declara la sede vacante, el 17 de julio de 1576. Resulta sugerente que, asimismo, el organista Aguilar espera hasta ese día para solicitar que se le acreciente el salario, según le parezca al cabildo. Efectivamente, le conceden un aumento de 30 pesos de minas.[12]

Sin embargo, es justo mencionar que el obispo Morales aprobó, junto con el cabildo, el ostentoso salario para un cura de la catedral, por el servicio de "un negrillo suyo que sirve en ella por cantor, y la voz de él

---

10 AVCA, LAC 0, ff. 17v, 24, 29.
11 *Ibid.*, ff. 25v-26, 27 (9 de noviembre de 1575), ff. 27v, 30. El despido y la posterior restitución de Cristóbal de Aguilar, donde concurren aspectos tales como la administración de las rentas eclesiásticas, la política económica del rey Felipe II y el fuerte sentido de identidad del cabildo como colegio corresponsable de la gestión eclesiástica, se revisará con mayor detenimiento en una futura serie de artículos dedicados a los ministros relacionados con la actividad musical en la catedral de Puebla durante el siglo XVI.
12 *Ibid.*, ff. 31v, 32.

es necesaria para la capilla". Incluso, en la misma reunión capitular, se consigna que "Su Señoría Ilustrísima dijo que asimismo daba y señalaba de su casa al dicho Francisco de Céspedes cien pesos de oro común en cada un año [además del salario], por bien del dicho negrillo en la dicha Iglesia". Dos meses antes de su muerte, el obispo propuso al cabildo que la Iglesia comprara al negrillo, pues Francisco de Céspedes estaba por mudarse a otra ciudad. Se pagaron 1 400 pesos por el mozo esclavo, toda una fortuna en aquella época.[13]

De cualquier modo, las actas capitulares de 1577 manifiestan el desgobierno en que se hallaba la música del culto divino. La situación de la música polifónica puede suponerse por los cuatro cambios de maestro de capilla que suceden en el transcurso de ese año. En cuanto a la dirección del canto llano, baste mencionar que la Audiencia de México, por razones no especificadas en las actas, levanta un proceso en contra del sochantre Pedro Bautista y el cabildo se ve obligado a nombrar a Juan de Cañas para ocupar el cargo, "hasta tanto que haya persona más conveniente". Tal habrá sido el desempeño de Cañas, que el 18 de marzo de 1578 el cabildo decide recibir nuevamente a Pedro Bautista, cuando se acabe de sentenciar el proceso en su contra.[14]

Un nuevo impulso a la música del culto divino: el obispado del doctor don Diego Romano

El 2 de diciembre de 1578, se da posesión del obispado de Tlaxcala al doctor vallisoletano don Diego Romano. La ceremonia se efectúa —como generalmente sucede— previamente a la llegada del obispo a su diócesis: los documentos relativos a la posesión los exhibe otra persona con poder para representar al nuevo prelado. Se desconoce la fecha en que don Diego Romano llega a Puebla; sin embargo, pocos meses después de la toma de posesión, se empieza a reflejar en los acuerdos capitulares un nuevo impulso para solemnizar el culto divino. El 13 de abril de 1579, se recibe a un nuevo

---

13 *Ibid.*, f. 30 (18 de ferero de 1576), f. 31.
14 *Ibid.*, ff. 48, 52v, 54, 55, 58 (31 de diciembre de 1577), f. 62 (18 de marzo de 1578), ff. 65-65v.

maestro de capilla, Francisco de Cobarrubias, con encargo explícito —por primera vez en el periodo estudiado— de componer música polifónica, específicamente para flautas. Para ello, le asignan 500 pesos de oro común de salario anual, que supera en mucho los salarios que anteriormente se disponían para este ministerio.[15]

Del mismo modo, empiezan a aparecer en las actas capitulares nombramientos y aumentos de salario a miembros de la capilla musical. El 7 de abril de ese año, se recibe por cantor a Diego Alonso Pedroso, con salario extra de vestuario, a condición de que asista a todas las horas del coro; ese mismo día se aumenta a salario de vestuario entero el de todos los que servían en el culto como medios vestuarios. El 2 de junio de 1579, se suprime el salario del sacristán menor para que se ocupe exclusivamente como cantor y se recibe a Bartolomé Rodríguez, primer ministril contratado de manera estable para el servicio continuo en la catedral, a quien, además, se da nombramiento de sacristán menor. Un acuerdo de 1579 muestra la disposición del cabildo para asegurar la presencia de ministros músicos: se asigna salario de 100 pesos de oro común al ministril Luis de Mendoza, aunque se aclara "que, si no se contentare, se le den 120 pesos".[16]

También, se estimula la conducción del canto llano al aumentarle el salario al sochantre Pedro Bautista en marzo de 1579. El 4 de agosto de ese año el cabildo decide retirar a Bautista de la sochantría y entregar este ministerio a Diego Alonso Pedroso, cantor recibido meses atrás. Le asignan 120 pesos de minas por año, cifra muy superior a lo pagado al sochantre precedente, la mitad de fábrica espiritual y la otra mitad cargada a la mesa capitular. Es también en este periodo cuando por primera vez se menciona por escrito en un acta capitular un modesto pero imprescindible oficio: el 29 de julio de 1580 se recibe a Rodrigo de Hera "especial y señaladamente para alzar los fuelles del órgano", con 40 pesos de oro común de salario.[17]

---

15 *Ibid.*, ff. 74-76v, 83v. El acta consigna como Bartolomé de Cobarrubias al maestro de capilla; sin embargo, su nombre correcto es Francisco de Cobarrubias, tal como lo demuestran otras fuentes documentales de las catedrales de Puebla y México.

16 *Ibid.*, ff. 82v, 84v, 86 (22 de septiembre de 1579).

17 *Ibid.*, ff. 81v, 84v, 89v (29 de julio de 1580).

Sin embargo, a pesar de este nuevo impulso a la música, el 9 de agosto de ese mismo año el cabildo acuerda reducir el salario de varios ministros de la capilla, debido a la disminución de las rentas eclesiásticas. Entre otros, se recorta el salario al maestro de capilla y, además, se le encarga el oficio de maestro de ministriles, sin salario adicional. Se desconocen las circunstancias que provocaron la disminución de las rentas eclesiásticas y las motivaciones que indujeron a reducir los salarios de la capilla musical, pero no cabe duda de que pronto se buscaron formas alternativas para garantizar la presencia estable de ministros competentes para las principales plazas relacionadas con la actividad musical de la catedral. Así, el 12 de septiembre de 1581 se dan órdenes para gestionar en Castilla una ración de maestro de capilla. Mientras tanto, este oficio se encarga de nuevo al canónigo-músico Antonio de Vera.[18]

Por otra parte, en 1584 ya se había conseguido una ración para el organista Cristóbal de Aguilar. A finales de 1587, le ordenan que enseñe "la tecla del órgano" a dos mozos de coro, "conforme a la capitulación que hizo cuando fue recibido por racionero, y a la provisión real". Menos de un mes después de su muerte, acaecida el 4 de enero de 1602, el cabildo acuerda, por propuesta del obispo Romano, pedir al rey que la ración vacante se provea exclusivamente para organista y que ésta se gane por concurso, además de solicitar medias raciones para sochantre y maestro de capilla. El 18 de febrero de 1603, se recibe una cédula real en la que Felipe III ordena que la ración vacante se provea, por oposición, a un organista. Asimismo, aunque no consta en las actas la provisión, el 5 de septiembre de 1603 ya se menciona al sochantre como racionero. A principios de 1605 queda vacante la siguiente media ración. Inmediatamente, el obispo Romano propone solicitar al rey la provisión de la misma para un maestro de capilla, "por la orden que se hizo en la ración [de] organista". No llega la respuesta del rey en el periodo estudiado, pero el fortalecimiento de este magisterio se refleja en la asignación de generosos salarios a los ministros que lo sirven.[19]

---

[18] *Ibid.*, ff. 89v, 93, 94v.

[19] *Ibid.*, ff.108, el acta no corresponde a la presentación de la ración, pero en ella se menciona a Cristóbal de Aguilar como racionero, 126 (6 de noviembre de 1587); LAC 5 ff. 223v, 228v,

Otro de los esfuerzos llevados a cabo en tiempos de don Diego Romano lo constituye la elaboración de la librería de canto. El 26 de agosto de 1594, el cabildo manda hacer los libros de coro de la catedral, "atento que hay mucha necesidad de ellos". El 7 de mayo de 1596 se hace contrato con el escritor de libros Alonso de Villafañe y dos meses después se le otorga "uno de los dos aposentos que quedan después de la contaduría, donde trabaje en su oficio". Asimismo, el 30 de julio de 30 julio de 1596 se nombra a Frutos del Castillo, entonces maestro de capilla, para que corrija lo que vaya escribiendo el amanuense, con 100 pesos de salario.[20] Un año después de iniciada la elaboración de la librería, se detiene el trabajo al ser encarcelado Villafañe, por deudas. Tal sería el interés de la catedral por los libros de coro, que el cabildo da encargo al mayordomo para que saque de la cárcel a Villafañe, "obligándose a pagar por él a los deudores cada mes a cada uno, respectivamente, de lo que el dicho Villafañe fuere ganando cada mes en la obra de la librería". El 5 de noviembre de 1599, contratan a un nuevo escritor, Francisco de Arroyal Medinilla. Asimismo, el 7 de abril de 1600 se acuerda "llamar a Luis Lagarto, que está en México, para que venga a concertar la iluminación de la librería que se va haciendo en esta Iglesia, para el servicio y canto de ella". Por otra parte, el cabildo encarga una copia de la música de los libros de coro del convento de san Agustín, pues se elaboraron conforme a la tradición toledana. Asimismo, en los acuerdos relacionados con la recolección de diezmos empiezan a mencionarse gestiones para que los pueblos obligados a pagar con ganado —Tlaxcala, Huejotzingo, Atlixco, Cholula, Tepeaca y Tecamachalco— den los pellejos de los carneros más grandes, con el fin de hacer los folios de pergamino para la librería de

---

266v, 286v, 336v (4 de febrero de 1605). Sobre los salarios de los maestros de capilla, véase el Anexo 2.

20 Cfr. Oscar Mazín Gómez, "La música en las catedrales de la Nueva España: la capilla de Valladolid de Michoacán (siglos XVI-XVIII), p. 208 de la presente publicación. N. de E. Diversos documentos del AVCA (LAC 0, ff. 147v, 162v y 172; LAC 5, ff. 65, 66, 85, 86v, 89v y 111; "Salarios de ministros..." [1597] y del Archivo General de Indias ("México 1 N. 1" e "indiferente 2862, libro 1. f. 78") demuestran que Frutos del Castillo partió hacia Valladolid de Michoacán en junio de 1598.

canto. Conforme van aumentando las necesidades de la librería, se encarga material fuera de la diócesis: becerros de Flandes; corambre, alhucema, anjeo y encerado de Castilla; oro de México.[21]

Para no ahondar más en datos particulares, baste resumir que, a lo largo de la primera década del siglo XVII, se llegan a elaborar más de cien libros de coro, escritos por diversos amanuenses, pero todos iluminados por el connotado miniaturista Luis Lagarto. Para dar una escueta idea de la cantidad de dinero que habrá invertido la catedral en la librería de canto durante más de quince años, sirva de referencia el descargo de la fábrica por las iluminaciones de Lagarto en tan sólo el año de 1603: 2 937 pesos.[22]

Conclusiones

En resumen, la naturaleza, frecuencia y contenido de los acuerdos capitulares de la catedral de Puebla consignados por escrito en las últimas tres décadas del siglo XVI y la primera del XVII trazan una línea en ocasiones discontinua, pero de dirección definida, que refleja los esfuerzos del cabildo catedral poblano y del obispo don Diego Romano en favor de la regularización del culto divino y el incremento de su solemnidad mediante la música. Un repaso de los principales esfuerzos encaminados a conseguir tal objetivo refiere lo siguiente:

a. Se favorece el crecimiento y la estabilidad de la capilla musical con estas medidas: 1) Mejor remuneración a los maestros de capilla y acotación más específica de sus obligaciones. 2) Admisión de nuevos ministriles, cantores y mozos de coro. 3) Entrega de gratificaciones pecuniarias a los ministros más comprometidos y sobresalientes en su oficio. 4) Regularización de las lecciones de tecla, canto llano y canto de órgano. 5) Búsqueda de garantías para los puestos en que recae la responsabilidad de la música en el culto —organista, sochantre y maestro de capilla—, al procurárseles raciones asignadas exclusivamente para esos oficios. De ellas, se consiguen las dos primeras.

---

21 AVCA, LAC 0, f. 160v (26 de agosto de 1594); LAC 5, ff. 60v, 65 (23 de julio de 1596), ff. 66, 86v (16 de mayo de 1597), ff. 153, 162v (7 de abril de 1600), ff. 131v, 89v, 104v, 175v, 191v, 194[bis]v, 255v, 256.

22 AVCA, Libro de cuentas (etiquetado como "Diezmos 1604-1627"), f. 7.

b. Se intenta conformar un repertorio polifónico propio de la catedral, por medio de las siguientes disposiciones: 1) El cantor-director que años antes servía el magisterio de capilla cede su lugar al compositor-director, a quien se le exige entregar copia de sus obras para la catedral. 2) Se establece un salario para que uno de los cantores se encargue de copiar para el archivo de la catedral los villancicos y chanzonetas que interpreta la capilla en las principales festividades litúrgicas y civiles. 3) Se compran o mandan copiar cantorales y libretes con obras de los compositores peninsulares y novohispanos más connotados en ese entonces: Cristóbal de Morales, Francisco Guerrero, Alonso Lobo, Fernando Franco, Frutos del Castillo, Pedro Bermúdez.

c. Se invierte una enorme cantidad de dinero durante más de tres lustros con el fin de crear una opulenta librería de canto para la catedral. Durante el proceso: 1) Se busca y copia el repertorio en canto llano de la tradición toledana. 2) Se adquiere la mejor materia prima de Nueva España y Europa. 3) Se contratan amanuenses profesionales, algunos de ellos por oposición, y se les proporcionan hasta dos aposentos de la catedral para desarrollar su oficio. 4) Se pagan sustanciosos salarios a músicos competentes para que revisen y corrijan los posibles errores del amanuense. 5) Se encarga la ornamentación de letras capitulares y guarniciones al más connotado iluminador de la Nueva España. 6) Se construyen aposento y mobiliario específicos para la librería.

Colofón

Concluyo citando a Florencio Álvarez, que en su Episcopologio Angelopolitano expone en una sola frase lo que aquí he intentado demostrar: "El Ilmo. Sr. Romano, [que] asistía con frecuencia a las Sesiones Capitulares, legisló con sabiduría y prudencia sobre asuntos del Coro y del culto divino en la Catedral[...]". [23]

---

[23] [Florencio Álvarez], *Estatutos del Cabildo Metropolitano de la Santa Iglesia Basílica Catedral de la Puebla de los Ángeles. Aprobados y puestos en vigor por decreto del Excelentísimo e Ilustrísimo Señor Doctor Don Pedro Vera y Zurdia, arzobispo de la Puebla de los Ángeles, seguidos de algunos documentos y del Episcopologio Angelopolitano*, Puebla, Imprenta La Enseñanza Objetiva, 1925, p. 158.

Sirva el conocimiento de estos esfuerzos del prelado, dignidades y ministros de la catedral de Puebla como punto de partida para comprender la magnificencia y el esplendor musical de la catedral angelopolitana alcanzados en la época del obispo Juan de Palafox y Mendoza, y para ir enfocando el fondo sobre el cual resalta la imponente figura del compositor malagueño Juan Gutiérrez de Padilla y su capilla musical.

VI. Anexos

Anexo 1: Tabla comparativa de los sochantres.

Sochantre	Nombramiento	Fin del ministerio	Duración del ministerio	Salario en pesos de oro
Gaspar de los Reyes	29.04.1568	a. 18.07.1572	< 4 años y 3 meses	50 de minas
Pedro Bautista	18.07.1572	27.11.1573	1 año y 4 meses	"el acostumbrado" + 20 de minas
Martínez	27.11.1573	a. 20.12.1573	< 1 mes	50 de minas
Diego López	09.12.¿1573 o 1574?	a. 03.06.1575	< 1 año y 3 meses, > 3 meses	50 de minas
Pedro Bautista	d. 09.12.¿1573 o 1574?, a. 03.06.1575	31.12.1577	> 2 años y 6 meses	¿? 100 de minas
Juan de Cañas	31.12.1577	10.06.1578	6 meses	50 de minas
Pedro Bautista	10.06.1578	d. 10.03.1579, a. 04.08.1579	< 1 año y 2 meses, > 9 meses	85 de minas 100 de minas
Diego Alonso Pedroso	04.08.1579	a. 15.09.1581	< 2 años y 1 mes	120 de minas
Juan de Cañas	d. 15.09.1581 a. 19.10.1582	a. 16.05.1586	< 4 años y 8 meses, > 3 años y 7 meses	60 de minas 100 de minas
Domingo Pérez de Castro	16.05.1586	a. 01.01.1590	< 3 años y 8 meses	100 de minas
José Díaz	15.12.1592	ca. 24.10.1597	ca. 4 años y 10 meses	200 de común 225 de común
Francisco Alfonso Cabrera	24.10.1597	ca. 11.01.1619	21 años y 2 meses	200 de común 250 de común 350 de común

00.00.0000 = día.mes.año; a. = antes de ; d. = después de ; ca. = circa ; < = menos de ; > = más de
Fuentes: AVCA, LAC, 0, 4, 5 y 7.

Anexo 2: Tabla comparativa de los maestros de capilla.

Maestro de capilla	Nombramiento	Fin del magisterio	Duración del magisterio
07.1572-07.10.1573: sede vacante			
Antonio de Vera	21.11.1572	d. 15.05.1573, a. 29.12.1573	> 6 meses, < 1 año y 1 mes
08.10.1573-17.07.1576: obispado de don Antonio Ruiz de Morales y Molina			
Pedro Guerrero	d. 15.05.1573, a. 29.12.¿1573 o 1574?	a. 08.01.1577	< 3 años y 7 meses
17.07.1576-02.12.1578: sede vacante			
Antonio de Vera	08.01.1577	a. 15.08.1577	< 7 meses
Melchor de Salazar	15.08.1577	a. 01.10.1577	< 2 meses
Antonio de Vera	01.10.1577	a. 01.11.1577	< 1 mes
Roca	a. 01.11.1577	a. 13.04.1579	¿> 7 meses? < 1 año y 6 meses
02.12.1578: posesión del doctor don Diego Romano, obispo de la diócesis de Tlaxcala			
Francisco de Cobarrubias	13.04.1579	a. 14.04.1581	*ca.* 2 años
Antonio de Vera	05.01.1582	01.11.1586	4 años y 10 meses
Francisco de Cairós	01.11.1586	¿*ca.* 09.01.1593?	*ca.* 6 años y 1 mes, < 7 años y 10 meses
Frutos del Castillo	¿*ca.* 09.01.1593?	*ca.* 16.06.1598	*ca.* 5 años y 6 meses, > 3 años y 9 meses
Francisco de Cairós	23.06.1598	27.06.1603	5 años
Pedro Bermúdez	27.06.1603	08.04.1604	*ca.* 9 meses
Francisco Alfonso Cabrera	08.04.1604	19.09.1606	*ca.* 2 años y 4 meses
12.04.1606: muere don Diego Romano			
Gaspar Fernandes	19.09.1606	a. 18.09.1629	23 años

Fuentes: AVCA, LAC 0, 4, 5 y 9; "Memoria de los salarios..." [1594] y "Salarios de ministros..." [1597]; Libro de cuentas ("Diezmos 1604-1627"); Archivo del Cabildo Catedral Metropolitano de México (ACCMM), LAC 3, f. 115; Correspondencia de músicos, caja 23, exp. 1.

Salario anual en pesos de oro	Observaciones
Sin salario 50 de minas	Recibe salario por el curato de Tepeojuma. Al dejar el curato recibe salario por visitador general y, finalmente, recupera su prebenda de canónigo.
¿?	
100 de tepuzque	Además, recibe prebenda de canónigo.
100 de tepuzque	
100 de tepuzque	Además, recibe prebenda de canónigo.
200 de minas	
500 de común 450 de común 400 de común	Las reducciones del salario responden a una disminución de las rentas eclesiásticas.
80 de minas 130 de minas	Además, recibe prebenda de canónigo.
400 de común	
400 de común 550 de común	El aumento incluye 50 pesos por el magisterio y 100 por corregir los libros de coro.
600 de común 450 de común	Ambos salarios incluyen 400 pesos por cantor. Por tanto, recibe 200 del magisterio, que se le reducen a 50, por contumacia.
730 de común	El salario incluye 500 pesos del magisterio, 230 de una capellanía y 100 por la lección a los mozos de coro.
Gratificaciones de 100 de minas	Además, recibe prebenda de racionero, 400 pesos de salario de sochantre, 300 de cantor y 100 por corregir los libros de coro.
940 de común	El salario incluye 500 del magisterio, 100 por la lección a los mozos de coro, 300 por sustituto de organista y 40 por apuntar las chanzonetas.

00.00.0000 = día.mes.año; a. = antes de ; d. = después de ; *ca.* = *circa* ; < = menos de ; > = más de

Anexo 3: Composición de la capilla musical y el ministerio del órgano.

Periodo	Núm. de cantores	Núm. de mozos de coro	Núm. de ministriles	Núm. de organistas	Total aproximado de la suma de salarios
A 1572	1	¿?	0	1	¿?
A 1573	8	3	0	1	>610 pesos de oro de minas (>1 010 de oro común)
A 1579	9	¿3?	0	1	1 350 pesos de oro común
A 1594	10	14	3	1	4 050 pesos de oro común
De 1597 a 1602	16-21	14	6-9	2	7 500 a 8150 pesos de oro común

Fuentes: AVCA, LAC 0, 4 y 5; "Memoria de los salarios…" [1594] y "Salarios de ministros…" [1597].

El órgano de Félix de Izaguirre y los organistas de la catedral de Puebla

Patricia Díaz Cayeros
    Instituto de Investigaciones Estéticas
    Universidad Nacional Autónoma de México

La catedral de Puebla cuenta actualmente con tres órganos sobre los balcones altos de su coro: dos antiguos inservibles y uno estadounidense que todavía se emplea, construido en 1921.[1] La bibliografía que se ha producido respecto a dichos órganos es escasa y no coincide del todo en cuanto a las historias de estos instrumentos fundamentales para el culto.[2] Es por ello que, a partir de la información de las actas de cabildo de la catedral de Puebla del primer cuarto del siglo XVIII, de los inventarios de los bienes de la catedral realizados entre 1656 y 1750 y de un legajo con documentos referentes a la construcción y arreglo de los órganos, me propongo contribuir en la reconstrucción de la historia del órgano de Félix de Izaguirre, cuya caja todavía se conserva en el lado de la epístola del recinto catedral. No sólo será posible aclarar la confusión relativa a las fechas en que se construyó, sino también las razones que explican la colaboración posterior de Bernardo Rodríguez. A lo largo de este ensayo mostraré, por un lado, que el organero Bernardo Rodríguez participó a raíz de un conflicto no resuelto entre el fabricante —Félix de Izaguirre— y el cabildo catedral. Y, por otro lado, que la historia

---

1   María Teresa Suárez, *La caja de órgano en Nueva España durante el barroco*, México, Conaculta / Centro Nacional de Investigación, Documentación e Información Musical "Carlos Chávez"-INBA, 1991, p. 91. Agradezco profundamente a la autora por su ayuda en esta ponencia.

2   Véase John Fesperman, *Organs in Mexico*, Raleigh, The Sunbury Press, 1979; Efraín Castro, "Los órganos de la Nueva España y sus artífices", en *Lecturas Históricas de Puebla*, vol. 26, Puebla, Gobierno del Estado de Puebla, 1989, sin duda el mejor trabajo sobre el tema; Secretaría de Desarrollo Urbano y Ecología, *Voces del arte. Inventario de órganos tubulares*, México, Sedue, 1989; María Teresa Suárez, *op. cit.*; Eduardo Merlo, Miguel Pavón Rivero y José Antonio Quintana Fernández, *La basílica catedral de la Puebla de los Ángeles*, Puebla, Litografía Alai, 1991; Gustavo Mauleón, *Música en el virreinato de la Nueva España. Siglos XVI y XVII*, Puebla, Universidad Iberoamericana Golfo Centro, 1995; Josué Gastellou y Gustavo Mauleón, *Catálogo de órganos tubulares históricos del estado de Puebla*, Puebla, Universidad Iberoamericana Golfo Centro, 1997.

del órgano de Izaguirre en el marco de los conflictos que el cabildo enfrentaba al mismo tiempo con Luis de Bomboran, su organista mayor, permite comprender mejor el desarrollo de quien le sucedería en el cargo: Miguel Tadeo de Ochoa. Éstos son algunos de los hechos que permiten fijar 1722 como fecha clave en la historia y apariencia del recinto catedral, como lo veremos al final del presente trabajo.

Tanto la querella que el cabildo entabló con Izaguirre como la relación que dichos capitulares tenían contemporáneamente con su maestro organista (Luis de Bomboran) sugieren que en ese momento la Nueva España carecía de organistas y organeros suficientemente capacitados. Por lo menos, no abundaban individuos que pudieran evaluar e instalar un instrumento que —a decir de Izaguirre— no tenía parangón en Nueva España ni en los reinos de España. ¿Sería una exageración de su parte? Aunque lo fuera, ¿por qué el cabildo no pudo siquiera reemplazar a Bomboran cuando éste dejó su puesto amenazando con regresar a España? Lo cierto es que, en una carta de 1710, Bomboran explícitamente manifestó al obispo su incapacidad de evaluar el tipo de mixturas que Izaguirre había utilizado en su órgano y, aun así, no pudo ser reemplazado por falta de contendientes capacitados (como se verá más adelante):

> ...he reconocido —por lo que llego a alcanzar de la afinación o temple— que está como debe estar. Por lo que toca a las mixturas y a las demás cosas que tiene el órgano, no puedo dar parecer seguro por la falta de experiencia que me asiste, por no haber dichas mixturas ni haberlas tañido donde me enseñé; solamente las mixturas de flautado abierto, la de bordón y orlo y otras de lleno por haberlas manejado en este reino...[3]

---

3 Archivo del Venerable Cabildo Angelopolitano Catedral de Puebla (en adelante, AVCA), legajo con documentación sobre los órganos de la catedral (en adelante Legajo Órganos), documento 2. Actualmente se lleva a cabo el inventario del archivo que en un futuro cercano permitirá otorgar un ramo y signatura topográfica a esta serie de documentos. Por el momento, he numerado los documentos en función del orden que tienen dentro del legajo, aunque no es cronológico. En todas las transcripciones, he modernizado puntuación y ortografía.

El artífice (Izaguirre) —por su parte— se quejaba con el cabildo de que la entrega del órgano se detuviera a causa de la ignorancia del organista.[4] Fue en este contexto de diez años de conflicto con dos "españoles" (es decir, Bomboran e Izaguirre) donde un infante de coro iniciaba su carrera como músico. El 24 de noviembre de 1713, Miguel Tadeo de Ochoa, luego de haber sido elegido para ser instruido en el órgano, informaba que el costo del monocordio necesario para su aprendizaje era de 15 o 20 pesos, cantidad que el cabildo despachó para que el rector del colegio lo comprara.[5] En 1722, dicho infante se convirtió en el organista mayor de la catedral. En 1750, este capellán, músico, compositor y rector del colegio de infantes todavía conservaba el título. Así, resulta evidente que la continuidad fue uno de los beneficios que el cabildo catedral recibió por nutrir la capilla con músicos locales.

Por lo menos desde 1656 la catedral de Puebla contó con cuatro órganos. Los inventarios que en ese año se hicieron mencionan dos órganos más o menos grandes, un realejo en buenas condiciones y finalmente un órgano pequeño en muy malas condiciones.[6] El siguiente inventario realizado en la catedral tuvo lugar en 1712. En él, nuevamente se registran cuatro órganos, pero la descripción es mucho más detallada y al analizarse en el contexto de las actas capitulares parece sugerir que los dos órganos grandes de 1656 fueron reemplazados por uno grande y otro mediano fabricados por Izaguirre, a quien también se encargó que preparara una nueva caja para el órgano chico y aderezara el realejo. Dicho inventario indica que el órgano más grande se localizaba en uno de los lados del coro y sobrepasaba el arco de ese tramo de la catedral. Su caja había sido tallada con cedro y nogal y por remate tenía nueve ángeles también tallados y coronados por una imagen de la virgen del Pilar.[7] El inventario especifica que todas las maderas eran "en blanco" (es decir que la talla no había sido pintada) y que el órgano tenía todo lo necesario como fuelles, flautas y teclas. No hay duda de que se trata del instrumento de Izaguirre que

---

[4] AVCA, Legajo Órganos, documento 6.
[5] AVCA, Actas de cabildo (en adelante, Ac), libro 22, f. 82. Se anotará la fecha de la sesión de cabildo en la nota sólo cuando no se mencione claramente en el texto.
[6] AVCA, Inventarios de bienes de sacristía, 1656, f. 33.
[7] Hoy es posible observar que dicha imagen de la virgen del Pilar corona la cadereta.

hoy se encuentra al lado de la epístola. El inventario no indica que si bien era un instrumento que "tenía todo lo necesario" no era posible utilizarlo. Junto a este gran órgano se hallaba el realejo, un órgano pequeño considerado "muy bueno". Del otro lado del coro estaban los otros dos órganos: uno, pequeño, al cual le faltaban las flautas, y del que se dice que era muy viejo y que su caja se encontraba muy maltratada (quizá fuera para este órgano que Izaguirre hizo una nueva caja).[8] El cuarto órgano, grande (aunque de menores dimensiones que el mencionado con anterioridad), cuya caja también había sido tallada con cedro y nogal y que estaba rematado por un solo ángel. La semejanza entre la descripción relativa a este órgano en el inventario y la caja de órgano que hoy se aprecia en el lado norte sugiere que se trata del mismo instrumento. Sin embargo, antes de relacionar esta documentación con partes o con lo que queda actualmente en dicho sitio, resulta indispensable resolver algunos problemas que, por el momento, tan sólo enunciaré. Por un lado, Gustavo Mauleón y Josué Gastellou han hecho notar que la caja porta una inscripción que la asocia con el año de 1766 y con el nombre de Ignacio Maldonado.[9] Por otro lado, en un trabajo anterior Gustavo Mauleón había indicado que el órgano norte solía vincularse con el que en 1660 ofreció Diego de Ceballos a la catedral,[10] y que —a decir de Efraín Castro— entró en el recinto nueve años después.[11] De hecho, la atribución del órgano norte a Ceballos (y, por lo mismo, su ubicación dentro del siglo XVII y no en el XVIII) aparece en el inventario de órganos tubulares que en 1989 publicó la Secretaría de Desarrollo Urbano y Ecología.[12]

---

8   AVCA, Inventarios de sacristía, 1712.
9   Josué Gastellou y Gustavo Mauleón, *op. cit.*; John Fesperman atribuye este órgano a un "Maldonado" y afirma que quizá fue el mismo que hacia 1700 se importó de España para Puebla: Fesperman, *op. cit.*, pp. 4 y 77; Salvador Moreno ubica este órgano en el siglo XVIII y lo atribuye a "Florencio Maldonado": Salvador Moreno, "La imagen de la música en México", en *Artes de México*, núm. 148, año XVIII, 1960, p. 12.
10 Mauleón, *Música en el virreinato... op. cit.*, p. 162.
11 Castro, *op. cit.*, p. 20.
12 En el catálogo de Sedue, *op. cit.*, p. 84, se le llama Diego Cebaldos. Posiblemente ello se deba a que, como informa Efraín Castro, *op. cit.*, p. 20, era hijo legítimo de Juan de Cebaldos. En la carta del 5 de mayo de 1660 (que se conserva en el Legajo Órganos) aparece firmando una carta al obispo poblano como "Diego Seballos". Además de la información que ya había proporcionado Efraín Castro respecto a la apariencia de este instrumento (es decir, que constaba de once mixturas o registros y que era tan hermoso que podía adornar

Es posible que a partir de todas estas referencias y después de un análisis más detallado del instrumento en sí sea posible recrear su historia.

Regresando a los inventarios y a la historia del órgano de Izaguirre, reviste especial interés el registro realizado en 1749, pues en este año se anotó que el órgano grande había sido compuesto y que para ello se habían gastado 2 350 pesos en fuelles nuevos, en algunas mixturas y en la fábrica nueva que se había hecho a su reverso, donde se habían colocado varios ángeles y trompetas.[13] Así, este inventario evidencia y explica un aspecto que ni siquiera se había considerado en la historiografía: la marcada diferencia estilística entre las esculturas exteriores y las interiores de la caja del órgano de Izaguirre. No deja de ser un dato importante, no sólo para la historia de las cajas de órganos sino para la de la escultura novohispana en general, por tratarse de un arte de tan difícil datación.

Veamos ahora lo que nos cuentan las actas capitulares. En marzo de 1710, el maestro constructor Félix de Izaguirre hacía entrega de dos órganos, uno de los cuales —el del lado de la epístola— sería sometido a un detallado examen. El 10 de abril de 1710, los comisarios para la entrega del órgano nuevo (el chantre Francisco López de Humara y el canónigo Gaspar Martínez de Trillanes) recibían un memorial de Izaguirre[14] donde éste se quejaba de la insuficiencia de Bomboran:

> ...digo que para la entrega que pretendo hacer del órgano grande vengo suplicando a V. S. desde 7 de enero mandare buscar sujetos peritos e inteligentes y de la segunda súplica que hice a V. S. por escrito, en su determinación nombró V. S. entre otros al organista mayor a quien sin recelo mío empecé a entregar dicha obra y el segundo día mandaron los señores comisarios se suspendiesen por decir el organista no tiene conocimiento para obra tan grande, negándose también a él tañer con el arte que

---

tanto como lo hacía un retablo en una capilla), habría que añadir que la carta de 1660 conservada en AVCA indica que era relativamente grande —al igual que el órgano norte— pues medía seis varas de alto y tres varas y un tercio de ancho.

13 AVCA, Inventarios de sacristía, f. 89.
14 AVCA, Ac, libro 21, f. 308.

debe, atropellando la respetuosa atención que debía a los señores comisario y al ser ministro de la iglesia desluciendo una obra tan grande cuanto acertada que no sólo no la hay en estos reinos pero ni aún en los de España. Por cuya razón a V. S. pido y suplico que a este sujeto no sólo por insuficiente sino por intención depravada e inobediente […] le repruebe, nombrando aquellos que con cristiandad y desinterés fueren del agrado de V. S. Y si hubiere artífice en el reino que con entera inteligencia pueda entregarse el órgano y por excusar el costo se omite el llamarlo, suplico a V. S. lo mande llamar que en medio de mis trabajos daré lo que costar.[15]

Un mes después, el 20 de mayo de 1710, las actas finalmente registran la entrega de los dos órganos.[16] La presencia de músicos de la catedral de México hace suponer que de esta forma el cabildo resolvió la incapacidad de su organista para el dictamen. Este día se vieron los informes de Miguel de Riba, maestro de capilla de Puebla, del licenciado don Francisco Atienza,[17] de don Manuel Huallarta, de don Juan Téllez (organista mayor de la catedral metropolitana de México) y de Luis de Bomboran (organista mayor de Puebla), quienes habían asistido a la entrega y reconocimiento de los dos órganos que tenía "acabados" don Félix de Izaguirre. Respecto a la entrega del órgano grande, se indica que si bien se libraba al constructor de la obligación de la escritura, éste se había excedido agregando 13 mixturas que no se habían previsto en dicha escritura de obligación. Tres semanas después, el 13 de junio de 1710, Félix de Izaguirre solicitaba que se le dieran 500 pesos anuales de salario por concepto de afinación, aderezo y cuidado de los dos órganos que tenía la catedral y que por esa cantidad se obligaba a mantenerlos bien acondicionados.[18] El 1º de julio quedó nombrado como afinador y reparador de

---

15 Este documento (mencionado en las actas de cabildo) aparentemente corresponde al documento 6 del Legajo Órganos. Se trata de una carta dirigida a un "ilustrísimo Señor" (que no puede ser sino el obispo poblano). Al margen dice "cabildo eclesiástico. Ángeles y abril diez de 1710". El obispo debió enviar la misiva al cabildo, que a su vez la canalizó a sus comisarios.
16 AVCA, Ac, libro 21, f. 311.
17 Se registra que venía de la ciudad de México, aunque se sabe que antes había sido capellán en Puebla.
18 AVCA, Ac, libro 21, f. 313v.

los órganos "que se le compraron" y de que usaba la iglesia y se acordó darle 500 pesos anuales de salario.[19]

Todo parecía haberse arreglado en paz; sin embargo, dos meses después, el 5 de septiembre de 1710, Izaguirre demandaba al cabildo que se le pagaran las mixturas que había puesto de más.[20] Esta sesión de cabildo marca el principio de un periodo difícil para la catedral no sólo a propósito del instrumento sino también de los organistas. Tan sólo dos años después de la entrega del órgano de Izaguirre, el organista mayor de Puebla amenazaba con regresar a España a causa del mal trato que —según él— había recibido de parte del cabildo. En la sesión de cabildo del 30 de septiembre de 1712, se leyeron dos recados del obispo de Puebla, don Pedro Nogales Dávila. En el primero, este último informaba al cabildo que, cuando el organista Luis Bomboran había ido a la ciudad de México por mandato del prelado, y pedimento del virrey, le había dicho a Nogales que ya no regresaría porque había sido tratado "mal de palabra" y se le había quitado el suplemento del arpa y los fuelles.[21]

Para entender este reclamo —de arpa y fuelles— hay que hacer un paréntesis. En la misma línea del obispo Manuel Fernández de Santa Cruz, quien al fundar el Colegio de Infantes de Puebla en 1694 determinó que los nuevos infantes debían ser españoles y no mezcla de indios, mestizos o mulatos "para que puedan cantar en el coro",[22] en 1710 (dos años antes de la amenaza de abandono de su plaza), Luis de Bomboran se negó a aceptar en la capilla al arpista Diego Florentín con el argumento de que era de "color quebrado" y de "corta suficiencia".[23] Sin embargo, el cabildo lo contrató y, aunque dijo que lo hacía "por ahora",[24] en 1724 —es decir 14 años después— seguía siendo el arpista de la catedral.[25] Por lo tanto, desde 1710 Bomboran dejó de recibir este

---

[19] AVCA, Ac, libro 21, f. 314.
[20] AVCA, Ac, libro 21, f. 324v.
[21] AVCA, Ac, libro 22, f. 32v.
[22] "Tanto de la escritura de fundación del colegio de los niños infantes": AVCA, Libro de Reales Cédulas, f. 496v.
[23] AVCA, Ac, libro 21, f. 315v, sesión del primero de julio de 1710.
[24] AVCA, Ac, libro 21 f. 329, sesión del 26 de septiembre de 1710.
[25] En este año se le dieron 25 pesos para las cuerdas del arpa: AVCA, Ac, libro 24, f. 67, sesión del 18 de agosto de 1724.

ingreso suplementario. Por otro lado, es posible también que con el contrato de Izaguirre (quien había solicitado dos fuelleros) en ese mismo año de 1710 dicho organista saliera perjudicado de nuevo.

Volviendo al obispo Nogales y las cartas que en 1712 envió al cabildo, lo cierto es que en su segundo recado el prelado informaba que el virrey le había referido el deseo de Luis de Bomboran de regresar a España y, no obstante, también le había asegurado que si este organista era útil para la iglesia de Puebla lo haría volver. De no serlo, tan sólo lo retendría hasta despacharlo a España. El obispo recordaba al cabildo la conveniencia de considerar que en esos tiempos Bomboran era el único con dicho ministerio en el reino. No había otro ni era fácil conseguir otro organista para Puebla. Por lo tanto, conminaba a devolverle lo que se le había quitado y a no tratarlo mal. Sobre todo, advirtió que la iglesia contaba con un órgano muy costoso y necesitaba por tanto a un ministro que lo entendiera.[26] A la semana siguiente, el 7 de octubre 1712, el cabildo acordó restituirle el salario de uno de los fuelleros del órgano. En cuanto a los honorarios del arpista, consideraron que no tenía derecho a solicitarlos, pues se trataba de una plaza aparte que ya estaba ocupada (recuérdese que, a pesar de la resistencia de Bomboran, se le había asignado a un músico de "color quebrado" llamado Diego Florentín). Finalmente, respecto al aumento de salario que Bomboran solicitaba, el cabildo no encontró razón para consedérselo, considerando que si perdía algunas obvenciones ello era a causa de su falta de asistencia.[27]

Nueve meses después, el 14 de julio 1713, Izaguirre insistía en que se le pagaran las mixturas o bien proponía que se le diera licencia para quitarlas.[28] Para entonces las relaciones con el organista mayor de Puebla parecían haberse deteriorado de nuevo, pues el 26 de septiembre la plaza estaba vaca y se mandó despachar un edicto para cubrirla.[29] El edicto también indicaba que quien "saliere

---

26 AVCA, Ac, libro 22, f. 32v., sesión del 30 de septiembre de 1712.
27 AVCA, Ac, libro 22, s.f., sesión del 7 de octubre 1712.
28 AVCA, Ac, libro 22, f. 68.
29 AVCA, Ac, libro 22, f. 75. Robert Stevenson incluso menciona que en 1714 Bomboran aparece registrado como organista de la catedral de México y que el 8 de junio de 1714 renunció por estar en la víspera de regresar a España: Robert Stevenson, "Puebla Chapel-

nombrado" tendría que enseñar a un infante de coro y que dicha obligación quedaba incluida en los 500 pesos de salario que se le otorgarían, una medida que ayudaría a resolver el problema de escasez de organistas en el futuro. La oferta no parece haber sido atractiva, pues el 7 de noviembre se resolvió no nombrar organista en propiedad debido a la "cortedad" de los opuestos y se designó interinamente a Francisco Manuel de Caravantes con 300 pesos de salario anuales y con el cargo de enseñar a un infante,[30] que fue precisamente Miguel Tadeo de Ochoa.[31] De cualquier forma, en 1716 Bomboran aparece de nuevo en las actas poblanas como organista mayor hasta 1720, fecha en que se registra su deceso.[32]

La disputa con Izaguirre no se había resuelto todavía el 10 de enero de 1715, cuando el deán informó que las flautas del órgano estaban fuera de sus lugares y que se corría el peligro de perderlas o de que las hurtaran.[33] El 9 de octubre de 1716, nuevamente se citó a cabildo para tratar el asunto del órgano grande y se declaró que había costado aproximadamente 17 000 pesos, aunque se encontraba apeado y en litigio pendiente con Izaguirre.[34] Se indicó que el conflicto duraba ya más de tres años y que ello había causado un mayor deterioro al instrumento, el cual corría el peligro de arruinarse por completo y provocar a la iglesia la pérdida de todo el monto invertido en él. Nada parece haberse logrado en los siguientes tres años pues el 16 de junio de 1719 el cabildo mandaba escribir una carta a don Félix de Izaguirre donde se le instara a continuar la compostura del órgano a que estaba obligado, y se le insinuara que, de no hacerlo con toda brevedad, el cabildo emplearía recursos judiciales.

---

masters and Organists: Sixteenth and Seventeenth Centuries. Part II", en *Inter-American Music Review*, vol. VI, núm. 1, otoño de 1984, pp. 119-120. No parece haber regresado a la península, pues en 1716 se le encuentra de nuevo en Puebla.

30 AVCA, Ac, libro 22, f. 79v.
31 En 1718 Ochoa era un capellán pobre; el 21 de junio de 1720 fue nombrado segundo organista con un salario de 200 pesos y el 29 de julio de 1722 se le otorgó el título de organista mayor con un salario de 500 pesos, además de los 100 que se le dieron por enseñar a un infante.
32 AVCA, Ac, libro 22, f. 312, sesión del 18 de febrero de 1716. Luis de Bomboran murió dejando vaca la plaza de organista mayor de la iglesia el 18 de junio de 1720 (AVCA, Ac, libro 23, f. 130).
33 AVCA, Ac, libro 22, f. 199v.
34 *Ibid.*, f. 350v.

Lo único que el cabildo recibió el 27 de junio 1719 fue la negativa del artífice.[35] Un año después, el 20 y 23 de agosto de 1720, esa autoridad, finalmente, optó por recurrir a Bernardo Rodríguez. Sin embargo, no parece haber tenido mucha confianza en este constructor de órganos, pues el 27 de agosto 1720 decidió suspender momentáneamente el arreglo "por ser voluminoso" y por la necesidad de una mayor "conferencia de artífices para su resolución". Se recomendó esperar para ver si acaso en la flota próxima a llegar venía algún artífice constructor de órganos que manifestara pleno conocimiento, así como un maestro de organista capaz de afinarlo con destreza y tocarlo con perfección. Casi un año después, el 9 de mayo de 1721, finalmente se tomó una decisión efectiva.[36] En esta ocasión se valoró el instrumento en 26 000 pesos y se informó que, al no haber llegado en la última flota ninguna "persona inteligente de artífice de hacer órganos ni maestro organista", al ser todavía posible lograr un arreglo del órgano a un costo razonable[37] y haberse comprobado —en el trabajo con el realejo y en las aficiones— que don Bernardo Rodriguez resultaba inteligente para fabricar órganos, se le encargaría la obra. Lo más interesante es que en esta ocasión se menciona que, en su obra, Izaguirre pretendía "exagerar su habilidad" (es decir, su habilidad como organero), lo cual pudo saberse hasta que la catedral contó con una persona apta (es decir, Bernardo Rodríguez) para "descubrir" que dichos secretos no eran necesarios para lo sustancial y constitutivo del órgano.[38] Fue así como, por fin, el 20 de marzo de 1722 la catedral pudo estrenar el instrumento de Izaguirre, pues en esa fecha se informó que el órgano se había entregado sin defecto alguno.[39] Asimismo, se resolvió que el uso del órgano grande estaría al cargo y cuidado de Miguel Tadeo de Ochoa. Ese mismo día se ordenó librar edictos en las catedrales de Puebla y México para convocar a músicos que desearan ocupar la plaza de organista mayor de Puebla;[40] la cual —como he señalado— se le asignó a Ochoa el 29 de julio de 1722.

---

35 AVCA, Ac, libro 23, f. 45.
36 *Ibid.*, f. 226v.
37 *Ibid.*, f. 227.
38 *Idem.*
39 *Ibid.*, f. 333.
40 *Ibid.*, f. 333v.

Muchas interrogantes quedan en cuanto a la excepcionalidad del órgano de Izaguirre en el contexto de los organistas y organeros novohispanos. Sin embargo, es posible concluir algunos aspectos relativos a la historia del coro poblano y de su funcionamiento interno. No hay duda de que durante el primer cuarto del siglo XVIII los esfuerzos del cabildo de la catedral de Puebla se centraron sobre todo en el remozamiento del coro y de que 1722 fue un año clave para ello. Durante la sede vacante de dicho año, varios proyectos de la catedral relacionados con el coro confluyeron. No sin grandes obstáculos, esos proyectos permitieron una total transformación del espacio. En aquel año, el cabildo "canceló la escritura" de Bernardo Rodríguez y, por fin, celebró la colocación del más suntuoso órgano en su catedral. Asimismo, le otorgó la plaza de afinador con 300 pesos de salario anuales,[41] mientras que se aseguraba de que el instrumento tendría un uso adecuado al asignar (el 29 de julio de 1722) la plaza de organista mayor (con un salario de 500 pesos) a un hombre que por provenir del colegio de infantes tendría que haber sido de toda su confianza: Miguel Tadeo de Ochoa.[42] Con este personaje se podría lograr una continuidad en el oficio que no había sido posible con el organista anterior. Además, otra noticia debió alegrar al cabildo: un mes antes, el 24 de junio de 1722, un proyecto, que desde 1712 había considerado indispensable para que una iglesia como la poblana —que ya no estaba corta de diezmos— adquiriera la dignidad que le correspondía, llegaba a su fin: la extraordinaria sillería de coro realizada por Pedro Muñoz. Con todo esto, en 1722 el cabildo catedral logró saldar una cuenta que había quedado pendiente desde los tiempos de la consagración de la iglesia de Puebla: un espacio, el coro, con tan fuerte carga simbólica, desde donde los obispos y cabildos poblanos dirigían las alabanzas a Dios, por fin alcanzaba el honor que le correspondía.

---

41 *Ibid.*, f. 334v.
42 *Ibid.*, f. 390v.

La fundación del Colegio de Infantes de Puebla en su contexto histórico y artístico

Montserrat Galí Boadella
    Instituto de Ciencias Sociales y Humanidades
    Benemérita Universidad Autónoma de Puebla
    Fundación Manuel Toussaint

Introducción

La catedral de Puebla se reconoce como uno de los centros musicales más importantes de la América hispana y sus maestros de capilla figuran entre los más insignes compositores novohispanos. Sin embargo, tenemos poca información acerca de cómo se desarrollaba la actividad musical en nuestra catedral; tampoco se han estudiado las instituciones que aseguraban la transmisión de los saberes musicales. El presente trabajo se propone dar a conocer uno de estos aspectos: la creación del Colegio de Infantes, por obra del obispo Manuel Fernández de Santa Cruz (1677-1699), destinado a instruir y proteger a los niños del coro catedralicio.

Para esta investigación hemos trabajado actas de cabildo, pero sobre todo los expedientes relativos al Colegio de Infantes que forman parte del Archivo del Cabildo Catedral de Puebla. También hemos tomado en cuenta varias fuentes contemporáneas: el sermón funeral del obispo Santa Cruz, pronunciado en catedral por el canónigo Joseph Gómez de la Parra; la biografía escrita por fray Miguel de Torres, titulada *Dechado de Príncipes*, y la crónica de la ciudad de Puebla redactada a finales del siglo XVII por un contemporáneo del obispo, Miguel Zerón Zapata.[1]

En 1539, la sede episcopal localizada en Tlaxcala se trasladó a la ciudad de Puebla. En estas fechas se habían constituido prácticamente todas las sedes episcopales españolas y la actividad musical de sus capillas ya se hallaba establecida; todas ellas contaban con niños de coro, infantes o mozos,

---

[1] Miguel Zerón Zapata, *Puebla de los Ángeles en el siglo XVII* (ed., padre Mariano Cuevas), México, Patria, 1945. También hay datos sobre el obispado de Fernández de Santa Cruz en Mariano Frenández de Echeverría y Veytia, *Historia de la fundación de la ciudad de la Puebla de los Ángeles de la Nueva España, su descripción y presente estado* (ed., prol. y notas de Efraín Castro Morales), 2 vols., Puebla, Altiplano, 1963.

llamados más tarde seises, por su número. La catedral de Puebla, orgullosa émula de las peninsulares, no será una excepción y desde que se fundó contó con un buen número de mozos de coro, destinados a dar realce a las funciones litúrgicas, ya sea como acólitos, como cantores o en ambas actividades.

Los niños de coro en Puebla hasta el obispado de Juan de Palafox

Hay que señalar que los datos del siglo XVI sobre los infantes o mozos de coro, como se les denominaba en aquellos años, dan lugar a muchas interrogantes. Pero, a pesar del panorama poco preciso que nos ofrecen los documentos, es necesario hacer un rápido resumen de los que sabemos hasta el momento para valorar el alcance y significado de la fundación del Colegio de Infantes.

En 1545, ya se habla de capilla de música y en 1552 se observa una inusitada actividad musical con la contratación de numerosos mozos de coro. El salario era de cinco pesos de minas por año, un pago modesto pero sin duda de gran ayuda para las familias, sobre todo si se toma en cuenta que los niños, como cualquier aprendiz, recibían educación y vestido. Aunque no tenemos la fecha de constitución de la capilla, un documento de 1545 confirma su existencia; en él se dice que el viernes, después de *Corpus*, "vaya la Capilla y Música de esta Santa Iglesia" a la iglesia de la Compañía. En 1547, se compran dos órganos y tres años después ya se cuenta con dos organistas fijos.

En los nombramientos de mozos de coro no se especifican las funciones que han de cumplir; sin embargo, en 1556, se nombra a un "cantor" para que sirva de maestro para los mozos de coro, a quienes ha de "enseñar a leer, escribir y cantar", con un sueldo de 30 pesos. Pero no será sino hasta 1571 cuando se hace referencia expresamente al maestro de capilla, en un momento de aguda crisis, como lo indica el que se haya tomado la decisión de despedir a los músicos por no haber maestro de capilla. Drástica resolución cuyas causas no hemos podido indagar, pero que al parecer no afectó a los mozos de coro, ya que en el año siguiente (1572) se nombró a Cristóbal de Aguilar organista y maestro de mozos, lo cual indicaría que estos últimos continuaban actuando en la catedral. Ese mismo año se recibe a Cristóbal Leyton como cantor, dato según el cual las restricciones afectaron al parecer a los ministriles y al maestro de capilla, si bien a pesar de la crisis se procuraba no descuidar el canto.

No podemos seguir agregando más detalles acerca de los músicos en la catedral durante su primer siglo de existencia (1539-1639); solamente señalaremos que probablemente la situación que se vislumbra gracias a estos datos del siglo XVI persistió durante la primera mitad del siglo XVII hasta la llegada en 1640 del obispo Juan de Palafox y Mendoza. Éste, aunque no fundó un colegio para niños del coro, tomó providencias para que se les diera una educación más sistematizada y acorde con su casi segura carrera como religiosos o músicos de coro. Es así como al refundar el Colegio de San Juan y abrir el de San Pedro para seminaristas, conforme a las disposiciones tridentinas, Juan de Palafox ordenó que junto con los jóvenes seminaristas se escogiera a otros niños

> ...infánticos o seises de la Iglesia, que han de seguir el mismo y asistencia en ella que hasta aquí, andando con sus ropas y becas coloradas, y bonetes, cuando no trajeren sobrepellices; con calidad que los catorce de ellos que son de la situación de la Iglesia, acudan a ella cada día (como lo hacen) pero reduciéndose a su Colegio luego que se acaben los Oficios Divinos por mañana o tarde y sujetos en todo al mismo Rector, a quien se le han de entregar las ropas, y becas, y el Salario que la Iglesia acostumbra a dar a los Infánticos, para que los gaste con ellos en cuenta y razón; guardando y observando las constituciones que para ello se harán en la forma conveniente...[2]

De estas disposiciones de Palafox ha derivado la idea de que desde la fundación de los seminarios tridentinos por Juan de Palafox, hasta quizás la llegada a Puebla de Fernández de Santa Cruz, los niños del coro habrían vivido con los seminaristas en los Colegios de San Juan y San Pedro en régimen de internos. El maestro de capilla, que entonces era el insigne Juan Gutiérrez de Padilla, se encargaría de seguir impartiendo la enseñanza musical. Las fuentes no coinciden plenamente ya que, por ejemplo, Miguel de Torres, biógrafo del obispo

---

[2] Juan de Palafox y Mendoza, "Acta de fundación del Colegio Seminario del Glorioso Apóstol San Pedro", Puebla de los Ángeles, 22 de agosto de 1644.

Santa Cruz, el referirse al origen modesto de estos niños, da a entender que vivían en sus casas. Oigamos a fray Miguel:

> Empezó [...] por aquellos tiernos infantes, que servían de monacillos en el Choro de su Iglesia. Porque noticiado de que muchos de esos niños por su suma pobreza, y falta aun del necesario sustento, para la conservación de la vida, lloraban su mal logro. Trató de sacarlos de sus propias casas donde vivían, tolerando las escaseces de sus padres, y los recogió en un Colegio que fundó de su generosa mano.[3]

Una idea parecida es la que expresa el panegirista del obispo, Joseph Gómez de la Parra, cuando escribió que "Como tuviese noticia de que los niños que se aplicaban a servir en el Choro de Monacillo, se malograban los más, porque en saliendo del choro se iban cada uno a su casa. Determinó fundar un Colegio, donde aprendiesen música, y se cuidase de doctrinarlos y enseñarlos."[4]

Por el contrario, el propio fundador del Colegio, en el acta de constitución de éste, hace referencia a que los monacillos no podían seguir viviendo en el Colegio de San Juan debido a su inmadurez, que interfería con la necesidad de disciplina de los colegiales del seminario de San Juan.

La fundación del Colegio de Infantes (1694)

La gestión del obispo Manuel Fernández de Santa Cruz coincide con el apogeo del barroco en Puebla: se terminan las portadas de la catedral, se construye la capilla del Ochavo, Villalpando pinta la cúpula de la capilla de los Reyes y se consagra la capilla del Rosario. En lo musical, después de la muerte de Juan Gutiérrez de Padilla, dirigirían la capilla de la catedral músicos de la talla de Juan García de Céspedes, Antonio de Salazar y Matheo Dallo y Lana.[5] Este último obtendría la maestranza

---

3 Fray Miguel de Torres, *Dechado de Principes Eclesiásticos que dibujó con su exemplar y ajustada vida el Illst. Y Excmo. Señor Doctor D. Manuel Fernández de Santa Cruz y Sahagún ...*, Puebla de los Ángeles, s.p.i., 1716, cap. xxviii, p. 163.

4 Joseph Gómez de la Parra, *Panegírico funeral de la vida en la muerte del Illmo. Y Excmo. Señor Dr. D. Manuel Fernández de Santa Cruz, Obispo de la Puebla de los Angeles en la Nueva España, que predicó en la Santa Iglesia Catedral el dia de sus Exequias Funerales ...*, Puebla de los Ángeles, Herederos del Capitán Juan de Villa Real, 1699, p. 62.

5 Los maestros de capilla desde la época de Juan de Palafox hasta Manuel Fernández de

en la época de Fernández de Santa Cruz y daría lugar a un nuevo periodo de esplendor de la música poblana. En este contexto artístico, y con el deseo de imprimir mayor solidez y esplendor a la música religiosa y a las actividades del coro, el obispo Santa Cruz fundaría el Colegio de Infantes para los niños cantores de la catedral. Los datos sobre éstos durante el obispado de Fernández de Santa Cruz son especialmente numerosos, aun antes de la fundación del Colegio. Así, por ejemplo, poco después de haber llegado al obispado encontramos esta referencia: "Que el Maestro de Capilla los días que le parecieren haga subir a cantar al órgano los Niños Músicos que hubiere para que se vayan ejercitando y perdiendo la vergüenza y que estos y los demás músicos estén a la obediencia y mandato de dicho maestro de Capilla." [6]

El de 1689 parece un año particularmente importante en tanto se observa que el obispo ya está decidido a fundar el Colegio de Infantes. A mediados de esa fecha, se había formado una comisión de canónigos para la "reforma y proporción de los Salarios de la Capilla", que dio su informe el 9 de agosto. En él se establece lo que sería ya un incipiente reglamento para dichos niños:

> De los diez y seis Monacillos, diez han de servir de Acólitos, ayudando a las Misas, tomando las Capas, los Cirios y asistiendo a las Cabeceras del Choro: los otros seis se dividen con nombre de seises, que han de tener vozes, asistencia al facistol, y se les enseñará Música de Canto llano, y de órgano, por los Maestros nombrados y estos seises han de tener una parte Mayor en la Capilla para ayuda de la decencia de su vestuario ...

> Con advertencia que sólo los Acólitos han de ir a los entierros, y los Seyses cuando fuere la Capilla, y los acólitos no han de dar nada de lo que ganaren a los Seyses, ni los Seyses a los Acólitos ...

Santa Cruz fueron Juan Gutiérrez de Padilla (maestro desde 1629 hasta 1664, año de su muerte), Juan García de Céspedes (quien sucede a Padilla, maestro de 1664 a 1678), Antonio de Salazar (maestro entre 1679 y 1688, año en que pasa a México) y Miguel Matheo Dallo y Lana (maestro desde 1688 hasta 1705).

[6] Archivo del Venerable Cabildo Anglopolitano Catedral de Puebla (en adelante AVCA), Actas de cabildo, libro 17, f. 161v., 14 de enero de 1678.

> Y para que se guarde la costumbre de las Iglesias de España, el Vestuario de los Acólitos ha de ser distinto de los Seyses haciéndose las Opas de los Acólitos de color morado, y las de los Seyses de colorada como hoy las usan.[7]

Cabe señalar que el informe de los canónigos también precisaba el lugar en donde se darían las clases: "Para dar la licción [sic] de Cantollano y órgano se señala la sala alta que era Contaduría y en que vivía Joseph de la Fuente." El informe, inserto en actas de cabildo, termina con estas palabras:

> Y vista por Su Señoría aprobaron según y como lo tiene determinado los Señores Comisarios y que se le de cuenta a Su Illma. el Sr. Obispo y juntamente las gracias por la Intención de querer fundar Colegio o Casa para la assistencia y educación de los seises por ceder en beneficio de la Iglesia y lustre de su Capilla lo qual se executó por los Sres. Comisarios. Y su Illma. se conforma con todo lo determinado para que assi se ejecutare, y lo firmó el Deán.[8]

Podemos considerar, pues, dicho informe como el antecedente directo de la fundación del Colegio, aunque ésta tardará todavía cuatro años. En efecto, el 30 de octubre de 1693 el cabildo recibió formalmente la noticia de la fundación del Colegio de Infantes o niños seises, que se asentó en el acta del día; en diciembre de este mismo año, el obispo Santa Cruz autorizaba, con el título de "Constituciones que han de observar los Infantes de Coro y Colegiales de santo Domingo Mártir", las que regirían al colegio durante un largo siglo.[9]

El acta de fundación del Colegio, firmada en enero de 1694, es un documento imprescindible para conocer las intenciones de Santa Cruz, así como el estado en que se hallaba la instrucción de los niños. El texto señala que el obispo se había percatado de que no convenía a los niños estar recluidos en los colegios de San Pedro y San Juan debido a la diferencia de edades rcon los seminaristas:

---

[7] AVCA, Actas de cabildo, libro 18, ff. 427v- 429, 9 de agosto de 1689.
[8] Ibid. f. 429.
[9] AVCA, "1694-1854, Colegio de Infantes. L-Cc-no.1-63". El nombre del Colegio responde al de un infante de coro, mártir de la catedral de Zaragoza, España.

> Porque siendo tan desiguales las edades como distintas las ocupaciones de estos Niños, y los Colegiales aquellos no consiguen la instrucción y crianza que se desea, y estos embarazan en su estudio la travesura inseparable de la puericia resultando de esta unión una conjunción incapaz de gobierno en el mas desvelado Rector, y queriendo su S.I. ocurrir á este daño, se halla en determinación de fundar un Colegio en que vivan debajo de la enseñanza de su Rector, donde no solo aprendan los rudimentos de la fee, sino que se críen en buenas costumbres aprendiendo Música, y los que se aplicaren al estudio puedan aprovechar las letras, y el que no tuviere vocación de Eclesiástico, emplearse en algún Oficio …[10]

Para poder sostener la fundación, el obispo Santa Cruz compró unas casas y determinó que el Colegio siguiera recibiendo la cantidad que la fábrica daba a los seises, así como la parte que éstos tenían en la capilla y en los entierros.[11] En total se recibiría a 16 niños, los que habrían de vestir ropa encarnada con becas azules. Para ser recibidos tenían que saber leer y escribir y ser españoles para poder cantar en el coro. Se estableció que el chantre sería el superintendente de dicho colegio y decidiría qué niños entraban o salían, con la aprobación del cabildo, que era el patrono del establecimiento. Para conocer la enseñanza que se impartía debemos recurrir a las constituciones que se habían aprobado unos días antes, en diciembre de 1693. Es necesario señalar que dichas constituciones se planteaban como un documento transitorio para que el colegio empezara a funcionar, hasta que el cabildo redactara las definitivas de acuerdo con "la experiencia y el tiempo". Estas últimas habrían de esperar casi un siglo.[12]

Por el momento, Fernández de Santa Cruz estableció que los niños acogidos en el Colegio serían 16 y servirían en la catedral "así en el Coro para cantar, como en la Sacristía, para ayudar las misas".[13] Las formas de enseñanza

---

[10] Manuel Fernández de Santa Cruz, "Acta de fundación del Colegio de Infantes", 4 de enero de 1694. Se firmó ante el escribano público Francisco Solano, en el palacio episcopal.

[11] Sobre estas casas brinda detalles Fernández de Echeverría y Veytia, *Historia de la fundación de la Ciudad de la Puebla de los Ángeles…, op. cit.*, p. 506. El edificio destinado a colegio se encontraba en la que en el siglo XVIII se llamaba calle de la Aduana Vieja (actualmente 3 Oriente, núm. 208).

[12] Las constituciones del siglo XVIII fueron promovidas por el chantre Rafael de Gorospe en 1786. En 1836, durante el obispado de Francisco Pablo Vázquez, se aprobaron todavía otras constituciones.

[13] Los primeros infantes del Colegio fueron Agustín Cruzat, Pedro Deloya, Ignacio Durán,

no se detallaban mucho en dichas constituciones. Nosotros interpretamos esta falta de precisión como una prueba de que se seguiría la costumbre establecida hasta entonces, es decir la de encomendar su formación musical al criterio del maestro de capilla en turno. En cambio, es interesante conocer cómo y cuándo servirían los infantes a la catedral:

> Luego que se levanten irán todos á la Iglesia á ayudar las Misas y en la Prima asistirán dos, y otros dos en el Coro para cantar los versos, siguiendo por semanas para uno y otro; y porque no todos son versistas, los que lo fueren serán relevados de ayudar la Misa de Prima y de otras ocupaciones incompatibles con el Coro ...
>
> Cantada la Prima en el Coro (y la Misa después de Prima si la hubiere) se volverán todos al Colegio a desayunarse sin esperar a ninguno.
>
> En desayunándose se irán al Estudio á pasar ruedas, y dar lecciones los que estudiaren. Cerca de las nueve, catorce de ellos irán a la Iglesia y sus ocupaciones se distribuirán así: Dos de cabecera; otros dos para los Libros del canto; y diez para todos los ministerios del Altar.
>
> Acabada la Misa mayor y Sexta se volverán estos catorce al estudio [...] A las diez y media se volverán todos al Colegio, donde tendrán media hora de lección de canto. Y el tiempo que resta hasta las doce estudiaran sus lecciones de Gramática y los que nos estudiaren Gramática tendrán todo este tiempo de exercicio de canto, ó de leer, ó escribir...
>
> Mientras comen estará uno leyendo, siguiéndose para esto por días o por semanas, como pareciere mas conveniente. En dando las dos irán todos al estudio á pasar ruedas y dar lección. Cerca de las tres irán todos los que no estudiaren y si todos estudiaren irán cua-

---

Ignacio Calderón, Felipe de Jesús Cano, Juan Delgado, Domingo Salmerón, Pedro Domínguez, Agustín de Liz, Bernardo Laurent, Juan Muñoz, José María Diéguez, Juan Pover, José de la Mota, Ildefonso Rascón y Atanasio Dehesa, "a los cuales se denominó fundadores y según sus aptitudes, se les fueron dando estudios", de acuerdo con Antonio Carrión, *Historia de la ciudad de Puebla de los Ángeles*, 2 vols., Puebla, Viuda de Dávalos e Hijos, 1896, vol. 1, p. 418.

tro á la Iglesia: dos de cabecera, y dos para los libros del canto; estos dos de los Libros de canto, acabadas las Completas se volverán al Estudio; los otros dos de Cabecera se quedarán hasta después de Maytines, y no volverán al Estudio. Dada la Oración estudiaran hasta las ocho, cuidando el rector en esta hora, y en la de once, de que estudien.[14]

Las constituciones del obispo Santa Cruz eran bastante exigentes en cuanto al estudio, pero muy humanas en otros aspectos, como la siesta, los juegos y las visitas de familiares. De hecho, tomaban en cuenta que se aplicarían con niños que echaban de menos a sus familiares y que algunas veces eran traviesos, por lo cual había que disciplinarlos poco a poco. Queremos señalar que no se menciona en ningún momento que los chicos tomen clases de algún instrumento, aunque de acuerdo con las actas de cabildo queda claro que se instruían de manera más o menos voluntaria con alguno de los ministriles de la capilla.

Las constituciones referidas, y por lo tanto las prácticas pedagógicas derivadas de ellas, fueron las que rigieron la educación de los infantes de coro hasta que, en el último tercio del siglo XVIII, se empezaron a observar señales de relajamiento y decadencia que en 1786 llevarían al chantre, Rafael María de Gorospe, a enviar una memoria al cabildo con el fin de que se redactaran nuevas constituciones para el colegio.

Nos falta seguir de manera sistemática la trayectoria de esos niños músicos. De algunos sabemos, por los datos que hemos rescatado en las actas de cabildo, que pasaron a ser músicos destacados en la propia catedral de Puebla y en otras catedrales novohispanas y aun americanas. La tarea que se ha propuesto el proyecto Musicat nos permitirá tener toda esta información a mano, cruzarla y con ello tener ya un panorama general y preciso de la historia musical del Virreinato. Estas líneas son un primer resultado, no desdeñable, de todo lo que se podrá obtener.

Consideramos la fundación del Colegio de Infantes en un contexto histórico y social donde en primer lugar es relevante la personalidad de Manuel Fernández de Santa Cruz, el obispo más importante de la Puebla barroca después de Juan de Palafox, no sólo por sus actividades de patrocinio y mecenazgo, sino

---

14 AVCA, "1694-1854. Colegio de Infantes. L. Cc-n.1-63", Constituciones del Colegio de Infantes.

también por su talla intelectual.[15] En segundo término, debe considerarse el papel que la ciudad de Puebla desempeñó en la vida intelectual y artística del virreinato. La Angelópolis rivalizaba con la capital en materia de colegios y conventos, y también en sus manifestaciones artísticas. La actividad musical no iba a quedar al margen de esa competencia: el Colegio de Infantes de Puebla se adelantó en más de tres décadas al de la catedral de México, mientras sus capillas catedralicias contendían en el esplendor de las celebraciones litúrgicas. Así, la fundación del Colegio de Infantes de la catedral de Puebla no es un acto aislado y casual sino la manifestación del orgullo de una ciudad episcopal que ostentaba su independencia y su identidad mediante instituciones que la equiparaban no sólo con la ciudad de México, sino con las capitales más importantes de la cristiandad. En una carta al rey Carlos II fechada en 1692, el obispo Manuel Fernández de Santa Cruz exhibía el orgullo de estar a la cabeza de una importante diócesis cuya catedral cuidaba de manera puntillosa el culto divino y se enorgullecía de la calidad de su coro. El obispo Santa Cruz estaba convencido de que ninguna

> ...de las mayores, y más acreditadas Iglesias de Europa excede a esta, y que en este Reyno, y otros es edificativo modelo, y sobresaliente venerable ejemplar de las mas lucidas y aventajadas catedrales por la costosa, rica y opulenta decencia de su adorno; por la religiosa, devota, indispensable puntualidad de su culto; por el magnífico diuturno servicio de su altar; por la rectísima infatigable asistencia a su Choro; *por el aparato y magnífica gravedad de los Capellanes, Cantores, Ministros de Choro, Colegiales y demás sirvientes, que se ocupan de los oficios divinos*; por la circunspección, modestia, y compostura de sus Capitulares, en quienes la virtud, las letras, y el buen ejemplo, parecen que como herencia, o dotes de los puestos se conservan inseparables de ellos [...] semejantemente es venerable la grandeza de esta catedral.[16]

---

15 Sobre la actividad de Manuel Fernández de Santa Cruz, véase Montserrat Galí Boadella, "El patrocinio episcopal en la ciudad de Puebla: el caso del obispo Manuel Fernández de Santa Cruz (1677-1699)", en *Barroco Iberoamericano. Territorio, Arte, Espacio y Sociedad*, Sevilla, Universidad Pablo de Olavide, 2000, t. I, pp. 89-110.

16 Archivo General de Indias, exp. México, 346, f. 1177. Las cursivas son nuestras.

Arte, liturgia y catequesis en los libros de coro de la catedral de Guadalajara

Dom Antonio Ramírez
    Catedral de Guadalajara

La Catedral de Guadalajara conserva una colección de 96 libros de coro que servían para el canto coral del oficio divino de los canónigos, o sea para la misa conventual cotidiana y el canto de las horas canónicas de laudes, tercia, sexta, nona y vísperas en los domingos y días de fiesta.

Tenemos un trabajo sobre los libros de coro realizado por Leopoldo I. Orendain: "Libros corales en la Catedral de Guadalajara", publicado en la revista *Anales del Instituto de Investigaciones Estéticas*.[1]

Los libros de coro son textos en canto gregoriano (o canto llano) con que la Iglesia celebra el año litúrgico. Sus melodías son normalmente las de la escuela de Toledo, escritas en cinco líneas, mientras que el canto gregoriano se escribe en cuatro, pero aparte de ésta son muy pocas las diferencias respecto a las melodías gregorianas escritas con notación actual, es decir la usada en la edición de Ratisbona de 1883, que la reforma vaticana adoptó ese año.

No podemos olvidar que el canto gregoriano no sólo es música, sino que nos sirve sobre todo para la oración, conforme al principio de san Agustín: "El que canta ora dos veces."

Los libros se encuentran bien conservados y completos, a pesar de su antigüedad —que se remonta a finales del siglo XVII y llega hasta el XIX—, ya que los protege su encuadernación: pastas de madera de cedro, cubiertas de cuero y broches de bronce en las esquinas, lo que eleva el peso de cada libro que varía entre 20 y 28 k.

Todos nuestros libros sin excepción son manuscritos, en pergamino de gran calidad —excepto la serie del siglo XIX—, gracias a lo cual se conservan en muy buen estado.

---

1 Leopoldo I. Oredai, "Libros corales en la Catedral de Guadalajara", en *Anales*, vol. VIII, núm. 29, 1960, pp. 37-46.

Fue para mí una sorpresa encontrarme con libros de coro manuscritos, ya que en Francia, desde el siglo XVI, todos son impresos, aunque no ocurre lo mismo en España, donde la técnica de libros manuscritos musicales se conservó sobre todo en Sevilla y Granada.

Todos nuestros libros tienen un formato de 80 cm x 60 cm, con un promedio de 95 a 140 hojas cada uno. El formato de la serie del siglo XIX, que consta de 29 volúmenes, es de 70 cm x 40 cm.

Estamos elaborando el catálogo de nuestros libros de coro. Me permito señalar, y elogiar especialmente, los trabajos realizados por el Colegio de Michoacán, publicados en el libro *Inventario de los libros de coro de la Catedral de Valladolid, Morelia*, de Mary Ann y Henry Kelsey. También la investigación realizada por David Saavedra Vega, intitulada *Libros corales de la biblioteca conventual del museo regional de Querétaro*.[2]

La serie del siglo XVII, de 13 volúmenes, ostenta una decoración muy sencilla, pues los libros sólo tienen en la primera hoja la letra capitular con los arabescos, tonos y colores propios de la ornamentación morisca: dorado, azul y rojo, y son del tamaño de una pauta. Las letras siguientes alternan: en rojo las capitulares y en negro las de los versículos. Las frases y las notas son las clásicas de esa época, como las he visto en los conventos, y todas escritas con tinta china. Son graduales de fiestas especiales del año, antifonarios y comunes de santos.

La serie del siglo XVIII, de 26 volúmenes, es la más interesante. Está formada por la sucesión de graduales que van del cuarto domingo de cuaresma (*Laetare*), al domingo vigesimocuarto después de Pentecostés, con el común de santos, el oficio de difuntos, antifonarios para las horas menores y el vesperal.

Nos encontramos ante algo verdaderamente original: en la primera hoja de cada libro, los artistas hicieron gala de su gran cultura: para explicar el texto litúrgico de las primeras frases del introito —tomadas del texto bíblico— tomaron textos de los poetas Virgilio, Ovidio, Horacio, Boecio, etc., y establecieron un

---

[2] Mary Ann y Henry Kelsey, *Inventario de los libros de coro de la catedral de Valladolid-Morelia*, Zamora, El Colegio de Michoacán / Consejo de Cultura de la Arquiodiócesis de Morelia, 2000; David Saavedra Vega, *Libros Corales de la biblioteca conventual del museo regional de Querétaro*, Querétaro, Gobierno del Estado de Querétaro, 1996.

diálogo entre la imagen y el texto por medio de listones donde las frases se entrelazan a manera de preguntas y respuestas, como si fueran tiras cómicas. Me permito insistir: lo propio de nuestros libros es conducir al lector, de un modo extraordinario, al interior del misterio, comentando éste por medio de la miniatura que lo representa.

Siempre la letra capitular de la primera hoja es de dos pautas y nos ilustra el Evangelio del domingo o del día de la fiesta, con una perfección y una sencillez que ponen de manifiesto la gran maestría de los artistas en cuanto a la técnica y el estilo del arte de la miniatura, empleada para comunicar el mensaje catequético en las capitulares de las portadas. En lugar de los tradicionales márgenes decorados al borde de la página, aparece toda una serie de ocho imágenes que comentan el texto litúrgico en cuestión.

Las demás letras son muy particulares por su decoración, pues se alternan las letras romanas (monásticas, policromas, a veces con motivos indígenas como la flor de calabaza, a veces con mascarones) con rosas y flores. En los 26 volúmenes de la serie, nunca hemos encontrado dos letras iguales por su tamaño, proporción, colores o decoración. Los artistas que las trazaron dominaban magistralmente la técnica del arte de la miniatura: en ocasiones se parecen a las letras del gran maestro Luis Lagarto.

A nosotros, que estamos familiarizados con nuestros libros de coro, siempre nos sorprenden los mil y un detalles que de nuevo encontramos en sus dibujos. Por eso, me permito insistir en el mensaje catequético que transmiten gracias a la belleza de sus imágenes y la perfección del detalle, pues solamente la *Schola Cantorum* podía admirarlos en toda su dimensión. A nosotros nos muestran, con arte y maestría, la gran calidad del artista que pone todo su talento al servicio de la liturgia y logra hacer realidad, mediante el esplendor de las formas y la elevación espiritual, la liturgia como arte.

Se podría señalar la particularidad de los dos volúmenes del oficio de los difuntos, donde los artistas, a través de un mundo macabro de huesos, nos introducen a la teología del misterio de la redención: de la muerte a la vida, de las tinieblas a la luz.

Para contribuir al Coloquio Musicat: música, catedral y sociedad, señalaré el libro del domingo de Pentecostés, donde se presenta la venida del Espíritu Santo en forma de paloma que desciende sobre las musas, cada una de las cuales toca un instrumento musical. En el pupitre del chantre figura este poema:

Ut-re-mi-fa-sol-la
ut-re-mi-fa-sol-la
dum tollitur
cuando llaman las notas
Aulicus inquit
el cortesano dice
la-sol-fa-mi-re
la-sol-fa-mi-re
ut dum cadit aliter ait
y cuando descienden el otro dice
Optima musarum est: reliquis est id circo negatum
Lo más excelso pertenece a las musas: lo demás, por lo mismo no vale la pena
Artibus a musis, musica nomen habet.
Las artes pertenecen a las musas, y su nombre es: música

El artista nos pone al Espíritu Santo como el Maestro de la Armonía Celeste y, en la ilustración en la parte inferior de la hoja, junto a la musa, se ve la mano con la frase: *Dextrae Dei tu digitus*,[3] para decirnos la primera frase del introito: *Spiritus Domini replevit/Orbem terrarum: alleluia.*[4]

Así podríamos continuar libro por libro sin agotar su gran mensaje catequético.

La serie de los años 1779-1789 integra 18 volúmenes con la firma de Manuel Preciado. Aunque son más sencillos, se encuentran muy bien realizados,

---

[3] "Tú eres el dedo de la diestra de Dios" (del himno *Veni Creator Spiritus*). Trad.: Juan Manuel Lara.

[4] "El espiritu del Señor llena toda la tierra (introito del domingo de Pentecostés). Trad.: Juan Manuel Lara.

con las capitulares perfectas de la misma escuela de los anteriores. Con seguridad, Preciado podría ser discípulo de los anteriores autores de los libros y con la gran humildad de no ir más allá de lo que los maestros nos han dejado. Hemos encontrado otros seis volúmenes firmados por Manuel Preciado en los archivos de la basílica de Zapopan, que pertenecían al convento de Guadalupe, en Zacatecas.

En los 20 volúmenes restantes hay de todo: las capitulares, de muy mala factura, ostentan pájaros y flores trazados con grafitos, y no cuentan con firmas ni fechas.

La serie del siglo XIX (1884-1902) reúne los libros de coro de la edición vaticana de 1883 del manuscrito de Ratisbona. Sigue en todo al libro impreso, aunque también es manuscrita y se elaboró en pergamino de muy mala calidad. Parece muy bien hecha, aunque no tiene ninguna capitular mineada que decore alguna de sus hojas. Desgraciadamente, los pergaminos fueron barnizados, lo que los vuelve en extremo frágiles.

Para terminar, añadiré que nuestros libros de coro nos muestran la gran belleza y calidad de un trabajo y cómo debe realizarse, máxime cuando su fin es la oración diaria en la liturgia, en la que arte y catequesis se conjugan para decirnos su dimensión artística que, de este modo, es signo ejemplar del éxtasis y del tormento del hecho humano, reunido en un único acontecimiento cuando dicta la *lex vivendi*, la *lex orandi* y la *lex ornandi*.[5]

---

5 "La regla de la oración es la regla de la fe y la regla de la ornamentación." Trad.: Juan Manuel Lara.

Fuentes y archivos:
metodología, organización, catalogación, usuarios

Los *Maitines de la Navidad de Nuestro Señor Jesucristo* (1792-1798) de Antonio Juanas: un estudio catalográfico

Margarita Covarrubias
    Escuela Nacional de Música
    Universidad Nacional Autónoma de México

En los archivos de las catedrales novohispanas se encuentran valiosos documentos que conservan fragmentos de la historia de personajes de distintas épocas y su relación con las actividades religiosas propias de su tiempo. Se trata de textos, libros y papeles de música que ilustran la solemnidad de las celebraciones especiales de la liturgia.

El proyecto Musicat surge para brindar acceso, de una manera clara y ordenada, a datos confiables relacionados con la música y los músicos de la Nueva España y el México independiente (periodo comprendido entre 1525 y 1858), dentro del marco de las catedrales novohispanas.

Los papeles y libros de música están a la espera de que se les inventaríe, organice y catalogue con el fin de ponerlos a disposición de los interesados de un modo expedito, pues sólo así esta parte de nuestro patrimonio cultural se rescatará, la investigación de ella se facilitará y la difusión de la música se posibilitará, ya que las obras localizadas podrán transcribirse e interpretarse.

El archivo de música de la catedral de México se localiza en la biblioteca Turriana y lo compone el contenido de dos armarios empotrados, dos cajas de cartón y una pequeña estantería.

Thomas Stanford realizó, entre 1965 y 1967, trabajos de catalogación, organización y microfilmación de documentos de música de ese archivo.[1] En su catálogo, señala que "un investigador había trabajado anteriormente, el padre Javier González, quien ya había puesto una buena parte del archivo en grandes sobres de cartulina, los cuales llevaban una numeración según su posición en

---

[1] Thomas Stanford, *Catálogo de los acervos musicales de las catedrales metropolitanas de México y Puebla, de la Biblioteca Nacional de Antropología e Historia y otras colecciones menores*, México, INAH, Gobierno del Estado de Puebla / Universidad Anáhuac del Sur / Fideicomiso para la Cultura México - Estados Unidos, 2002.

la estantería del cuarto que los albergaba".[2] Stanford consideró inconveniente alterar ese orden y decidió que el sistema ya iniciado, "aun cuando no muy claro, habría de ser respetado".[3] Encontró que el padre González había empleado tres codificaciones: la primera para indicar la sección del estante que guardaba los documentos; la segunda, la posición del entrepaño en el estante, y la tercera, la posición del legajo en dicho entrepaño. Ejemplo: Legajo A d 1.

Entre 1967 y 1994, el archivo, al parecer, fue desatendido, se desordenó y sufrió pérdidas imposibles de valorar mientras no se elabore un inventario actualizado.[4] A partir de 1994, el padre Luis Ávila Blancas, canónigo bibliotecario de la catedral, encomendó a Salvador Valdez, actual responsable del archivo, la reordenación del material. Valdez aumentó indicaciones a las ya existentes en los legajos de música para actualizar su localización, puesto que ya no era práctica la fórmula anterior para encontrar los documentos. La reorganización topográfica resultante se expone a continuación, con base en este ejemplo:

C1   E1.1   Leg B a 1   AM 0001[5]

- *C1*: indica el número del clóset o estante empotrado (hay dos: *C1* y *C2*).
- *E*: se refiere a entrepaño.
- *E1*: el número registrado antes del punto y que sigue a la *E* señala el orden numérico del entrepaño dentro del estante, contando de arriba abajo: primer entrepaño (de hecho "el de hasta arriba").
- *E1.1*: el número anotado después del punto marca, en forma numérica progresiva y de izquierda a derecha, el lugar que dentro del entrepaño ocupa el legajo: el primer legajo colocado en el primer entrepaño.
- *Leg B a 1:* se conserva como signatura de Stanford y hace referencia al catálogo de este investigador, aunque actualmente no tiene significado práctico.
- *AM*: indica archivo de música

---

2 *Ibid*, p. xlvi.
3 *Idem*.
4 En septiembre de 2005, dentro del marco del proyecto Musicat, se concluyó el inventario del archivo. N. de E.
5 Salvador Valdés, "Guía del microfilme del archivo musical del cabildo metropolitano de la catedral de México", inédita, s.f.

- *0001*: números que coresponden al orden consecutivo, de izquierda a derecha y de arriba abajo, asignado a cada una de las obras que integran el acervo.

Dentro de esta organización no están incluidos ni los libros de coro ni lo que se conoce como Fondo Estrada.

Definición de la problemática

Abril de 2003: en el marco del proyecto Musicat, se inician los trabajos para diseñar tanto la base de datos para libros y papeles de música como la ficha catalográfica y el manual correspondiente, conforme a la normatividad del RISM.[6] Para diciembre de ese año, Omar Morales Abril, investigador guatemalteco becario del proyecto Musicat, había logrado catalogar y procesar en la base de datos 14 libros de polifonía coral. Dos meses antes, en octubre, habíamos iniciado la catalogación de los papeles de música con la primera obra que se encuentra en los armarios: *Maitines de la Navidad de Nuestro Señor Jesucristo* de Antonio Juanas, música contenida en los tres primeros legajos. De acuerdo con lo expresado hasta aquí, las signaturas de éstos, según Valdez,[7] están registradas de la siguiente manera:

C1	E1.1	Leg B a 1	AM 0001 a 0013
C1	E1.2	Leg B a 2	AM 0014 a 0023
C1	E1.3	Leg B a 3	AM 0024 a 0034

Al iniciar la catalogación, se hicieron evidentes dos de los principales problemas debidos a la situación del archivo. El primero era que, por ser los *Maitines* de Juanas una colección que agrupa varios cantos —como parte del mismo oficio litúrgico—, debería tener una sola signtura, sin embargo tenía 34; tan sólo en uno de los cuadernos de la colección, el del "Acompañamiento", se encontraron ocho diferentes. El segundo problema consistía en que una obra distinta se encontraba entre los *Maitines* y no pertenecía a la colección (de las 34 signaturas, este documento tiene el número 0009), es decir que su ubicación era incorrecta.[8] Desde luego, errores cometidos al

---

6 RISM: Registro Internacional de Fuentes Musicales Históricas.
7 Valdez, ms. cit.
8 Se trata de *Ocho responsorios dedicados a la Santísima Trinidad*, obra del mismo compositor. Ver tabla A.

acomodar los papeles dentro de los legajos, dificultaban enormemente el trabajo catalográfico, pues resultaba posible encontrar, a varios legajos de distancia, partes o cuadernos integrantes de una misma colección.

La siguiente tabla muestra la signatura de los legajos y la que corresponde a cada parte de los *Maitines*, según Valdez:[9]

Signatura					Contenido	
C1	E1.1	Leg	B a 1	AM	0001	Cuaderno de acompañamiento, portada general
					0002	*Ibid.* responsorio 1
					0003	*Ibid.* responsorio 2
					0004	*Ibid.* responsorio 3
					0005	*Ibid.* responsorio 4*
					0006	*Ibid.* responsorio 6
					0007	*Ibid.* responsorio 7
					0008	*Ibid.* responsorio 8
					(0009	no forma parte de esta colección)**
					0010 y 0011	cuadernos de órgano (dos copias)
					0012	acompañamiento (sin portadas)
					0013	partitura
*El responsorio núm. 5 no tiene portada; al parecer ésa es la razón por la que tampoco tiene signatura. **Véase nota 8						
C1	E1.2	Leg	B a 2	AM	0014 y 0015	violín primero (dos copias)
					0016	violín segundo
					0017	oboe primero
					0018	oboe segundo
					0019	trompa primera
					0020	trompa segunda
					0021	soprano primera
					0022	alto primera
					0023	tenor primero
C1	E1.3	Leg	B a 3	AM	0024	bajo primero
					0025	violín segundo
					0026	timbales
					0027 y 0028	soprano segunda (dos copias)
					0029 y 0030	alto segunda (dos copias)
					0031 y 0032	tenor segundo (dos copias)
					0033 y 0034	bajo segundo (dos copias)

1. *Tabla A*. Signaturas de los cuadernos de partes que integran los *Maitines*.

---

9   Valdez, ms. cit.

En el margen superior derecho de cada cuaderno se observa la signatura señalada por Valdez, aunque con una variante, pues elimina la indicación del armario.

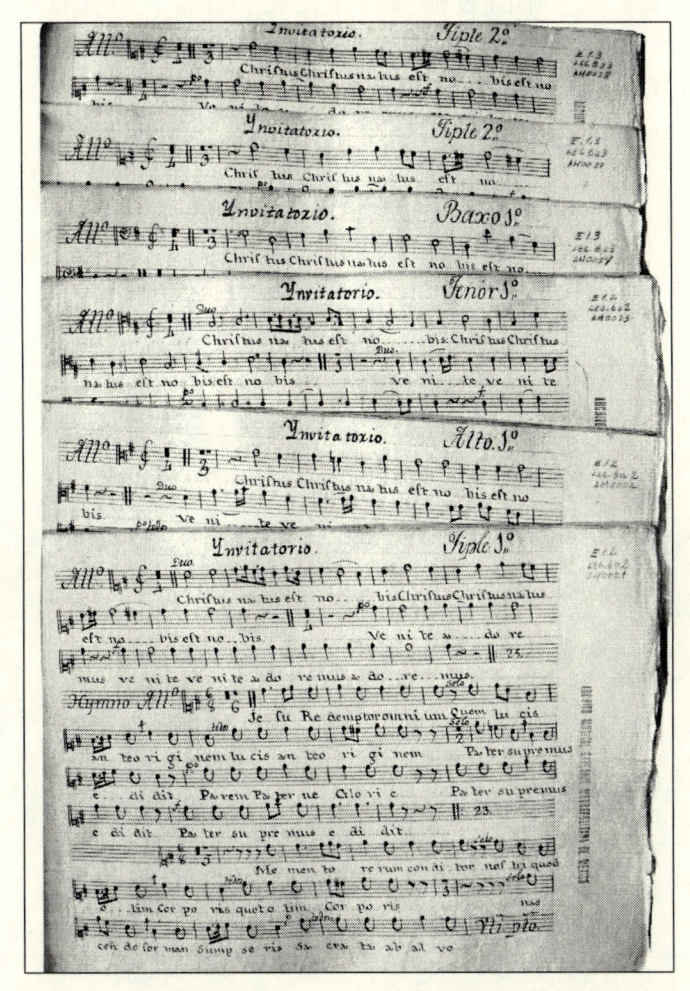

2. Cuatro cuadernos del primer coro (soprano, alto, tenor, bajo) y dos cuadernos de la soprano del segundo coro, que muestran las diferentes signaturas. Fotografía: Myriam Beutelspacher y Gabriel Yáñez.

Al terminar el proceso de catalogación de los *Maitines*, y una vez advertidas las dificultades e irregularidades del archivo, se decidió suspender este proceso hasta que se realizara un inventario para identificar cada obra existente, determinar su localización, su dotación, precisar si se encuentran todas las partes que la integran, señalar el nombre del compositor y otros datos adicionales que ofrezcan un panorama general de la música preservada en los armarios. Para tal fin se diseñó una ficha de inventario con un manual operativo correspondiente a ella.

3. Ficha de inventario

Así mismo se decidió que, mientras durase el proceso de inventariado de los documentos, no se moverían del lugar donde se encuentran actualmente para no causar más confusión. Más tarde, cuando se haya analizado, propuesto y aceptado un sistema de clasificación claro, lógico y sencillo, se reordenarán.

Fichas catalográficas

Las fichas catalográficas basadas en el sistema RISM, se diseñaron y adaptaron especialmente para los archivos de México. Tienen tres formatos: ficha Musicat para colecciones, ficha Musicat para obras individuales de colección y ficha Musicat para obras individuales.[10]

En el proceso de catalogación de los *Maitines* de Juanas se emplearon fichas de las dos primeras clases.

4. Ficha para colecciones

---

10 Omar Morales Abril, Lucero Enríquez, Aurelio Tello y Juan Manuel Lara, *Manual operativo para el catálogo de libros y papeles de música*, inédito, s.f.

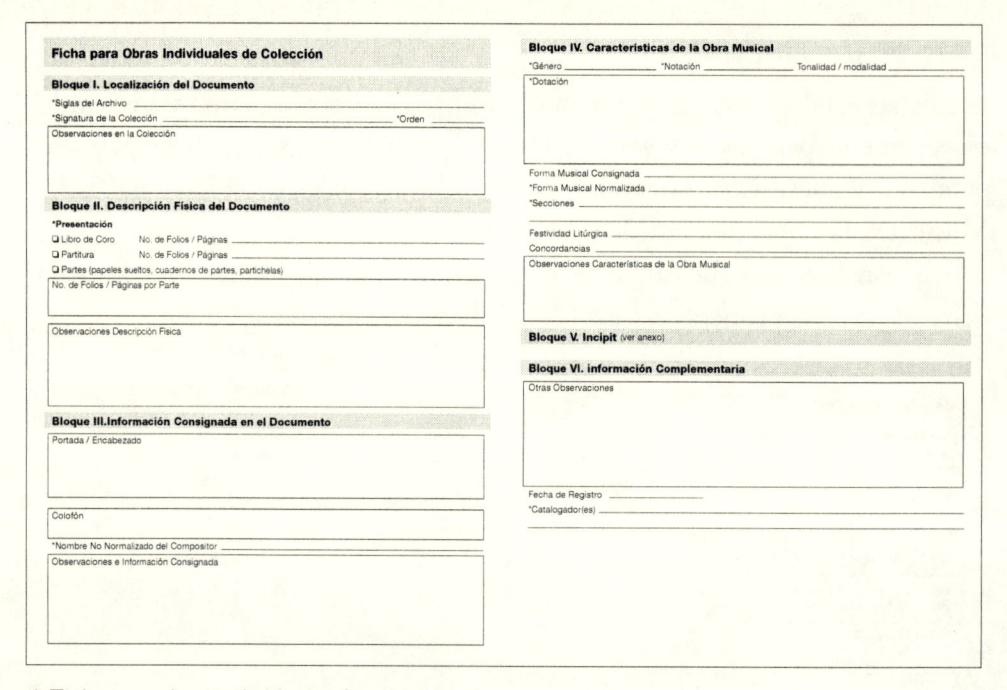

5. Ficha para obras individuales de colección.

Los campos de registro de la ficha Musicat para colecciones se agrupan en cuatro bloques:
        I. Localización del documento.
        II. Descripción física del documento.
        III. Contenido o información consignada.
        IV. Datos complementarios.

Los campos de registro de la ficha Musicat para obras individuales de colección se agrupan en seis secciones:
        I. Localización del documento.
        II. Descripción física del documento.
        III. Información consignada.
        IV. Características de la obra musical.
        V. *Incipit*.
        VI. Información complementaria.

Adicionalmente a la ficha —individual o de colección— se creó un formato para registrar tanto el *incipit* literario, en caso de que la obra sea vocal, como el musical; asimismo, se consignan otras indicaciones como epígrafes y *tempo*.

ESTRUCTURA DEL OFICIO DE MAITINES

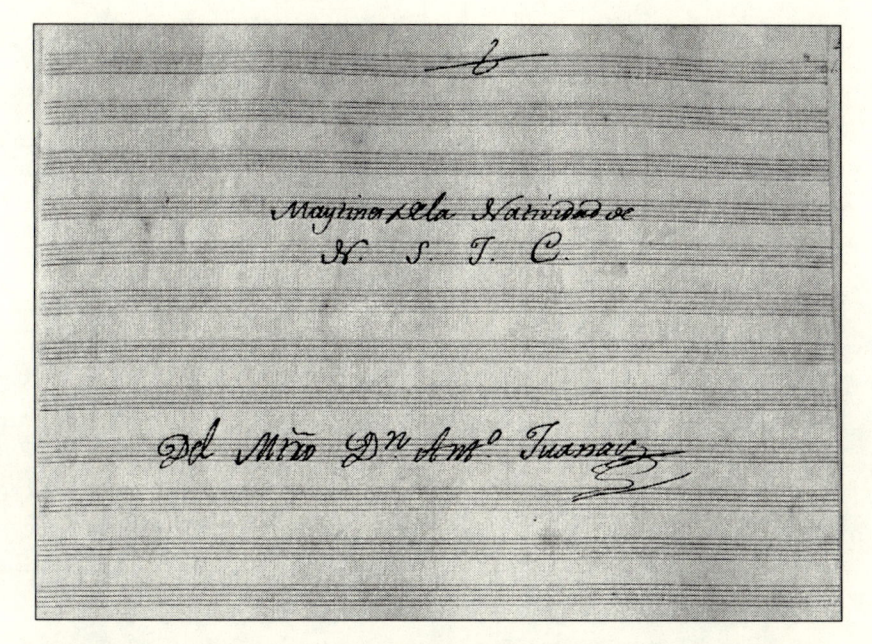

6. *Maitines de la Navidad de Nuestro Señor Jesucristo*. Portada de la partitura. Fotografía: Myriam Beutelspacher y Gabriel Yáñez.

El oficio divino es la plegaria oficial de la Iglesia católica, siendo el latín su idioma propio hasta la reforma llevada a cabo por el concilio Vaticano II ... estaba estructurado para santificar por medio de su rezo las horas principales del día ... Todas y cada una de las horas constan de estos componentes literarios: oraciones, salmos, himnos, lecturas, invocaciones y saludos.[11]

---
11 Samuel Rubio, *Historia de la música española. Desde el* ars nova *hasta 1600*, Madrid, Alianza, 1998, p. 81.

Invitatorio	antífona salmo himno
Nocturno I	antífona 1 salmo antífona 2 salmo antífona 3 salmo versículo con su respuesta lección 1 responsorio 1 lección 2 responsorio 2 lección 3 responsorio 3

Nocturno II	antífona 4 salmo antífona 5 salmo antífona 6 salmo versículo con su respuesta lección 4 responsorio 4 lección 5 responsorio 5 lección 6 responsorio 6
Nocturno III	antífona 7 salmo antífona 8 salmo antífona 9 salmo versículo con su respuesta lección 7 responsorio 7 lección 8 responsorio 8 lección 9 Te Deum laudamus

7. Tabla B. Esquema de un oficio de Maitines.

El oficio de maitines se integraba con invitatorio (antífona, salmo e himno) y tres nocturnos (antífonas, salmos, versículos, lecciones y responsorios).

De todos los cantos que integraban este oficio, algunos se rezaban y otros se entonaban en canto llano o bien en polifonía. Las partes de los *Maitines* que se interpretan de manera polifónica y a las que corresponden los manuscritos son: un invitatorio, un himno y ocho responsorios.

CATALOGACIÓN DE LOS *MAITINES DE LA NAVIDAD DE NUESTRO SEÑOR JESUCRISTO*

De manera provisional y con el fin de integrar los *Maitines* como una colección, se utilizaron los símbolos AM / COL / JUANAS / 0001 (archivo de música / colección

/ autor / número de obra dentro de la colección) en la ficha correspondiente, conforme a una clasificación transitoria que desaparecerá cuando se determine el nuevo sistema de ordenamiento.

A continuación se describen aspectos de la obra registrados en las fichas catalográficas.

Los *Maitines* se presentan en forma de cuadernos de partes, hasta sumar 26 de ellos. Los cuadernos son manuscritos cosidos, sin pasta. Su formato es horizontal, con medidas de 23 x 32.5 cm. Algunos folios presentan marcas de agua con al menos tres diseños diferentes. Como únicas ilustraciones aparecen motivos florales que enmarcan la portada del acompañamiento. Los *Maitines* se conservan en general en buenas condiciones, aunque hay en ellos algunas manchas de humedad, cera y tinta que, sin embargo, no afectan la legibilidad de la música. La colección está completa y todas las partes que la integran se encuentran en el archivo.

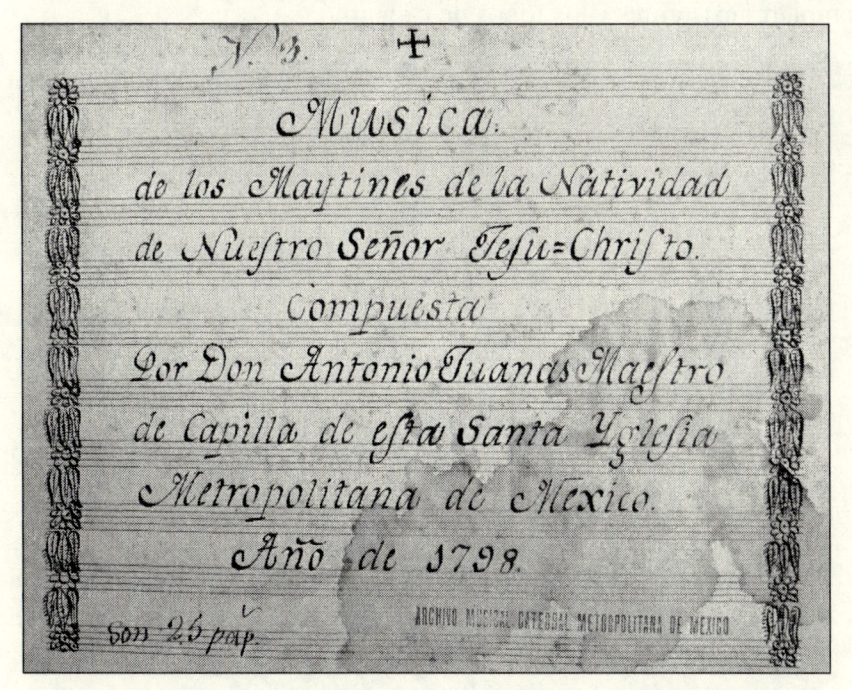

8. Portada del cuaderno de acompañamiento. Fotografía: Myriam Beutelspacher y Gabriel Yáñez.

La escritura de los *Maitines* se debe posiblemente a diferentes copistas, pues se aprecian calidades contrastantes en la caligrafía de los textos y la notación musical: en algunos papeles se observa una escritura de trazos finos, regulares y detallados, mientras que en otros se aprecian rasgos nerviosos, irregulares y gruesos.

En cuanto a características musicales, la obra corresponde a un género mixto (voces e instrumentos), con dotación para dos coros a 4 voces, violines 1 y 2 (principal y *ripieno*), oboes 1 y 2 (en ocasiones sustituidos por flautas), cornos 1 y 2, acompañamiento (bajo continuo con indicaciones para ejecutarse con instrumento de cuerda), órgano (bajo cifrado) y timbales. Su notación es moderna.

La siguiente tabla muestra la relación de los cuadernos que integran la colección, las abreviaturas correspondientes a voces e instrumentos, el número de ejemplares existentes y los folios de cada uno.

Dotación		Número de copias	Número de folios
Soprano	S	3	14, 14, 14
Alto	A	3	14, 14, 14
Tenor	T	3	14, 13, 14
Bajo	B	3	13, 14, 14
Violín primero	vl 1	2	17, 16
Violín segundo	vl 2	2	16, 16
Acompañamiento		2	20, 14
Órgano	org	2	6, 6
Oboe primero	ob 1	1	12
Oboe segundo	ob 2	1	12
Trompa primera	cor 1	1	10
Trompa segunda	cor 2	1	9
Timbales	timp	1	5
Partitura		1	71

9. *Tabla C.* Cuadernos de partes con sus abreviaturas, ejemplares existentes y número de folios que corresponden a cada uno.

La información consignada se encuentra en la partitura y en uno de los cuadernos del acompañamiento, ya sea en sus diferentes portadas o en el encabezado de cada obra. En general, aparecen el título de la obra, el autor, las fechas de elaboración del manuscrito —comprendidas entre 1792 y 1798— y la dotación.

   Los cantos que integran los *Maitines* son los siguientes:
   Invitatorio *Christus natus est nobis*
   Himno   *Jesu Redemptor omnium*
   Responsorios 1º *Hodie nobis caelorum Rex*
          2º *Hodie nobis de caelo*
          3º *Quem vidistis, pastores?*
          4º *O magnum mysterium*
          5º *Beata Dei Genitrix Maria*
          6º *Sancta et Inmaculata*
          7º *Beata viscera Mariae virginis*
          8º *Verbun caro factum est*

En el campo de observaciones se anotó que en el manuscrito se han realizado varias correcciones posteriores a su elaboración original; en algunos cuadernos hay tachaduras que abarcan uno o más compases. En la partitura se puede apreciar que la parte de órgano se añadió posteriormente, ya sea en el último pentagrama del folio o en el margen derecho (responsorio 4).

  Cada una de las obras que forman la colección reúne características específicas que se indican en la tabla siguiente:

Orden	Obra		Tonalidad	Compás	Dotación	Núm de secciones
01	Invitatorio		G	2/2	a 4 y a dúo	única
					2 vl, 2 ob, 2 cor, acompañamiento, órgano y timp	
02	Himno		G	6/8	a 4 y a solo	única
					2 vl, 2 ob, 2 cor, acompañamiento, órgano y timp	
03	Responsorios	1	D	2/2	a 4 y a dúo	4
					2 vl, 2 ob, (2 fl), 2 cor, acompañamiento, órgano y timp	
04		2	G	3/4	a 4 y a dúo	única
					2 vl, 2 ob, 2 cor, acompañamiento y órgano	
05		3	c	6/8	a 4, a dúo y solo	2
					2 vl, 2 ob, (2 fl), 2 cor, acompañamiento, órgano y timp	
06		4	D	6/8	a 4	3
					2 vl, 2 fl, 2 cor, acompañamiento, órgano y timp	
07		5	F	2/4	a 4 y a solo	2
					2 vl, 2 ob, 2 cor, acompañamiento y órgano	
08		6	D	3/4	a 4	única
					2 vl, 2 ob, (2 fl), 2 cor, acompañamiento y órgano	
09		7	Bb	2/4	a 4 a dúo y solo	3
					2 vl, 2 ob, (2 fl), 2 cor, acompañamiento y órgano	
10		8	C	C	a 4 a dúo y solo	2
					2 vl, 2 ob, (2 fl), 2 cor, acompañamiento y órgano	

10. *Tabla D.* Características particulares de cada obra.

En seguida se muestran los ejemplos de *incipit* musical (dos) y literario (uno) de cada obra:

Invitatorio — *Christus natus est nobis*

Himno — *Jesu Redemptor omnium*

Responsorio — 1º *Hodie nobis caelorum Rex*

Responsorio   2° *Hodie nobis de caelo*

Responsorio   3° *Quem vidistis, pastores?*

Responsorio   4° *O magnum mysterium*

Los *Maitines de la Navidad de Nuestro Señor Jesucristo*

Responsorio   5º *Beata Dei Genitrix Maria*

Responsorio   6º *Sancta et Inmaculata*

Responsorio   7º *Beata viscera Mariae virginis*

Responsorio   8º *Verbun caro factum est*

Comentarios finales

Los *Maitines de la Navidad de Nuestro Señor Jesucristo* son una muestra del desorden imperante en el archivo de música de la catedral de México. Es indispensable adoptar un sistema de clasificación para todo el archivo, que facilite la localización de los documentos y resulte claro y breve, que permita mantener un orden independientemente de los cambios de mobiliario y que brinde un servicio útil, práctico y funcional a los futuros usuarios.

Una vez resuelto el problema, cuando el público pueda tener acceso a la base de datos Musicat, la información de las obras resguardadas en la catedral de México estará disponible para investigadores, directores y ejecutantes y proporcionará material suficiente ya inventariado y catalogado para realizar investigaciones musicológicas o escoger un repertorio hasta ahora inaccesible y desconocido.

Directorio

Seminario Nacional de Música en la Nueva España y el México Independiente

Ciudad de México
Universidad Nacional Autónoma de México
    Instituto de Investigaciones Estéticas
    Facultad de Filosofía y Letras
    Facultad de Contaduría y Administración
    Escuela Nacional de Música
Cenidim Carlos Chávez (INBA-Conaculta)
Centro de Arte Mexicano, A.C.

Puebla
Benemérita Universidad Autónoma de Puebla
    Instituto de Ciencias Sociales y Humanidades
    Facultad de Filosofía y Letras
Fundación Manuel Toussaint

Oaxaca
Ciesas -Unidad Istmo
Universidad Autónoma Benito Juárez de Oaxaca
    Biblioteca Francisco Burgoa

Guadalajara
El Colegio de Jalisco

Comité del coloquio:
    Patricia Díaz Cayeros   Lucero Enríquez   Juan Manuel Lara Cárdenas
    Aurelio Tello Malpartida   Lourdes Turrent Díaz

Asistentes del comité:
    Margarita Covarrubias   Myriam Fragoso Bravo   Berenice Ballesteros Flores

---

Investigadores

Ana Isabel Gaytán Ramírez
Arturo Camacho Becerra
Bárbara Pérez Ruiz (Venezuela)
Delia Pezzat Arzave
Dora Luz Cabrera Sánchez
Drew Edward Davis (Estados Unidos)
Eva María Tudela Calvo (España)
Glafira Magaña Perales
Hugo Ricardo García García
Patricia Díaz Cayeros
Jesús Ramos (Estados Unidos)
John G. Lazos (Canadá)
José Felipe González Lara
Josefina González Pérez
Juan Manuel Lara Cárdenas
Karen Benner (Canadá)
Lourdes Turrent Díaz
Lucero Enríquez
Marcelina Arce Saínz
Margarita Covarrubias
María Eva Robles Galindo
María Teresa Ravelo
Montserrat Galí Boadella
Nelson Hurtado Yánez (Venezuela)
Omar Morales Abril (Guatemala)
Raquel Pineda
Salvador Valdez Ortiz
Sebastián van Doesburg
Sergio Navarrete Pellicer
Thalía Velasco Castelán

Ex becarios

Alfredo Nava Sánchez
Citlali Campos Olivares
Ingrid Sánchez Rodríguez
Irma Guerrero Pacheco
Lizzet Santamaría Priede
Mónika Pérez Flores
Myriam Fragoso Bravo
Ruth Yareth Reyes Acevedo

Becarios

Alma González Magaña
Isabel de León Olivares
Laura Denís Galván Ayala
Julián Martínez González
Berenice Ibarra Rivas
Rosalinda González Ambrosio

Alumnos

Alejandra Bourillón Moreno
Bilhá Calderón Gómez
César Hinojosa Jaramillo
Cielo Rubí Fragoso Lugo
Dalia Vidal López
Diana González Arias
Elvia Laura Martínez Terrazas
Gilberto Galindo Mendoza
Isarel Álvarez Moctezuma
Jesús Alfaro Cruz
José Javier Flores Aguario
José Miguel Ruíz Zamarripa
Juan Carlos Ríos Contreras
Laura Elena Sánchez Hernández
Laura Olivia Ibarra Carmona
Luisa Andrea Sánchez Pimentel
Moisés Pérez Arista
Mónica Mézquita Palacios
Soledad Rivero Cortés
Verónica Mendoza Escamilla
Víctor Cisneros Castro
Víctor Sánchez Sánchez
Viridiana Olmos Chávez

Servicio Social

Angélica Gil Tello
Juan José de la Cruz Arana
Ana Sánchez Rojo

I Coloquio Musicat:
Música, catedral y sociedad
se terminó de imprimir en marzo de 2007
en los talleres de Documaster, Av. Coyoacán 1450,
Col. del Valle, C.P. 03100, México D.F.
La tipografía y la diagramación estuvieron
a cargo de Gabriel Yáñez y el cuidado de la edición,
a cargo de Lucero Enríquez y Margarita
Covarrubias. El tiraje consta de
100 ejemplares.